한국어 음운론

음운과 음운과정

한국문화사 언어학 시리즈

한국어 음운론

음운과 음운과정

김경아 지음

한국문화사

한국문화사 언어학 시리즈

한국어 음운론
음운과 음운과정

1판 1쇄 발행 2022년 2월 24일
1판 2쇄 발행 2022년 10월 17일

지 은 이 | 김경아
펴 낸 이 | 김진수
펴 낸 곳 | 한국문화사
등   록 | 제1994-9호
주   소 | 서울시 성동구 아차산로49, 404호(성수동1가, 서울숲코오롱디지털타워3차)
전   화 | 02-464-7708
팩   스 | 02-499-0846
이 메 일 | hkm7708@daum.net
홈페이지 | http://hph.co.kr

ISBN 979-11-6685-084-4 93710

- 이 책의 내용은 저작권법에 따라 보호받고 있습니다.
- 잘못된 책은 구매처에서 바꾸어 드립니다.
- 책값은 뒤표지에 있습니다.

오류를 발견하셨다면 이메일이나 홈페이지를 통해 제보해주세요.
소중한 의견을 모아 더 좋은 책을 만들겠습니다.

머리말

　서울대학교 국어국문학과 학부생 시절 국어음운론이라는 강의를 처음으로 접하게 되었다. 담당 교수님은 지도교수이시기도 했던 김완진 선생님이셨고 Paul Kiparsky의 <Explanation in Phonology(1972)>를 어렵게 읽었던 기억이 있다. 그렇게 어렵고 생소하면서도 새로운 세계에 발을 들이는 그때의 느낌이 지금도 선명하게 다가온다.

　그로부터 30년도 훌쩍 지나 <한국어 음운론>을 출간하게 되었다. 전공자로서 다소 늦은 감은 있지만 사실 국어음운론을 책으로 집필할 생각은 별로 없었다. 이미 국어음운론, 한국어음운론 혹은 그와 유사한 제목의 전공서들은 넘쳐나고 있다는 생각이 들어서였다. 연구자들의 색깔에 따라 창의적인 견해의 차이들이 부분적으로 보이기는 했지만 전반적으로 크게 다르지 않다고 느껴져, 필자가 여기에 더하여 새로운 국어음운론을 집필하는 것이 가능할까 하는 생각 때문이었다.

　그런데 23년째 재직 중인 서울여자대학교에서 얼마 전까지 처장 업무를 수행하며 연구는 물론이고 강의에서도 멀어지다보니, 사실은 스스로를 위해서 음운론에 대한 정리와 체계화가 필요하다는 생각을 떨칠 수가 없었다. 여기저기 흩어져 있던 생각들을 정리하면서 책으로 만들어 보자는 결심을 하게 되었다. 결과적으로 <한국어 음운론>은 앞선 훌륭한 음운론 서적들에 근거하여 나름의 기준으로 정리하고 체계화한 책에 불과하다. 우려한 대로 더 새로울 것 없는 책을 집필하여 부끄럽기는 하지만 20대 초반 이후 공부해 왔던 주제들을 정리한 것에 스스로 의미를 두고 싶다.

　<한국어 음운론>을 집필하면서 지도교수님이셨던 김완진 선생님의 강의를 듣던 때가 엊그제처럼 떠올랐다. 음소의 개념과 성조의 유형에 대한

강의가 가장 기억에 남고 기말 과제로 제출했던 로마자표기법 관련 일화도 떠올랐다. 김완진 선생님께서는 학자란 이러한 모습이라는 것을 강의 시간의 작은 손동작에서도 느끼게 해주셨던 분이다. 너무나 부족한 책이지만 음운론이라는 매력적인 학문을 업으로 삼게 해주신 선생님께 깊은 감사의 마음을 올린다.

  끝으로 이 책을 출간하는 데 많은 도움을 주신 한국문화사 김진수 사장님과 영업부 부장 조정흠 선생님, 편집을 도맡아 애써주신 진나경 선생님 그리고 멋진 표지디자인을 해주신 김주리 선생님께 깊은 감사의 말씀을 전하며 이 책의 머리말을 마칠까 한다.

2022년 2월 어느 날
태릉의 연구실에서
지 은 이 씀

차례

머리말_5

제1장 음운론의 개념과 연구목적_13

1.1 음운론의 개념 ·· 13
1.2 음운론 연구의 목적 ······································ 14

제2장 음성학과 음운론_21

2.1 소리와 말소리 그리고 음성학 ······················ 21
2.2 음성학과 음운론 ·· 23
2.3 음성기관의 진화 ·· 23
2.4 음성기관과 말소리의 생성과정 : 발동, 발성, 발음 ········ 28
2.5 조음음성학의 개념 ······································ 34

제3장 한국어의 조음음성학적 분류_41

3.1 자음의 분류 ··· 41
   3.1.1 조음위치에 따른 자음의 분류 ··············· 41
   3.1.2 조음방법에 따른 자음의 분류 ··············· 45
3.2 모음의 분류 ··· 54
   3.2.1 단모음의 분류 ······································ 54
   3.2.2 이중모음의 분류 ·································· 59
3.3 국제음성기호(IPA, International Phonetic Alphabet) ······ 62

제4장 분절음과 초분절음_65

4.1 분절음 ··· 65
4.2 분절음으로서의 음성과 음소 ··················· 66
4.3 초분절음 ·· 67
   4.3.1 장음 ··· 69
      4.3.1.1 어휘적 장음 ···························· 69
      4.3.1.2 표현적 장음 ···························· 73
   4.3.2 성조 ··· 74
   4.3.3 억양 ··· 78
   4.3.4 강세 ··· 79
   4.3.5 한반도의 운소 ······························· 80

제5장 음운과 변별적 자질체계_83

5.1 음운의 인식적 실재성 ······························ 83
5.2 음소설정의 방법 ····································· 86
   5.2.1 외적 접근방법 ································ 86
      5.2.1.1 최소대립쌍 ······························· 87
      5.2.1.2 상보적 분포와 변이음 ··············· 89
      5.2.1.3 음성적 유사성 ·························· 91
   5.2.2 내적 접근방법 ································ 92
      5.2.2.1 변별적 자질 ····························· 94
      5.2.2.2 주요부류자질 ·························· 99
      5.2.2.3 조음방법자질 ·························· 100
      5.2.2.4 조음위치자질 ·························· 102
      5.2.2.5 혓몸자질 ································ 103
      5.2.2.6 부차적 자질 ···························· 104

5.2.2.7 운율적 자질 ·· 105
　　5.2.2.8 변별적 자질의 기능 ································ 106
　5.3 한국어의 변별적 자질 ·· 107
　　5.3.1 주요부류자질 ·· 107
　　5.3.2 자음에 관한 자질 ······································ 109
　　5.3.3 모음과 반모음에 관한 자질 ······················ 113
　　5.3.4 변별적 자질과 잉여적 자질 ······················ 114

제6장 변이음과 음운체계_119

　6.1 변이음 ·· 119
　6.2 상관과 중화 ·· 122
　6.3 자음체계 ·· 127
　6.4 모음체계 ·· 132
　6.5 이중모음체계 ·· 137

제7장 음절_143

　7.1 음절의 개념 ·· 143
　7.2 음절의 구조 ·· 144
　7.3 음절구조제약 ·· 150
　7.4 음절연결제약 ·· 151
　7.5 음절경계 ·· 153
　7.6 음절과 음절자 ·· 154
　7.7 음절과 음절문자 그리고 한글 ······················ 157

제8장 교체_163

8.1 음소와 형태소 ··· 163
8.2 교체와 이형태 ··· 164
   8.2.1 교체의 환경에 따른 분류 ····················· 166
   8.2.2 교체의 동기에 따른 분류 ····················· 169
   8.2.3 교체의 방식에 따른 분류 ····················· 171

제9장 기저형_175

9.1 기저형과 형태소 ······································ 175
9.2 기저형의 설정 ··· 177
9.3 기저형의 종류 ··· 179
   9.3.1 단일기저형 ·· 180
   9.3.2 복수기저형(다중기저형) ······················ 182
   9.3.3 추상적인 기저형 ································· 188

제10장 음운과정_193

10.1 음운과정의 개념 ···································· 193
10.2 음운과정의 기술방식 ······························ 196
10.3 음운과정의 유형 ···································· 199
10.4 대치 과정 ·· 200
   10.4.1 평파열음화 ······································ 202
   10.4.2 경음화 ·· 204
      10.4.2.1 평파열음 뒤의 경음화 ················ 205
      10.4.2.2 용언어간말 비음 'ㄴ, ㅁ' 뒤의 경음화 ············ 206

10.4.2.3 관형사형 '-ㄹ/을' 뒤의 경음화 ········· 208
10.4.2.4 사이시옷에 의한 경음화 ············· 209
10.4.2.5 한자어 'ㄹ' 뒤의 경음화 ············· 211
10.4.3 비음화 ································· 212
10.4.4 'ㄹ'의 비음화 ··························· 213
10.4.5 유음화 ································· 215
10.4.6 조음위치동화 ··························· 217
　10.4.6.1 양순음화 ························· 217
　10.4.6.2 연구개음화 ······················· 218
10.4.7 구개음화 ······························· 220
　10.4.7.1 'ㄷ' 구개음화 ···················· 220
　10.4.7.2 'ㄱ' 구개음화 ···················· 222
　10.4.7.3 'ㅎ' 구개음화 ···················· 223
10.4.8 원순모음화 ····························· 224
10.4.9 모음조화 ······························· 225
10.4.10 움라우트 ······························ 228
10.4.11 반모음화 ······························ 229
　10.4.11.1 'j' 반모음화 ···················· 229
　10.4.11.2 'w' 반모음화 ··················· 231
10.5 탈락 과정 ··································· 232
　10.5.1 자음군단순화 ··························· 232
　10.5.2 'ㅎ' 탈락 ······························ 237
　10.5.3 'ㄹ' 탈락 ······························ 238
　10.5.4 '으' 탈락 ······························ 240
　10.5.5 동일모음 탈락 ··························· 241
　10.5.6 반모음 탈락 ····························· 242

  10.5.6.1 'j' 탈락 ·· 242
  10.5.6.2 'w' 탈락 ··· 243
10.6 첨가 과정 ··· 244
 10.6.1 'ㄴ' 첨가 ··· 244
 10.6.2 반모음 첨가 ··· 246
10.7 축약 과정 ··· 247
 10.7.1 유기음화 ··· 247
 10.7.2 모음축약 ··· 248

참고문헌_250
찾아보기_258

제1장

음운론의 개념과 연구목적

1.1 음운론의 개념

    인간은 언어를 통해 자신의 의사를 전달하고 타인과 소통을 한다. 이때 언어는 인간의 발음기관을 통해 만들어지는 말소리(음성)라는 물리적 형식과 말하고자 하는 개념적 내용이 자의적으로 결합하면서 생산된다. 즉 음성 형식과 의미 내용은 자의적으로 연결되기 때문에 개별 언어마다 다를 수밖에 없다. 따라서 의사소통을 하는 화자와 청자는 동일한 언어공동체 속에 있어야 하며 이는 하나의 언어공동체가 언어적 동질성과 규칙성을 가지고 있음을 전제하는 것이다.

    언어의 기본적인 기능이 의사소통을 통한 언어 정보의 전달에 있다고 한다면 언어 정보인 의미를 전달하는 데 소용되는 말소리를 연구하는 것은 기본적인 일이다. 언어에 대한 연구 가운데 언어음[1] 즉 말소리를 연구

---

[1] 음운론 교재에서 말소리, 음성, 언어음 등이 구별 없이 사용되고 있고 사실 큰 문제는 없다. 그러나 사전적 정의를 보면 미묘한 차이가 있음을 확인할 수 있다. 음성이나 말소리가 사람이 말하는 소리라는 점만 정의하고 있다면 언어음은 언어의 분절성을

대상으로 하는 언어학의 한 하위 분야가 바로 음운론이다. 일정한 언어음의 결합이 일정한 의미의 언어 정보를 전달하게 되는데, 이러한 기능을 담당하는 언어음 즉 말소리(음성)에 대한 체계적 연구를 하는 것이 음운론의 목표가 된다. 그 가운데 국어 음운론 혹은 한국어 음운론이라고 하면 한국어라는 개별 언어를 대상으로 하는 음운론을 지칭한다.

1.2 음운론 연구의 목적

인간의 말소리 즉 언어음을 체계적으로 연구한다는 것은 과연 무엇인가? 언어음은 표준국어대사전의 정의에서도 확인할 있듯이 인간의 발음기관을 통해 생성됨과 동시에 분절성을 가지고 있어야 한다. 이 분절성은 인간의 발음기관에서 생성되는 기침, 비명, 신음, 코고는 소리, 트림하는 소리와 말소리를 구별할 수 있게 한다. 사실 물리적으로 보면 이들은 소리의 연속체로서 말소리와 다를 바가 없다. 그런데 그 가운데 자음과 모음으로 인간의 귀가 분절하여 들을 수 있는 것은 말소리뿐인 것이다. 여기서 언어음이 지닌 분절성이 중요한데 이 분절성은 발화산출의 물리적 실재가 아닌 발화인식의 인식적 실재와 관련이 있다.

다음 두 그림은 곡용형(물가-가)과 활용형(시작-되니까)의 음성파형(Waveform/위 창)과 스펙트로그램(spectrogram/아래 창)이다.

강조하는 언어학적 정의가 분명히 드러난다.
언어음 : 발음기관에 의해 조음되어 언어에 사용되는 소리로 분절성을 가짐.
음성 : 사람의 목소리나 말소리
말소리 : 말하는 소리(語聲)

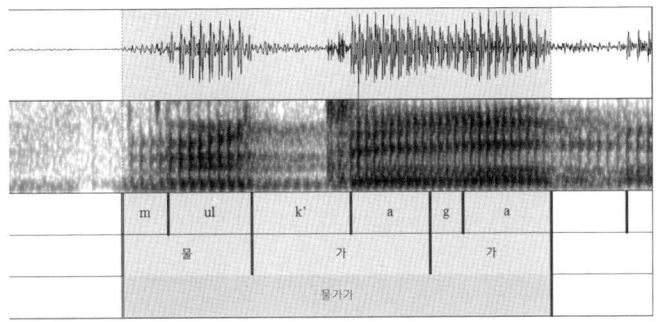

<곡용형 (물가가)>

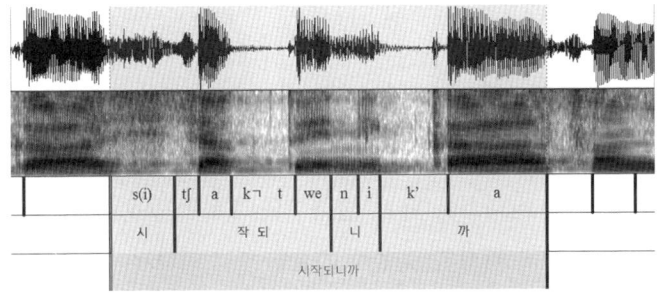

<활용형 (시작되니까)>

　의의 그림을 통해서 알 수 있는 사실은 음성은 물리적으로 분절된 것이 아닌 연속체라는 사실이다. 즉 파형이나 스펙트로그램은 소리의 연속적인 속성을 이미지화하고 있다. 즉 우리는 '물가가'를 들을 때 'ㅁ','ㅜ','ㄹ', 'ㄱ','ㅏ','ㄱ','ㅏ'로 분절하여 듣지만 실제 소리의 속성은 연속체인 것이다. 인간의 청각이 지니는 언어음에 대한 분절성은, 인간의 시각이 무지개를 분절적인 대상으로 인식하여 '빨주노초파남보'의 색깔로 인식하는 것과 동일하다. 우리가 어린 시절 무지개를 그리는 경우 선을 긋고 색깔을 칠했던 것을 상기해 본다면 분절성이 어떠한 것인지 알 수 있다. 실제로 무지개는 경계가 없는 점진적인 색의 그러데이션(gradation)을 보이기 때

문에 무지개 7가지 색은 인간의 시각이 지니는 분절성의 결과인 것이다.

이 분절성이 언어음의 본질적인 속성으로 우리는 분절음(segment)인 자음과 모음을 음운론 연구의 대상으로 한다. 인간의 발음기관을 통해 산출되는 자음과 모음은 모든 인간에게 가능한 발음이지만 자신의 모국어에 따라 음운론적 가치가 있는 자음과 모음이 결정된다. 모국어는 자의에 따른 필연적 선택이 아니지만 모국어의 발음은 내재화되어 자연스러운 습득의 과정을 거치는 반면, 모국어 이외의 언어에 대해서는 발음의 인위적인 학습 과정이라는 어려운 과정을 거쳐야 한다.

보편적인 언어음이든 개별언어의 언어음이든 언어음을 연구대상으로 음운론이 연구하려는 것은 무엇일까? 음운론의 연구목적은 언어음의 음형(sound pattern)을 확인하는 것이다.[2] 어떤 언어의 음형이란 포괄적인 개념으로 개별언어의 음운목록과 음운배열상의 제약을 확인하고, 이후 다른 언어학적 단위인 형태소나 단어, 발화 차원에서의 음운배열상의 제약과 규칙성을 찾아 음운과정의 유형을 기술하는 것이다.

연구대상 언어에서 음운목록을 확인하는 것은 음운론 연구의 가장 기본적인 목표이다. 어떤 언어의 음운목록이란 단어의 의미를 구별하는, 즉 변별적 기능을 가진 분절음과 초분절음(suprasegment)의 집합이다. 분절음은 자음과 모음이며 초분절음은 영어의 악센트, 중국어나 중세 한국어의 성조 그리고 현대국어의 음장과 같이 분절음에 얹히는 것을 말한다.

---

2 최명옥(2011:16)에서는 음운론의 연구목적이 연구대상 언어에 존재하는 음형을 연구하는 것이라고 정의하면서 음형이란 다음의 네 가지를 포함하는 술어라고 정의하였다.
   ① 대상언어에 존재하는 음운목록
   ② 형태소 내에서 그들 음운의 가능한 배열
   ③ 어간과 어미의 기저형이 통합되는 경우에 일어나는 음운과정
   ④ 음운목록, 음운배열, 형태음운(①②③의 경우)의 변화

의미를 변별하는 기능을 가진 자음과 모음의 분절음은 음소라고 하며 형태소나 단어의 모음이나 음절에 얹히는 강약, 높낮이 그리고 길이와 같은 초분절음을 운소라 하고 이 둘을 합하여 음운이라고 부른다.

언어가 의사소통이라는 일차적 기능을 가지고 있다는 점에서 음운목록의 확인은 대단히 중요하다. 음소와 운소는 의미 변별이라는 기준에 의해 어떤 언어에서 그 목록이 결정되기 때문이다. '달, 딸, 탈' 혹은 '불, 뿔, 풀'의 경우 이들 1음절 단어들의 의미를 변별해 주는 것은 초성의 자음들이다. '발, 벌, 볼, 불'의 경우는 중성의 모음들이 의미 변별을 해주고 '간, 감, 강, 갓'의 경우는 종성의 자음들이 그 의미를 구별해 준다. '밤(夜)'과 '밤(栗)'은 전자는 짧게 그리고 후자는 길게 발음하는 음장에 의해 단어의 의미가 구별된다. 따라서 이들 단어의 의미를 구별하는 자음과 모음의 분절음과 음장이라는 초분절음은 한국어에서 음소와 운소목록에 포함되는 것이다.

다음으로 대상 언어의 음운목록에 있는 음운들의 분포상의 제약, 즉 음운배열상의 제약을 확인하는 것이 음운론의 목표가 된다. 예를 들어 대상 언어에서 어떤 음운은 단어의 첫 머리인 어두에 올 수 없다든가 혹은 단어의 말음에 올 수 없다든가 하는 분포상의 제약이 있을 수 있다. 현대 한국어의 경우 어두에 유음이나 연구개비음이 올 수 없거나 어간의 말음으로 'ㅃ'이나 'ㄸ'이 올 수 없는 경우가 해당한다. 이는 개별 음소의 분포 제약을 보이는 것이다. 또한 음운들이 서로 배열될 때 즉 연결될 때 무작위로 배열되는 것이 아니라 제약이 있다. 즉 형태소나 단어의 내부에서 음운들의 가능한 배열과 가능하지 않은 배열이 있는 것이다. 현대 한국어에서 유음인 'ㄹ'과 비음인 'ㄴ'이 연속해서 발음될 수 없는 것이나 비음 앞에서 폐쇄음이 발음될 수 없는 것도 음운배열상의 제약 때문이다. 그래서 다음처럼 유음화와 비음화가 필수적으로 실현된다.

| 설날[설랄] | 신라[실라] | : | 유음화의 적용 |
| 국민[궁민] | 잡는[잠는] | : | 비음화의 적용 |

음운배열상의 제약은 정확히 말해서 음소배열제약과 운소배열제약을 모두 포괄하는 것인데 운소배열제약의 경우는 중세 한국어에서 나타나는 성조배열상의 제약을 들 수 있다. '거성불연삼(去聲不連三)의 법칙'과 같이 거성이 연속해서 세 번 나올 수 없는 제약이 그것이다. 김완진(1982:78)에 의하면 거성이 셋 이상 연속될 때 중간에 있는 거성을 평성으로 전환시켜 단조로운 거성의 연속을 지양한다고 보았다(#HHH#→#HLH#). 그러나 일반적으로 국어음운론의 논의에서 음운배열제약과 음소배열제약을 크게 구분하여 사용하고 있지는 않다.

마지막은 형태소나 단어들의 결합하는 과정에서 일어나는 음운과정들을 기술하는 것이다. 앞서 음운배열상의 제약으로 인해 현대 한국어의 경우 유음과 비음은 그 선후와 무관하게 나란히 배열될 수 없어서 유음화라는 음운과정이 적용됨을 확인했다. 이처럼 대상 언어에서 형태소나 단어의 결합과정에 나타나는 다양한 음운과정의 규칙성을 포착하여 음운과정의 유형을 기술하는 것 역시 음운론의 목표인 것이다. 음운과정은 그 대상이 형태소나 단어의 차원에서 발화의 차원까지 확대될 수 있다.

음운론의 연구목적에 따라 개별 언어의 음운목록을 확인하여 음운체계상의 특징을 기술하고 음운배열상의 제약을 확인하는 것은 '순수음운론'의 영역이다. 반면 다른 언어학적 단위인 형태소와 단어 혹은 발화와의 관련 하에서 기술되는 음운과정에 대한 논의는 '형태음운론(morphophonology)' 내지는 '발화음운론'의 영역이다.[3] 형태음운론 내에

---

[3] 임석규(2021:16)에서는 순수음운론을 형태, 통사, 의미론적 정보 없이 순수하게 변별적 자질, 음절, 음소목록 및 운소목록, 음운체계, 음소배열 및 운소배열에 대해 연구하

서 단어음운론과 발화음운론을 구분하는 입장도 있다. 즉 각 형태소가 모여 음운론적 단어(어절)를 형성하는 과정을 다루는 단어음운론과 어절이 모여 발화를 형성하는 과정을 다루는 발화음운론이 모두 형태음운론에 해당한다고 본다.[4]

단어음운론에서 다루는 영역은 곡용(declension)[5]과 활용(conjugation)[6] 그리고 단어형성(word formation)과 같은 형태론적 과정에서 나타나는 음운현상을 주로 다루기 때문에 형태론의 영역과의 접면(interface)이므로 형태음운론이라는 용어가 더 적합해 보인다. 발화음운론의 경우 실제 발화(utterance)를 대상으로 음운론적 분석과 기술이 이루어진다는 점에서 음운론 연구에서 구어의 중요성을 강조하는 분야라고 할 수 있다. 발화음운론에서는 기식군(breath group)이나 운소와 관련된 현상들이 많다.

그런데 국어 음운론 내지는 한국어 음운론의 논의는 공시적인 연구만 있는 것은 아니다. 언어는 시간의 흐름에 따라 변화하기 때문에 통시적인 연구도 당연히 수반된다. 음소목록에서의 변화와 음운체계 상의 변화 그리고 음운배열 상의 변화 등도 나타난다. 형태소나 단어의 음운구조 상의 변화나 운소체계의 변화 그리고 음절구조의 변화 등도 확인할 수 있다. 나아가 형태론적 경계에서 나타나는 음운과정이 그 교체 양상에서 변화를

는 분야로 보았다. 또한 발화의 단위인 기식군은 한 음절부터 여러 문장에 이를 수 있기 때문에 형태음운론도 발화음운론의 영역이 될 수 있다고 보았다. 이는 호흡을 끊어서 발화한다면 어떠한 언어단위도 기식군이 될 수 있기 때문이다.
4 배주채(2018:81)에서는 순수음운론의 영역으로 이음론, 음소체계론, 음소배열론을 포함시키고 형태음운론의 영역으로 단어음운론과 발화음운론을 포함시키고 있다.
5 곡용은 체언어간이 단독형 혹은 그 뒤에 조사가 붙어 어절을 형성하는 형태론적 과정으로 체언어간의 단독형이나 조사가 결합한 형태를 곡용형이라 한다.
6 활용은 용언어간 뒤에 활용어미가 붙어 어절을 형성하는 형태론적 과정으로 용언어간 뒤에 어미가 결합한 형태를 활용형이라 한다.

보인다면 이 역시 통시론의 연구대상이 될 것이다. 이처럼 순수음운론과 형태음운론의 통시론적 연구는 공시론적 연구와 마찬가지로 진행될 수 있다. 반면 발화음운론의 경우 기식군을 대상으로 하는 구어적 특성 때문에 순수음운론이나 형태음운론과는 달리 통시적인 연구에는 한계가 있다.

제2장

음성학과 음운론

2.1 소리와 말소리 그리고 음성학

　음악소리, TV소리, 강아지 짖는 소리, 초인종 소리는 물론 층간 소음까지 우리는 일평생 다양한 소리(sound)를 들으며 산다. 그 중에는 사람들의 말소리(speech sound)도 포함된다. 말소리는 소리 가운데 인간의 발음기관을 통해 전달되는 소리를 말한다. 그런데 인간의 발음기관을 통해 나오는 말소리라 하더라도 모두 의사소통을 위한 정보 전달의 기능을 하는 유의미한 소리는 아니다. 즉 인간의 발음기관을 통해 산출되는 말소리 즉 음성 가운데도 의미 전달의 기능을 하는 경우와 그렇지 못한 경우가 있는 것이다.
　음성학(phonetics)은 말 그대로 음성 즉 말소리를 연구하는 학문이다. 그렇기 때문에 사람이 내는 소리라 하더라도 언어적으로 의미가 없는 것은 음성학의 연구대상이 아니다. 음성학적 연구를 통해 마이크(microphone)를 발명하기도 하고 성문(voice print) 분석을 통해 범인을 잡기도 한다. 음성학에는 '조음음성학(articulatory phonetics), 음향음성학

(acoustic phonetics), 청취음성학(auditory phonetics)'의 세 하위 분야가 있다. 이 가운데 음운론 연구의 바탕이 되는 음성학이 조음음성학이다.

조음음성학은 화자가 말소리를 생성하는 과정을 살펴 말소리 즉 음성의 특성을 연구하는 분야로 생리음성학이라고도 한다.[1] 발성기관의 종류와 조음의 상태 등에 근거하여 음성들의 특성을 기술하는 분야이다.

음향음성학은 화자의 조음이 입 주위의 공기 분자를 진동시키고 이 진동이 청자의 고막에 도착할 때까지의 분자의 동요 상태를 연구하는 음성학 분야이다. 즉 음파가 매질인 공기를 통해 청자의 귀에 도달하는 전달 과정을 연구하는 것이다. 음파의 주파수와 진폭 등을 음향분석기와 같은 장치로 분석하여 음파의 물리적 속성을 기술한다. 음향음성학은 1940년대 초반 제2차 세계대전 때 잠수함 용 수중 음파탐지기의 발명과 더불어 발달하였다.[2] 오실로그래프(oscillograph)나 스펙트로그래프(spectrograph)와 같은 실험기기를 사용하여 음성의 높이, 세기, 길이 등을 분석하기 때문에 실험음성학이라고도 한다.

청취음성학은 지각음성학(perceptual phonetics)이라고도 불린다. 공기를 통해 청자의 귀로 전달된 음파가 청자의 귀를 통해 생리적으로 인지되는 과정을 연구하는 분야이다. 즉 말소리가 귀를 통과하는 과정과 뇌에서 그것을 해석하는 과정에 대해 연구하는 것으로, 음파가 청자의 청각 신경을 자극하여 이 자극이 청자의 뇌와 신경 조직망에 어떤 작용을 하는지, 또 어떤 생리적 과정을 통해 음파가 언어적인 의미로 해석되는지의 문제를 다룬다. 그러나 언어학적 음성학의 관점에서 객관적인 방법론이 아직

---

[1] 어떻게 말소리가 만들어지는가를 이해하기 위하여 실험적인 방법들이 사용되기도 한다. 예를 들어 일상적인 발화에서 혀가 입천장에 어떻게 접촉하는지를 관찰하기 위하여 EPG(electropalatography)가 사용된다.
[2] 김진우(2020:98)에서 인용한 것이다.

은 부진한 상태이다. 청각 혹은 청음음성학이라고도 한다.

2.2 음성학과 음운론

굳이 이분법적으로 나눈다면 음성학은 자연과학적인 관점에서 어떤 발음기관의 작용에 의해 말소리가 생성되는지 혹은 생성된 발음이 만들어내는 음파의 특성은 어떠한지 혹은 그 발음이 인간의 청각기관을 통해 어떻게 인식되는지를 연구하는 분야라 할 수 있다. 반면 음운론은 생성된 말소리 즉 언어음이 대상 언어에서 어떠한 기능을 하는지 다시 말해 어떤 의미를 갖게 되는지를 연구하는 인문학적 분야라 할 수 있다.

즉 음성학과 음운론은 둘 다 말소리(speech sound)에 관한 학문이지만 음성학(특히 조음음성학)이 어느 언어에서나 쓰일 수 있는 말소리 즉 음성의 발성 방법이나 조음위치 그리고 음성들의 분류 방법들을 연구하는 반면, 음운론은 개별 언어에서 나타나는 의미변별의 기능을 하는 음운의 목록과 체계를 확인하여 음운과정을 설명하고, 더 나아가 다양한 언어에서 나타나는 언어 보편적인 규칙성을 확인하는 차이가 있다.

2.3 음성기관의 진화

르발루아 기법(Levalloisian techniques)의 석기가 등장한 것은 인간이 호모 로퀜스(Homo loquens)로서의 역사를 시작하는 데 기준점이 되는 의미를 지닌다. 약 50만 년 전 구석기 중엽 등장한 석기로 그 이전 시기의 구석기인들이 완제품에 가까운 석기를 찾으러 다닌 것과는 달리 르발루아 기법의 석기는 자신이 원하는 모양을 추론하면서 만들어내는 제조의 방식을 가지고 있었다. 이는 추론적 사고를 할 수 있는 두뇌의 용량을 가졌음을 의미하는 것인데, 언어의 출현 역시 두뇌의 진화와 밀접하므로 르발루아

기법의 석기들은 인류가 언어를 가지게 되었음을 간접적으로 암시하는 것이다. 이는 언어의 두 가지 축 가운데 언어의 개념이나 의미와 관련된 부분이다.

반면 호모 에렉투스(Homo erectus)의 등장으로 직립하게 된 인류는 언어의 또 다른 축인 언어 형식으로서의 음성을 만들어낼 수 있는 능력을 가지게 된다. 즉 호흡기관이 진화하여 2차적으로 발음기관으로서의 역할도 할 수 있게 된 것이다.

4족 보행의 동물들은 폐부터 후두, 인두, 구강까지 연결이 지면과 수평이자 일직선을 이루지만 인간은 직립 보행을 시작하면서 척추와 머리뼈가 90도의 각도를 이루게 되고 이 과정에서 성문의 하강과 'ㄱ'자 모양의 성도(vocal tract)를 가지게 된다. 다음 그림을 통해 직립으로 인한 인간과 침팬지의 골격구조 차이를 분명히 확인할 수 있다.

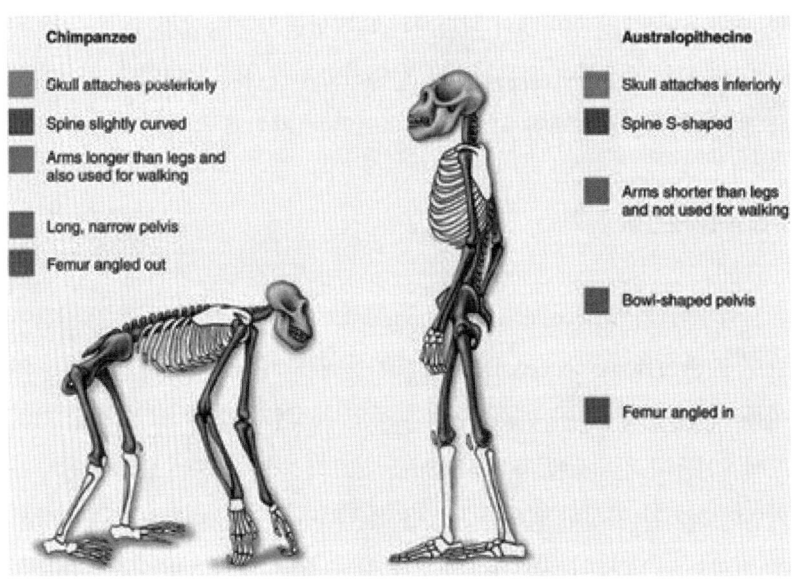

<침팬지과 인간의 골격구조 차이>

이처럼 직립은 인간에게 자유로운 손과 언어능력을 주어 인간 진화에 커다란 동력이 된 것이다. 특히 직립을 통해 'ㄱ'자 모양의 성도를 가짐으로써 유인원들과는 다른 공명강(울림통)을 가지게 된 것이 다양한 발성의 근원이 되었다. 다음의 그림을 통해 인두(pharynx) 근처의 공명강의 크기 차이가 있음을 확인할 수 있다. 즉 인두강은 통기타의 울림통과 같은 역할을 하며 성대에서 발생한 소리를 증폭시키고 변형하는 역할을 한다.

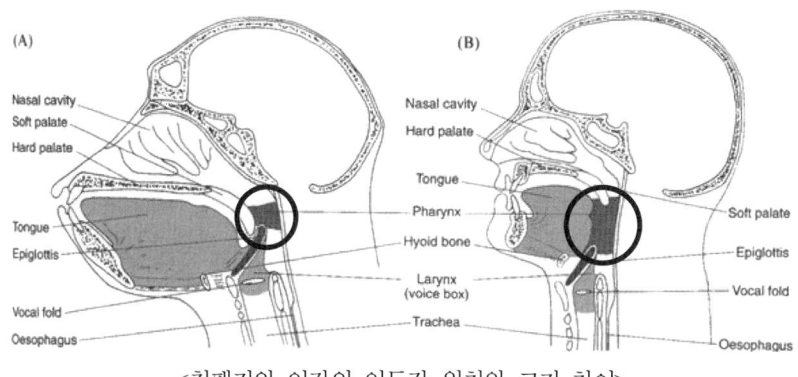

<침팬지와 인간의 인두강 위치와 크기 차이>

그림(A)의 침팬지와 그림(B)의 인간의 인두강의 위치와 크기 차이가 분명하게 드러난다. 위 사진에서 동그라미로 표시된 부분이 인두강인데 인간의 조음(articulation)에서 공명강으로서의 차별점을 확인할 수 있다. 인간의 발성기관에서 인두의 크기는 침팬지보다 훨씬 크고 인두가 구강과 분리된 이관형(two-tube) 구조로서 인두강의 크기를 자유자재로 조절할 수 있다. 마치 다양한 크기의 울림통을 갖춘 파이프 오르간처럼 울림통의 크기를 조절할 수 있기에 더 다양한 소리를 만들어 낼 수 있는 것이다.

반면 침팬지의 경우 인두가 성대와 설근(혀뿌리) 사이에 위치하지 않았을 뿐 아니라 구강과는 분리되어 좀 더 위쪽에 있다. 즉 성대에서 만들어진 소리가 입으로 나올 때 인두를 지나지 않는 단순한 구조로서 일관형

(one-tube) 구조라 부른다. 침팬지와 마찬가지로 대부분의 동물은 일관형 (one-tube) 발성기관을 지녔고 그래서 인간처럼 다양한 소리를 내지 못하고 단순한 울음소리를 내는 데 그치는 것이다.

이러한 발성기관의 특성은 인간의 유아기 발성 기관의 구조에서도 확인할 수 있다. 즉 발성기관이 성숙하지 못해 유아기의 발성기관은 침팬지와 유사한 구조를 보이는 것이다. 다음의 그림을 통해서 확인해 보도록 하겠다.

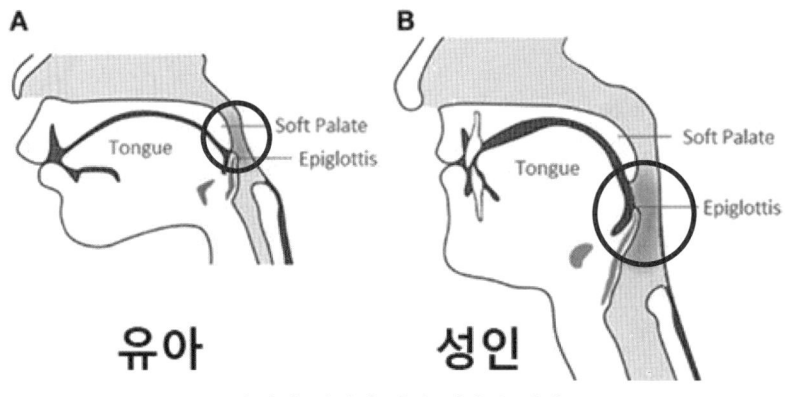

<유아와 성인의 발성 기관의 차이>

유아기의 발성 기관은 완전히 발달하지 못해 성대가 자리한 후두가 완전히 하강을 하지 않아 수직의 성도 구조를 가지지 못했고 결과적으로 인두강의 위치(동그라미 위치)가 침팬지와 거의 같은 것이다. 따라서 온전하지 못한 인두강은 말소리를 생성하지 못하는 것이다.

음성기관의 진화와 관련하여 또 한 가지 흥미로운 사실은 후두개와 가짜 성대(가성대, false vocal cord)의 존재이다.[3] 성문의 위를 구둣주걱 모양의 후두개가 덮고 있는데, 음식물을 삼킬 때 후두가 위로 당겨 올라가

---

3 성대는 진성대라고 부르기도 한다.

성문이 후두개로 막혀서 음식물이 기도로 들어가지 못하게 차단된다. 가짜 성대는 진짜 성대 위에 있는 한 쌍의 점막 주름으로 발성 역할이 없어서 가짜 성대 혹은 거짓 성대라고 부른다. 가짜 성대의 인대는 탄력성이 거의 없어서 이물질이 성문으로 들어가는 것을 막고 아래쪽에 있는 진짜 성대를 보호하는 작용을 한다. 다음 그림은 후두개와 성대의 모습이다.

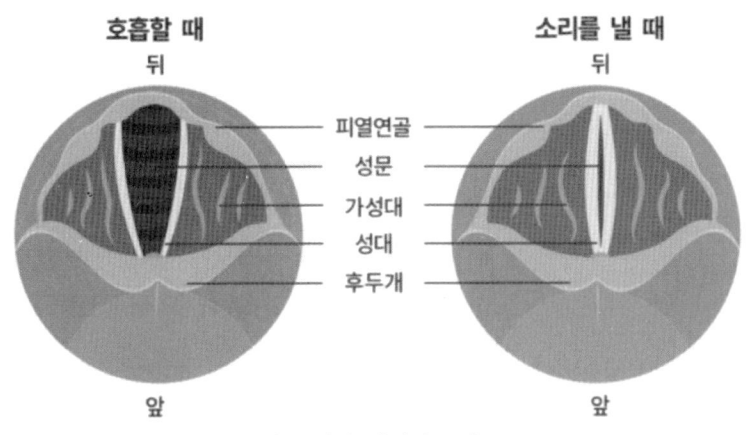

<후두개와 성대의 모습>

음식물을 삼킬 때는 기도로 음식물이 들어가는 것을 방지하기 위하여 후두가 위로 움직여 기도의 입구에 해당하는 성문에 후두개가 닫히게 되며 또한 성대가 폐쇄되어 닫힌다. 그래서 음식물은 식도를 타고 내려갈 수 있으며 음식물이 넘어 오지 않는 시간에는 기도가 열려 숨을 쉴 수 있는 것이다. 말과 같은 일부 동물에서는 코와 기관의 통로들이 정밀하게 정열하고 있어서 숨을 쉬면서 동시에 먹을 수 있지만 인간은 후두(성대 혹은 성문)의 위치가 낮게 진화함으로써 정밀한 발성은 가능하게 되었지만, 이 낮은 위치로 인해서 음식물이 기도로 들어가기 쉬워져서 기도 폐색과 그로 인한 죽음의 원인이 되었다. 결국 인간이 음식물을 식도로 넘기는 동안에는 기도가 일시적으로 닫혀야 하므로 호흡 역시 일시적으로 억제되

며 당연히 조음도 불가능하게 된다. 만약 음식물이 성대에 닿으면 기침 반사가 유발되어 성문이 닫힌 채 가슴과 배의 근육이 수축하여 허파 안의 기압이 높아진다. 그 후 갑자기 성문이 열리면, 기관을 통해 공기가 분출되면서 성문을 막고 있던 음식물이 제거되는 현상이 등장하는데 이를 우리는 사레라고 부른다.

발성을 조절하지 못하는 가짜 성대는 이물질이 성문으로 들어가는 것을 막고 진짜 성대를 보호하는 역할뿐 아니라 말소리의 공명에도 중요한 역할을 한다. 이 부위에 염증이나 부종을 일으키는 감기 바이러스나 다른 미생물 감염에 의한 급성 후두염으로 인해 목소리가 쉬고 더 심한 경우에는 목소리가 안 나오며, 기침이 나고 숨쉬기가 곤란해진다.

2.4 음성기관과 말소리의 생성과정 : 발동, 발성, 발음

음운론 연구에 가장 바탕이 되는 음성학은 조음음성학이다. 음성기관[4]에서 음성을 만들어내는 일을 조음(articulation)이라 하고 음성기관에서 음성이 만들어지는 양상을 연구하는 음성학을 조음음성학(articulatory phonetics)라고 한다. 조음에 관여하는 인체의 기관들은 해부학적으로 호흡기관에 해당한다. 인간이 진화의 과정에서 호흡기관의 2차적 기능으로

---

[4] 음성기관, 발음기관, 조음기관은 혼용되어 쓰이고는 있지만 엄격히는 그 의미에 미묘한 차이가 있다. 다음은 국립국어원 표준국어대사전에서 제시하고 있는 사전적 정의이다.
①음성기관 : 음성을 내는 데 쓰이는 신체의 각 부분으로 성대, 목젖, 구개, 이, 잇몸, 혀 따위가 있다.
②발음기관 : 동물체의 소리를 내는 기관으로 발성기관이라고도 한다.
음성을 내는 데 쓰이는 신체의 각 부분으로 성대, 목젖, 구개, 잇몸, 혀 따위가 있다.
③조음기관 : 언어음을 만들어내는 발음기관을 통틀어 이르는 말로 입술, 이, 잇몸, 입천장, 혀, 인두 따위가 있다.

호흡과 동시에 말소리를 생성하게 된 것이다. 발음기관에는 호흡을 조절하는 횡격막과 폐(허파)를 비롯하여, 목소리를 내는 데 쓰이는 성대와, 목소리를 고르는 데 쓰이는 인두, 구강 및 비강 등이 있다. 인간이 말소리를 생성할 수 있게끔 하는 이들 기관은 원래 인간의 생존을 위한 기관들이다. 횡격막과 폐는 산소공급을 위한 호흡에 필수적인 기관이며, 혀와 치아, 코, 입술 등은 음식의 섭취와 냄새 맡기에 이용되는 것이 기본적인 기능이다. 따라서 인간의 말소리는 호흡의 모든 과정을 통해 이루어진다고 할 수 있다.

발음기관은 그 기능에 따라 발동부와 발성부 그리고 발음부로 나눌 수 있다. 발동부는 횡격막(diaphragm)과 폐(lung) 그리고 기관(trachea)으로 구성되는데 주로 발음에 필요한 기류를 공급하는 구실을 한다.[5] 풍금이나 아코디언 같은 악기를 연주할 때에 바람이 필요하듯이 인간이 내는 대부분의 말소리도 공기를 공급하지 않으면 발음할 수가 없다.

발동의 과정은 호흡을 하기 위한 횡격막과 폐의 연속적인 동작으로 시작된다. 횡격막을 아래로 내리고 늑골을 상승, 팽창시키면 공기가 코와 입을 통하여 성문과 기관을 거쳐 폐 속으로 들어오게 되고, 이와 반대로 횡격막을 올리고 늑골을 하강, 수축하면 폐 안에 있던 공기를 몸 밖으로 내보내게 된다. 전자가 들숨(흡기)이 되고 후자가 날숨(호기)이 된다. 인간의 말소리는 날숨을 이용하여 발음하는 경우가 대부분이지만 일부 아프리카 언어에는 들숨으로 발음하는 소리가 쓰이기도 한다. 흐느끼는 소리나 코고는 소리 그리고 혀 차는 소리도 흔히 들숨으로 난다.

기관(trachea)의 위에 있는 후두(larynx)와 그 안에 있는 성대(vocal

---

[5] 호흡에 관여하는 기관을 상기도와 하기도로 구분하는데 상기도는 코, 비강, 구강, 부비동, 인두, 후두로 구성되며, 하기도는 기관, 기관지, 세기관지, 폐포 등으로 이루어진다.

cords)를 통과하면서 폐에서 기관을 거쳐서 올라온 공기의 힘으로 말소리를 형성한다. 즉 음성의 생성은 폐로부터 공기를 밀어내어 생기는 기류(air stream)의 작용에 의한 것이다. 성대가 열려 있으면 공기는 자유롭게 통과하여 인두(pharynx)를 지나 구강이나 비강으로 나오게 된다. 공기가 나오는 공깃길 즉 기도 가운데 후두 이후의 통로를 특별히 성도(vocal tract)라고 부른다.

후두는 연골로 된 통의 모양을 하고 있으며 환상연골과 갑상연골 및 피열연골로 구성되어 있다. 이 중에서 방패 모양을 한 갑상연골은 남성의 목 앞으로 튀어나온 연골이어서 육안으로도 볼 수 있고 손으로 만져서 확인할 수 있다. 환상연골과 피열연골은 성대를 여닫는 데 중요한 구실을 한다. 성대는 피열연골의 안쪽 돌출부와 갑상연골의 가운데 부분에 연결되어 있는데 직경이 15-20mm 정도 되는 마치 입술과 같은 모양의 개폐가 가능한 근육조직이다.[6] 이 성대가 열려 있을 때 그 틈 사이를 성문(glottis)이라고 한다.

후두 안의 성대를 통과하는 것으로부터 발성의 과정이 시작되며 이 과정에서 구체적인 말소리가 생성된다. 위에서 기술한 피열연골 및 이와 관련된 근육의 동작으로 성대를 닫을 수도 있고 열 수도 있게 되며 성대를

---

6 성대(vocal cord, vocal band)는 후두에 위치하는 발성기관으로 좌우 대칭으로 이루어진 인대를 포함하는 한 쌍의 점막주름이다. 허파에서 배출되는 공기가 이 성대를 지나가면서 성대를 진동시켜 목소리를 만들어낸다. 후두개(후두덮개, epiglottis) 아래쪽에 있는 점막은 후두의 내강으로 뻗어 나와 양쪽에 두 쌍의 점막 주름을 형성하는데, 위쪽 한 쌍의 점막 주름을 거짓 성대 주름, 아래쪽 한 쌍의 점막 주름을 성대 주름 또는 성대라고 한다. 성대에는 갑상 연골(thyroid cartilage)과 피열 연골(arytenoid cartilage)을 이어 주는 탄력성 높은 인대가 들어 있으며, 갑상 연골과 피열 연골에 근육들이 붙어 있어서 이들이 수축하면 연골의 위치와 인대의 장력이 변화된다. 남성의 성대는 상대적으로 굵고 길며(평균 2cm), 어린이와 여자의 성대는 가늘고 짧다(어린이 0.9cm, 여성 1.5cm).

진동시킬 수도 있다. 보통 호흡을 할 때나 무성음을 낼 때에는 성문이 열려 있어 공기가 저항을 받지 않고 통과한다. 반면 유성음의 경우 성문의 좁은 틈만 남기고 거의 폐쇄하는데 이 좁은 틈으로 공기가 통과하면서 성대가 진동하게 된다.

성대의 진동수에 따라서 목소리의 높낮이가 결정된다. 대체로 성별과 연령 및 개인 특성에 따라 진동수가 달라지는데 성대가 길고 두꺼울수록 진동수가 적어서 소리가 낮으며 반대로 짧고 얇을수록 진동수가 많아 소리가 높아진다. 그러므로 어린이와 여자는 남자보다 소리가 높은 것이 보통이다. 남자의 낮은 목소리는 성대의 진동수가 초당 60에서 70이며, 여자 소프라노의 상한선은 초당 1,200 내지 1,300에 이른다. 남자 목소리의 평균 진동수는 100~150이고 여자 목소리의 평균 진동수는 200~300이다. 성대의 개폐에 따른 진동수가 목소리의 높낮이를 결정하는 데 반해서 성대가 열릴 때의 폭인 진폭은 목소리의 크기를 결정해준다. 성문 아래에서 올라오는 기류의 압력이 크면 클수록 진폭이 커져서 소리가 커지고 기류의 압력이 낮을수록 진폭이 작아져서 소리도 작아진다.

성대의 위에 있는 인두강, 구강, 비강 및 순강 등의 공명강(울림통)은 발음의 과정에서 핵심적인 역할을 하는데 그 위치는 다음 그림과 같다.

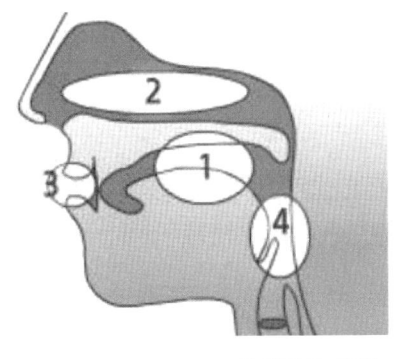

<공명강의 위치>

인두강은 성대의 바로 위에서 시작하여 구강과 비강으로 연결되는 파이프 모양의 공명강으로서, 성대를 지난 기류가 반드시 통과하여야 하는 통로이다. 인두강은 후두의 상승 및 하강 운동과 혀의 전후 운동에 따라서 크기와 모양이 달라진다. 성대를 닫은 채 위로 올리면 그만큼 인두강의 크기가 줄어들며, 반대로 내리면 그만큼 인두강의 크기가 커진다. 예를 들어 모음 'ㅗ[o]'를 발음할 때와 같이 혀를 뒤로 후퇴시키면(후설모음이면) 인두강의 크기가 줄어들며, 반대로 모음 'ㅣ[i]'를 발음 할 때처럼 혀가 앞으로 나오면(전설모음이면) 그만큼 인두강의 크기가 커지게 된다.

구강의 크기와 형태는 혀의 움직임으로 말미암아 다양하게 변할 수 있다. 구강은 단순한 공명강의 역할만 하는 것이 아니고 자음과 모음과 같은 여러 가지 말소리를 분화시켜 생성하는 데 결정적인 역할을 한다. 다양한 말소리를 생성하고 미세한 발음의 차이를 만들어 내는 데는 능동적인 움직임을 가지고 있는 혀가 핵심적인 역할을 한다.

구강 안의 발음 부위는 능동부와 수동부로 구분되는데, 아랫입술·아랫니·혀 등 주로 아래턱(하악)에 있는 부위가 능동부가 되고 윗입술·윗니·잇몸·입천장 등 주로 구강의 윗부분에 있는 고정된 부위가 수동부가 된다. 따라서 발음의 과정은 주로 아래쪽에 있는 능동부가 위쪽에 있는 수동부로 향하는 상향 운동에 의해서 이루어진다. 발음을 할 때에 한 능동부가 대응하는 위치의 수동부에 작용하는 것이 가장 빠르고 자연스럽기는 하나, 그렇다고 하여 하나의 능동부가 마주하고 있는 하나의 수동부와만 작용하는 것은 아니고 인근의 다른 수동부를 택하여 발음할 수도 있다. 즉 능동부인 아랫입술은 윗입술만 택하는 것이 아니고 윗니를 택할 수도 있으며 역시 능동부인 혀끝은 윗니 끝, 윗니 뒤, 윗잇몸, 입천장 따위를 선택하여 발음할 수 있는 것이다.

성문을 통과한 공기는 후두와 인두강을 지나 구강을 통과하기도 하고 비강을 통과하기도 한다. 목젖(구개수)을 포함한 연구개와 후설이 맞닿아 붙어서 구강으로 흐르는 기류의 통로를 막으면 비강으로 공기가 나가게 된다. 폐로부터 나온 기류는 성대의 진동과 개방에 의해 발성의 과정을 거친 후 이처럼 구강과 비강으로 선택적으로 나가게 됨으로써 발음의 과정에서 구강음과 비강음으로 구분된다. 구강이 혀의 움직임에 의해서 형태와 크기가 달라지고 그에 따라서 여러 가지 말소리를 내는 것과는 달리, 비강은 크기와 형태가 고정되어 있기 때문에 공명강으로서의 기능이 단순하다. 'm, n, ŋ'과 같은 비자음들은 비강을 이용해서 내는 소리들로 연구개를 아래로 내리고 비강의 통로를 열어서 기류를 비강으로 통과시켜서 내게 된다. 기류를 비강과 동시에 구강으로 통과시켜서 발음할 수도 있는데 프랑스어의 'ã, õ, ẽ'과 같은 비모음이 대표적이어서 구강과 비강 양쪽으로 기류가 나가면서 발음한다.

  순강이란 두 입술을 둥글게 앞으로 내밀어서 두 입술 안쪽에 만들어지는 공명강을 뜻한다. 구강에서 만들어진 말소리라도 입 밖으로 나가는 마지막 관문인 입술의 모양에 따라 말소리는 차이가 생긴다. 즉 입술의 모양이 둥근지 아니면 평평한지에 따라서 말소리 생성에 차이가 난다. 혀의 앞부분 즉 전설을 경구개를 향해 올려서 발음하는 모음의 경우 입술의 모양이 평평할 때는 'ㅣ[i]'로 실현되지만, 입술의 모양을 둥글게 내밀어서 발음하면 'ㅟ[y]'와 같은 모음으로 실현되는 것이다. 순강은 모음의 발음뿐만이 아니고 자음을 발음하는 데도 중요한 역할을 한다.

  인간의 언어음을 생성하기 위한 발동, 발성 그리고 발음 과정과 관련된 음성기관의 단면도를 제시해 보면 다음과 같다.

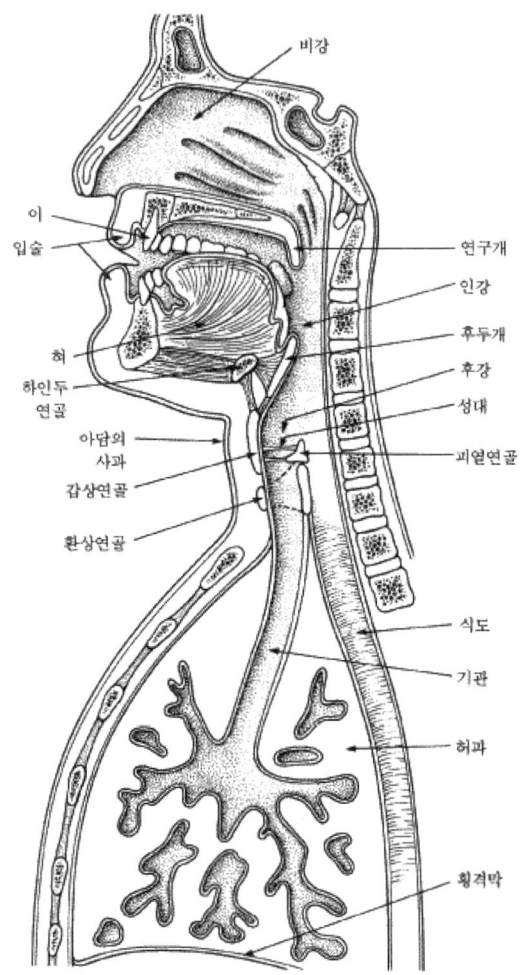

<발동·발성·발음기관 (고도홍 외 공역 1995:47)>

2.5 조음음성학의 개념

    음성기관, 발음기관 그리고 조음기관의 사전적 정의를 2장의 각주 4)에서 소개한 바가 있다. 포괄적인 의미에서는 큰 차이가 없지만 음성기관과 발음기관은 조음기관에 비해 해부학적인 측면에 근거한 개념이다. 반면 조음기관은 '調音'에서 한자 '調'의 의미인 '고르다, 조절하다, 어울리다, 균형을 잡다' 등의 의미에 근거해 보면 단순히 해부학적인 입장에만 근거한 것은 아니라는 것을 알 수 있다. 폐에서 후두와 성대를 거쳐 인두강, 구강, 비강, 순강에 이른 기류는 여러 가지 기관들의 작용에 의해 말소리의 성질이 변화하게 된다. 이러한 여러 소리들을 고르는 작용을 조음(articulation)이라고 하는 것이다.

결론적으로 조음음성학은 언어음의 생리적인 생성과정과 함께 조음의 과정을 분석하여 언어음을 체계적으로 분류하고 기술하는 것을 목적으로 하는 학문인 것이다. 따라서 조음음성학의 첫 번째 목표는 음성기관의 동적 구조를 이해하는 것이고 그 다음으로 개별 음성의 조음적 특징에 따른 객관적인 분류를 하는 것이 목표가 된다.

앞서 음성기관의 발동부, 발성부, 발음부의 특징을 이미 살펴보면서 발동의 과정, 발성의 과정 그리고 발음의 과정에 대해 확인하였지만 조음음성학의 입장에서 다시 정리해 보면 다음과 같다.

① 발동과정(initiation)
   말소리 생성의 1단계로 기류를 생성하는 과정으로 폐에서 후두까지의 과정
② 발성과정(phonation)
   기류의 1차 변형의 단계로 말소리의 기본 성격을 형성하는 과정으로 성대에서 이루어지는 기류 조정 작용의 과정
③ 발음(조음)과정(articulation)
   기류의 2차 변형으로 고유의 음가를 형성하는 조음의 과정으로 후두 상부의 여러 발음 기관에서 나타나는 조정 과정

발동과정은 기류 과정이라고도 한다. 기류의 발동 부위에 따라 폐의 기류를 이용하는 경우와 그렇지 않은 경우가 있다. 대개의 말소리는 폐 기류의 발동에 근거하지만 일부 방출음, 내파음, 흡착음 등은 성문이나 연구개에서 발동되기도 한다. 방출음이나 내파음[7]은 성문의 기류에 근거한 발동과정을 가지고 있는데, 한국어의 경음은 후두의 근육이 긴장되어 얼핏 방출음의 성격을 가진 것처럼 보이기도 하나, 엄밀하게 폐 기류의 발동에 기인하는 말소리이다. 단 국제음성기호의 사용에서 방출음의 구별표지에 해당하는 < ' >를 사용하여 [k' t' p' s' č']와 같이 표기하고 있기는 하다.

기류의 발동 장소가 연구개인 말소리로는 흡착음이 있다. 흔히 click sound라고 부르는 소리로 혀를 차는 소리가 이에 해당한다. 입천장에 혓바닥을 붙이거나 두 입술 사이를 다물었다가 벌리며 터뜨려서 혀를 차는 듯이 하여 내는 소리로 남아프리카의 Khoisan 어족에 속하는 Xhosa어, Zulu어, Bushman어 등에서 나타난다. 설타음(舌打音)이라고도 부른다.

발성과정은 성대 사이의 공간인 성문을 중심으로 만들어지는 여러 가지 형태의 조음 상태를 지칭하는 것으로 기류의 특징과 성문과 성대의 상태에 따라 말소리들이 구분될 수 있다. 발성과정에서 나타나는 말소리의 유형은 성대의 상태에 따라 크게 몇 가지 유형이 있는 것으로 본다. 즉 유성음(voiced), 무성음(voiceless, unvoiced), 짜내는 소리(creaky sound), 속삭이는 소리(whisper) 그리고 숨찬 소리(breathy voice)가 있다. 대부분의 자음은 성대가 열려있는 상태에서 조음이 되는데 이 상태를 무성이라고 한

---

[7] 한국어의 파열음은 파열음 조음의 세 가지 단계 '폐쇄-지속-개방(파열)'을 가지고 있다. 그런데 음절말 위치(자음과 휴지 앞)에서는 마지막 단계인 개방의 단계를 실현하지 않는 불파음(미파음)으로 실현된다. 과거 음절초의 외파음과 대비되는 개념으로 사용하는 과정에서 불파음을 내파음으로 지칭하기도 하였으나 발동의 과정을 고려하면 올바른 용어의 사용이 아니었음을 알 수 있다.

다. 반면 성대가 닫히면서 성대의 진동이 수반되어서 유성의 상태가 되는 것이다.

성대의 진동에는 물리적인 원리가 작용한다. 성대를 느슨하게 닫고 기류를 방출하려고 하면 성대가 닫혀 있기 때문에 성대 아래의 기압이 상승하게 되고 이 기압의 상승이 다시 성대를 개방하게 된다. 그런데 이처럼 열린 성대 사이로 기류가 빠져 나가자마자 베르눌리 효과(Bernoulli effect)[8]로 인해 성대가 닫히면서 다시 기압이 상승하고 그로 인해 다시 성대가 개방되는 과정의 반복을 통해 성대의 진동이 이루어지게 된다.

짜내기 소리(creaky sound)는 후두음화(laryngealized)를 한 경우로 성대의 뒤쪽 즉 피열연골 사이는 닫고 성대의 앞쪽만 진동시켜 만들어지는 소리이다. 잠에서 덜 깬 목소리를 생각하면 된다. 반대로 성대의 앞쪽은 닫고 뒤쪽은 열어 그 사이로 기류를 내보내면 무성의 마찰음이 생기는데 이것이 속삭이는 소리(whisper)이다. 마지막으로 숨찬 소리(breathy voice)는 중얼거리는 소리(murmur)라고도 하는데 이 소리는 성대 진동이 있기는 하되 성대를 느슨하게 닫고 진동시키는 것이 아니라 성대를 조금 연 상태에서 진동시키는 것이다. 이 경우 유성의 상태이기는 하지만 숨이 많이 생성된다. 유성이기는 하지만 기식(aspiration)이 있기 때문에 유성유기음(voiced aspirate)이라고도 한다.

음성기관의 작용 중에서 의미 변별의 기능을 하는 분절음의 생성에 가장 큰 기여를 하는 과정이 조음과정이다. 조음과정은 분절음이 자음이냐 모음이냐에 따라 달리 작용하게 되는데 자음의 경우 조음방법과 조음위치에 따라 서로 다른 음성으로 실현된다. 조음방법은 기류가 구강과 비강을 통과하는 방식과 관련이 있고 조음위치는 조음에 작용하는 음성기관의 특

---

[8] 스위스의 수학자이자 물리학자인 Daniel Bernoulli(1700-1782)이다.

정한 위치를 의미한다.

조음위치는 기류가 구강을 통과하면서 장애가 일어나는 위치를 지칭한다. 즉 조음체(articulator)인 아래 턱 능동부의 아랫입술, 혀끝(설첨), 혓날(설단), 전설과 후설 등이, 조음점(point of articulation)인 위 턱 수동부(고정부)의 윗입술, 치조(치경), 치조 경구개, 경구개, 연구개, 목젖(구개수) 등에 접촉 혹은 접근하면서 기류의 장애를 일으키며 음성의 분화를 생성하는 것이다. 다음 그림은 음성기관 가운데 조음기관만의 모습을 제시한 것이다.

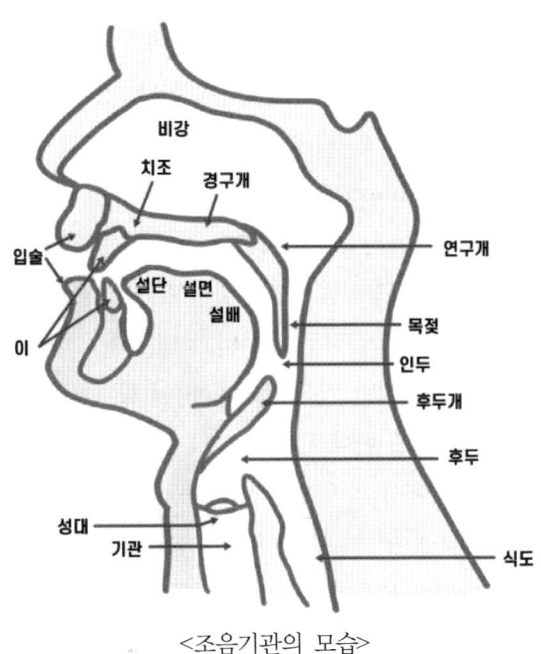

<조음기관의 모습>

수동부 즉 고정부는 위턱의 윗입술, 윗니, 윗잇몸, 입천장, 목젖이 해당하고 능동부는 아랫입술과 혀가 해당한다. 입천장은 구개(palate)라고도 하며 앞부분의 딱딱한 입천장(경구개, hard palate)과 뒷부분의 부드러운 입천장(연구개, soft palate)으로 구분된다. 치조(치경, alveolar ridge)은 앞니의 안쪽 부분의 윗잇몸을 가리킨다.

혀는 인간의 모든 조음기관 가운데 가장 능동적인 조음체로 조음에 관여하는 혀의 부분에 따라 다양한 음성의 실현이 가능하다. 혀끝은 말 그대로 혀의 앞쪽 끝으로 설첨(tip of tongue)이라고도 한다. 혓날은 설단(blade of tongue)이라고도 하며 설첨의 바로 뒤의 위치를 말한다. 설첨과 설단을 구별하지 않고 그냥 설단으로 묶어서 보기도 한다. 혀의 앞부분과 뒷부분을 구분하여 전설(설면, front of tongue)과 후설(설배, back of tongue)로 나누는데, 전설은 경구개와 대응하는 부분이고 후설은 연구개와 대응하는 부분이다.

제3장

한국어의 조음음성학적 분류

3.1 자음의 분류

　음성은 앞서 살펴본 음성학적 기준에 따라 분류가 가능하다. 공명강에 따라 구강음이나 비음(비강음) 혹은 인두음이 될 수도 있고 성대 진동 여부에 따라 무성음 혹은 유성음이 될 수 있다. 그 가운데 조음기관을 기류가 통과하는 과정에서 장애가 있느냐의 여부에 따라 모음(vowel)과 자음(consonant)으로 분류하는 것이 가장 기본적인 분류이다.
　자음이 만들어질 때 공기가 장애를 받는 위치를 조음위치(place of articulation)라 하고 공기가 장애를 받는 방식을 조음방식 혹은 조음방법(manner of articulation)이라고 한다.

3.1.1 조음위치에 따른 자음의 분류

　성인 남성의 경우 입술에서 성대까지의 구강의 길이는 평균 17cm 정도 된다. 이 통로 안에 대략 열한 군데 정도의 조음위치가 생성된다. 김진우(2020:30)에 의하면 이론적으로는 어느 지점에서나 공기의 장애가 실현될 수 있기 때문에 조음위치는 무한할 수 있지만, 두 조음위치가 너무 가까우면 화자가 정확히 조음하기도 어렵고 동시에 미세한 조음위치의 차이에서 나오는 음성을 청자가 인식하기도 어려워 어느 정도의 식별이 분명한 열한 군데의 조음위치와 그 위치에서의 음성을 분류한 것이라고 한다.

구강 내부에서 공기의 장애가 일어나는 것은 혀가 입천장 쪽으로 상승하면서인데, 이 경우 공기의 장애를 일으키는 혀와 입천장은 최단거리에 있게 되어 이를 최단거리 원칙(The principle of minimun distance)이라 한다. 즉 입천장의 조음위치와 대응하는 부분은 바로 아래 가장 가까운 혀의 부분이 된다. 결과적으로 혀의 부분은 최단거리 원칙에 의해 예측이 가능하므로 조음위치의 명칭은 입천장 부분만을 지칭하는 것이다. 물론 예외적인 경우도 있는데 양순음이나 순치음과 같이 상하의 두 조음위치가 모두 명시된 경우도 있고 반전음처럼 혀가 후치조(post-alveola)에 닿는 동작을 반영한 명칭도 있기는 하다(김진우 2020:33). 다음은 11개의 조음위치에 따른 자음의 분류이다.

① 양순음(bilabial)
두 입술로 인해 기류의 장애가 일어나는 소리이다. [p,b,m] 등
② 순치음(labio-dental)
아랫입술을 윗니에 접촉시켜 나는 소리로 국어에는 없다. 영어의 [f,v] 등
③ 치음(dental)
혀끝(설첨, tongue tip)을 윗니 뒤에 대고 내는 소리로 국어에는 없다. 영어의 [θ ,ð] 등
④ 치조음(alveolar)
혀끝(설첨, tongue tip)이나 혓날(설단, tongue blade)을 잇몸에 대고 내는 소리로 치경음이라고도 하는데 이 조음위치에서 대단히 많은 음성이 실현된다. [t,d,n,s,z,l,r] 등

⑤ 권설음(retroflex)

반전음이라고도 하는데 혀끝을 약간 뒤로 구부려 후치조(post-alveola)에 대고 실현하는 소리인데 국어에는 없다. 중국어의 [ʂ] 등

⑥ 치경구개음(alveo-palatal 혹은 palato-alveolar)

혓날(설단)을 치조(alveola)와 구개(palate) 사이에 대고 내는 소리로 후치조음(post-alveolar)라고도 한다. 국어의 ㅈ[č], ㅊ[čʰ] 이나 영어의 [ʧ,ʃ,ʤ] 등

⑦ 경구개음(palatal)

혓몸의 가운데를 경구개에 대고 내는 소리로 국어의 경우 '힘[çim]'을 발음할 때 나는 [ç] 소리가 구개음이다. 독일어의 'ich, mich'의 'ch' 역시 구개음이다.

⑧ 연구개음(velar)

후설이 연구개에 닿아 나는 소리이다. [k,g,ŋ] 등

⑨ 구개수음(uvular)

후설이 목젖에 닿아서 나는 소리로 국어에는 없다. 프랑스어의 [ʀ], 아랍어의 [q] 등

⑩ 인두음(pharyngeal)

혀뿌리(설근)가 인두벽으로 후퇴하면서 인두강에 좁은 통로가 만들어져 나는 소리이다. 아랍어의 [ħ,ʕ] 등

⑪ 성문음(glottal)

후두에서 나는 소리로 후두음이라고도 하며 국어의 [h]이 대표적이다. 성대를 진동시켜 이 소리를 내는 경우 유성음이 되어 [ɦ]이 된다.[1]

---

1 중세국어에서 문자 'ㅇ'은 특정의 위치에서 유성성문(후두)마찰음인 [ɦ]로 실현된 것으로 기술하고 있다. 그리고 문자 'ㆆ'은 무성성문파열음 [ʔ]로 보고 있다.

한국어의 경우 이상 11개의 조음위치 가운데 양순음, 치조음, 경구개음, 연구개음, 성문음에서 조음을 한다.

① 양순음

두 입술이 마주 닿아서 만들어지는 소리로 그냥 순음(labial)이라고도 한다. 'ㅂ,ㅍ,ㅃ'의 한글로 표기된 발음이다.

② 치조음(치경음)

혀끝(설첨, tongue tip)이나 혓날(설단, tongue blade)을 윗잇몸에 대고 내는 소리로 설단음이라고도 한다. 'ㄷ,ㅌ,ㄸ,ㄴ,ㅅ,ㅆ,ㄹ'의 한글로 표기된 발음이다. 배주채(2018:26)에 서는 국어의 'ㄷ, ㅌ,ㄸ,ㄴ'를 치음(설첨음)으로 보아 치조음(설단음)인 'ㅅ,ㅆ,ㄹ'과 조음위치에서 차이가 있는 것으로 기술하고 있다.

③ 경구개음

전설과 경구개가 맞닿아서 만들어지는 소리를 말하는데 간단히 구개음이라고도 한다. 조음체인 혀를 기준으로 전설음이라고도 한다. 'ㅈ,ㅊ,ㅉ'의 한글로 표기된 발음이다. 'ㄴ, ㅅ,ㅆ,ㄹ'이 경우 한글 표기는 동일하지만 'ㅣ'모음이나 'ㅑ,ㅕ,ㅛ,ㅠ' 앞에서는 경구개음으로 실현된다. 이들 음성의 정확한 조음위치는 경구개 위치보다는 조금 앞쪽인 치조구개음(alveo-palatal 혹은 post-alveolar)이지만 국어에서는 편의상 경구개음으로 부른다. '힘'의 'ㅎ'이 정확한 경구개음에 해당한다.

④ 연구개음

후설과 연구개가 맞닿아서 만들어지는 소리로 조음체인 혀를 기준으로 후설음이라고 부른다. 'ㄱ,ㅋ,ㄲ,ㅇ'의 한글로 표기된 발음이다.[2]

---

2 후설음으로서의 'ㅇ' 표기는 훈민정음 창제 당시를 기준으로 한다면 옛이응 혹은

⑤ 성문음(후두음)

성문에서 만들어지는 자음으로 후두음(laryngeal)이라고도 한다. 'ㅎ'의 한글로 표기된 발음이다. 'ㅎ'이 'ㅣ'모음이나 'ㅑ, ㅕ, ㅛ, ㅠ' 앞에서 경구개음으로 실현된다.

3.1.2 조음방법에 따른 자음의 분류

조음방법 혹은 조음방식이란 기류를 어디에서 막느냐(조음위치)가 아닌, 얼마나 혹은 어떻게 기류를 막느냐와 관련이 있다. 즉 성도를 폐쇄할 수도 있고 좁은 통로만 남겨둘 수도 있다. 또 폐쇄를 개방하는 방식도 완전하거나 불완전할 수 있다. 조음방법에 따른 자음의 분류는 다음과 같다.

① 파열음(plosive)

기류의 장애를 가장 많이 받는 경우로 조음위치에서 공기가 완전히 막히는 소리로 폐쇄음(stop)이라고 한다. 폐쇄음의 다른 명칭은 파열음인데 굉장히 상충되는 이름을 가지고 있는 이유는 이 음성의 조음방식과 관련이 있다. 폐쇄음 즉 파열음은 세 단계의 조음과정을 거치게 되는데 '폐쇄-지속-개방(파열)'의 단계가 그것이다. 공기가 지나가다가 특정의 조음위치에서 막히는 폐쇄의 단계, 이후 폐쇄가 지속되면서 폐쇄 공간에서의 압력이 올라가는 지속의 단계, 마지막으로 폐쇄가 개방되면서 갇혀 있던 공기가 파열을 하며 방출되는 개방(파열)의 단계를 거치는 것이다. 폐쇄의 단계에 초점을 두면 폐쇄음이라 부르고 마지막 파열의 개방 단계에 초점을 두면 파열음이라고 부르는 것이다. 국어의 'ㅂㅌ

꼭지이응 'ㆁ'에 해당한다. 원래 연구개비음은 'ㆁ'으로 표기하고 'ㅇ'은 음절초성이 모음으로 시작함을 알려주는 alif 였다. 이는 초성자이기는 하지만 자음으로서 음가는 없는 것이었다.

ㅃ, ㄷㅌㄸ, ㄱㅋㄲ'가 해당하는데, 각각의 조음위치와 관련해 양순폐쇄음, 치조폐쇄음, 연구개폐쇄음으로 부른다. 물론 각각 파열음으로 불러도 된다.

이 음성의 경우 3단계의 개방이 실현되지 않는 경우가 있는데 한국어의 중요한 음성적 특징이기도 하다. 개방 단계가 없는 파열음을 불파음(미파음, unreleased plosive)이라 부르는데 국어의 '밥, 옷, 국'과 같은 단어의 음절말 위치에서 실현되는 음성이다. 반대로 음절의 첫머리에서 개방 단계가 실현되는 음성을 외파음(released plosive)이라고 부른다.

② 마찰음(fricative)

조음체와 조음위치 사이를 완전히 폐쇄하지 않고 좁은 틈 사이로 공기를 내보내면서 마찰 소음을 일으켜 내는 소리를 지칭한다. 국어의 치조마찰음 'ㅅ, ㅆ'은 혀끝을 치조에 거의 붙이다시피 접근시킨 뒤 좁은 틈 사이로 기류를 통과시키며 만들어내는 음성이다. 모음 'ㅣ'와 'ㅑ, ㅕ, ㅛ, ㅠ' 앞에서 실현되는 'ㅅ, ㅆ'은 한글 표기는 치조마찰음과 동일하지만, 경구개마찰음으로 전설과 치조 경구개 사이에서 만들어지는 소리이다. 국어의 'ㅎ'은 성문마찰음으로 좁아진 성문 틈에서 기류가 마찰을 일으켜 만들어진다.³ 영어의 순치마찰음 [f,v]이나 프랑스어의 구개수마찰음 [χ ,ʁ], 아제르바이잔어의 연구개마찰음 [x,γ] 그리고 아랍어의 인두마찰음 [ħ,ʕ] 등이 있다. 중세국어의 문자인 순경음 'ㅸ'과 반치음 'ㅿ'의 경우 각각 양순마찰음 [β]과 치조마찰음 [z]인 것으로 보고

---

3 'ㅎ'의 경우 구강 안에서 구체적인 조음 동작이 없어 무성의 모음이라고도 한다. 그래서 '힘'이나 '흙'을 조음할 때 경구개마찰음 [ç]이나 연구개마찰음 [x]으로 실현되는데, 사실 이들은 'ㅎ'에 후행하는 모음의 위치와 관련이 있다. 즉 후행하는 'ㅣ'와 'ㅡ'의 조음위치인 경구개(전설)와 연구개(후설)의 위치에서 발음된 것이다.

있다.

③ 파찰음(affricate)

이 음성은 조음위치에서의 폐쇄와 지속 이후 파열의 개방이 아닌 마찰음처럼 서서히 마찰을 일으키며 개방을 하며 내는 소리이다. 명칭에서도 알 수 있듯이 이 음성은 파열음과 마찰음의 특성을 모두 가지고 있다. 국어의 경구개음인 'ㅈ,ㅊ,ㅉ'은 전설을 치조구개에 맞닿아 폐쇄시킨 뒤 천천히 마찰을 일으키며 개방하는 음성이다. 'ㅈ,ㅊ,ㅉ'의 경우 현대국어에서는 이처럼 경구개파찰음이지만 훈민정음 창제 당시인 15세기에는 치조(치경)파찰음이었던 것으로 보고 있다.

영어의 'church'나 'judge'의 [ʧ]와 [dʒ] 역시 경구개파찰음이다. 독일어의 경우 치경파찰음(Mozart의 'z')과 순파찰음(apfel의 'pf')도 있다.

④ 비음(nasal)

목젖(구개수)을 포함한 연구개와 후설이 맞닿아 붙어서 구강으로 흐르는 기류의 통로를 막으면 비강으로 공기가 나가게 된다. 폐로부터 나온 기류는 성대의 진동과 개방에 의해 발성의 과정을 거친 후 이처럼 구강과 비강으로 선택적으로 나가게 됨으로써 발음의 과정에서 구강음과 비음(비강음)으로 구분된다. 비음을 조음할 때 구강의 상태는 동일 조음 위치의 파열음을 발음을 할 때와 동일해서 예를 들면 'ㅁ'을 조음할 때 구강과 입술의 상태는 'ㅂ'을 조음할 때와 동일하다. 또 'ㄴ'을 조음할 때의 혀와 구강의 상태는 'ㄷ'을 조음할 때와 동일하다. 즉 이들 음성은 기류가 방출되는 공명강의 차이만 있어서 비강폐쇄음이라고도 한다.[4] 국어의 비음은 'ㅁ,ㄴ,ㅇ'의 양순비음, 치조비음, 연구개비음이 있고 'ㅣ'모음이나 'ㅑ,ㅕ,ㅛ,ㅠ' 앞에 오는 'ㄴ'의 경우 표기는 동일하지만 조음위치가 경구개인 경구개비음으로 실현된다.

한국어의 비음은 비자음만이 존재하지만 프랑스어의 경우 비모음의 실현이 가능하다. 비모음의 조음은 목젖으로 비강 쪽 통로를 막지 않고 비강과 구강으로 기류를 동시에 내보내면 된다. 그래서 한국어의 경우 비음이라 하면 일반적으로 비자음만을 지칭하는 것으로 본다.

⑤ 유음(liquid)

혀나 목젖으로 기류를 변화시키되 최소한의 장애를 만들어내는 음성으로 그런 까닭에 자음 가운데 가장 모음적인 속성을 가지고 있다. 유음이라는 명칭은 이 소리의 청각적 인상이 유동체와 같다는 데에서 기인한 것이다. 유음은 조음방식에 따라 설측음(lateral), 탄설음(flap, tap), 전동음(trill, rolled)으로 세분할 수 있다. 이 가운데 설측음과 탄설음만이 한국어에 존재한다.

설측음은 혀의 중심 쪽이 윗잇몸이나 치조구개를 막은 채 혀의 양 측면으로 공기가 빠져나가면서 만들어지는 소리이다. 탄설음과 전동음은 기류가 혀의 중앙으로 흘러 나가면서 만들어지는 소리인데, 혀끝을 윗잇몸에 한 번만 살짝 대었다가 금방 떼면 탄설음이 되고 이 동작을 반복하면서 혀끝을 떨면 전동음(설전음)이 된다.

한국어에서 '나라'의 'ㄹ[ɾ]'은 치조탄설음이고 '달'의 'ㄹ[l]'과 '달라'의 'ㄹㄹ[ll]'은 치조설측음이며 '달려'의 'ㄹㄹ[ʎʎ]'는 경구개설측음이다. 한국어의 이들 유음은 음성적으로 차이가 있지만 한글로는 동일하게 'ㄹ'로 표기된다.

---

4 배주채(2018:30)의 논의를 참조하였다.

⑥ 활음(glide)

모음에서 모음으로 미끄러지듯 발음되며 만들어지는 소리라는 의미에서 활음이라는 명칭이 붙여졌는데, 모음의 핵심 특성인 성절성을 잃은 소리이기는 하지만 그 외에는 모음의 특질과 유사하기 때문에 반모음(semi-vowel)이라고도 한다. 평순반모음이라고 부르는 [j]와 원순반모음이라고 부르는 [w]가 한국어는 물론 보편적으로 다른 언어에도 있다. 평순반모음은 경구개활음(palatal glide)이라고도 하며 원순반모음은 순-연구개활음(labio-velar glide)이라고도 한다.

앞서 살펴본 유음과 함께 활음이라는 명칭이 다른 음성들의 명칭과는 달리 조음의 간극도에 따른 과학적인 용어가 아니라는 이유로, 유음과 활음을 합해서 접근음(approximant)이라고 부르자는 입장도 있다. 즉 접근음은 말 그대로 조음체와 조음위치(조음점) 간의 접촉이나 협착이 없이 접근만으로 만들어진다는 뜻이다.[5] 과도음이라는 명칭도 있다.

이상에서 조음방법에 따른 자음들의 분류 양상을 살펴보았다. 이외에도 한국어의 순수자음들(파열음, 마찰음, 파찰음)은 평음, 경음, 유기음(격음)으로 구분되는데 조음방법에 따른 분류의 하나라 할 수 있다. 이들 세 가지 부류의 자음은 성대의 크기와 상태에 따라 달리 실현되는 음성들이다. 평음은 순수자음인 파열음, 마찰음, 파찰음을 발음할 때 성문에서 공기를 압축하지 않고 만들어내는 소리이다. 'ㅂ,ㄷ,ㄱ,ㅅ,ㅈ'가 평음인데 'ㅎ'의 경우 대개의 경우 유기음으로 보지만 평음으로 보는 경우도 있다.[6] 경음은 순수자음을 발음할 때 성문 아래에서 공기를 압축했다가 약간만 방출하면

---

5 김진우(2020:39)의 논의를 참조하였다.
6 'ㅎ'을 평음으로 보는 경우 유기음화의 과정을 기술하는 데 문제가 있다.

서 만들어내는 소리이다. 'ㅃ, ㄸ, ㄲ, ㅆ, ㅉ'가 경음에 해당하며 중세국어의 'ㆆ'는 성문폐쇄음 [ʔ]로 보고 있는데 역시 성문 아래의 공기가 압축되어 약간의 공기만 새어 나오는 소리이다. 유기음은 격음이라고도 하는데 파열음과 파찰음을 발음할 때 성문 아래의 공기를 압축했다가 갑자기 많은 양의 공기(puff of air)를 방출하면서 내는 소리이다. 이 때 방출되는 공기를 기식(aspiration)이라고 한다. 'ㅍ, ㅌ, ㅋ, ㅊ'가 해당한다.[7]

따라서 조음 당시의 성대 크기를 비교해 보면 거의 폐쇄의 상태라 볼 수 있는 경음, 공기의 압축을 만들지 않고 성대가 이완된 채 약간 열려 있는 평음, 그리고 공기의 방출을 위해 크게 개방된 유기음의 순서로 볼 수 있다. 따라서 경음은 기식이 거의 없고 평음의 경우 성문이 약간 개방되어 있는 상태이기 때문에 유기음만큼은 아니지만 경음보다는 많은 기식을 내보낸다.

그런데 이 기식이라는 기준은 지극히 인상적인 것으로 과학적인 근거가 없다는 점이 지적되었다.[8] 우선 기식의 정도를 객관적으로 측정하기 힘들다는 사실이 가장 문제가 되었다. 더욱이 기식의 유무기 음운론적인 변별력을 가지는 언어에서 기식음이 음절말(다른 자음 앞)과 휴지 앞에서 왜 중화(neutralization)되는지를 설명할 수가 없었다. 예를 들어 국어의 경우 '부엌, 밭, 낯, 잎' 등이 음절말이나 휴지 앞에서 '부억, 받, 낟, 입'으로 교체하는 이유를 설명하기가 어려운 것이다.

그리하여 기식의 유무와 성대의 진동 시기의 상관 관계를 검토해본 결

---

[7] 국어 마찰음의 경우 평음 'ㅅ'과 경음 'ㅆ'만이 존재하는데 이는 마찰음의 평음인 'ㅅ'이 다른 순수자음들의 평음에 비해 기식성이 커 조음음성학적으로 보면 평음과 유기음의 중간적 특성을 보이고 있기 때문이다.

[8] Kim, C.-W(1970), "A Theory of Aspiration", *Phonetica* 21, 107-116.
김진우(2020:15-7)의 논의를 참조하였다.

과, 성대의 진동이 폐쇄의 개방과 동시에 실현되면 무기음(unaspirated)이 되고 폐쇄의 개방이 이루어진 잠시 뒤에 성대가 진동하면 유기음(aspirated)이 된다는 사실을 확인하게 되었다.

경음과 유기음은 성문의 폐쇄 기간 동안 성대의 진동이 없기 때문에 유성음과는 구별되는 무성음이지만 두 소리 사이에 분명 인상적인 기식의 차이는 있다. 즉 경음의 경우 후행하는 모음의 성대 진동이 폐쇄의 개방과 동시에 일어나지만 유기음의 경우, 개방과 성대 진동 사이에 시간차가 있는 것이다. 이 시간차를 성대진동의 지연시간(delay in voice onset time)이라 부르고 이것이 기식(aspiration)의 본질이라고 파악한 것이다. 이를 VOT(Voice Onset Time)라 부르는데 기식의 본질을 실험음성학적으로 객관화 했다고 보면 된다.

아래 그림에서 유성음(정확히는 유성무기음)과 무성무기음(teuis, unaspirated voiceless plosive) 그리고 무성유기음(aspirated)의 성대진동의 시작 시점을 비교해 보면 유기음은 상대적으로 그 시점이 늦음을 알 수 있다. 만일 VOT만으로 한국어의 평음, 경음, 유기음을 분류해 본다면 경음은 무기음(unaspirated), 평음은 약한 유기음(slightly aspirated) 마지막으로 유기음은 강한 기식성을 지닌 유기음(heavily aspirated)이라고 할 수 있다.

성대의 진동과 기식성을 기준으로 분류해 보면 무성무기음, 무성유기음, 유성무기음, 유성유기음의 네 가지 분류가 가능하다. 현대 한국어의 경우 유성유기음은 확인하기 어렵다. 경우에 따라 앞서 살펴보았던 숨찬 소리(breathy voice, murmur)를 유성유기음으로 보기도 한다.

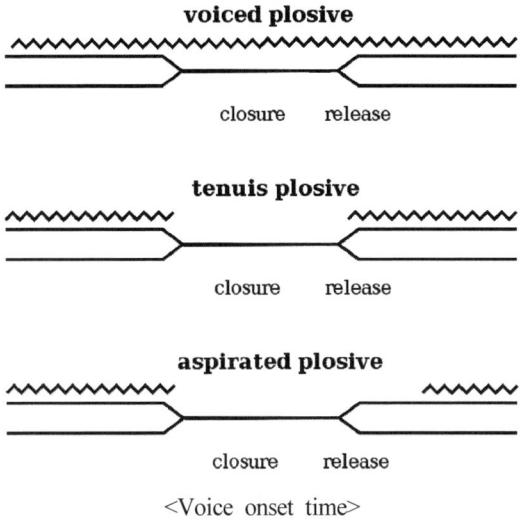

<Voice onset time>

이미 살펴본 대로 평음, 경음, 유기음은 성문의 크기와 그에 따른 공기의 압력 상승 여부에 따라 분류되는데 이외에도 성대의 긴장 여부도 분류의 기준이 된다. 즉 경음과 유기음을 조음하는 경우 공기의 압축을 위해 성문을 좁히게 되는데 그 과정에서 근육이 긴장하게 된다. 반면 평음의 경우 공기의 압축이 없기 때문에 근육이 긴장하지 않는다. 따라서 성대 인근의 근육이 긴장하는 경음과 유기음은 긴장음(tense consonant)이라 하고 근육이 이완된 상태인 평음은 이완음(lax consonant)라고 한다.

성대 주변 근육이 긴장하면 성대 진동이 아예 가능하지 않기 때문에 경음과 유기음은 무성음이 된다. 반면 평음의 경우 성대의 진동이 가능하기 때문에 성대 진동의 유무에 따라 유성음과 무성음의 구분이 가능해진다. 즉 평음의 경우 어두의 음절 초성에 오는 경우는 무성음이지만 비어두의 공명적 환경에서는 음절 초성의 경우 유성음으로 실현된다. 그리고 비음과 유음은 모두 유성음이다.

성문과 성대의 움직임에 따른 분류 이외에도 공명강에서의 울림 여부에 따라 장애음(obstruent)과 공명음(sonorant)으로 분류할 수 있다. 파열음, 마찰음, 파찰음은 장애음이고 비음과 유음은 공명음이고 모음과 반모음(활음)도 공명음이다. 그런데 공명음이라는 개념은 조음음성학에 근거한 개념이 아니라 음향음성학에 근거한 개념이다.

이상의 논의를 근거로 조음위치와 조음방법에 따른 한국어 자음의 음성 분류표를 제시해 보면 다음과 같다. 한글자모 옆에 국제음성기호(IPA)를 붙여 놓았다.

한국어의 자음 음성체계

조음방법		조음위치	양순	치조	경구개	연구개	성문
장애음	파열음	유성음	ㅂ(b)	ㄷ(d)		ㄱ(g)	
		불파음	ㅂ(p˘)	ㄷ(t˘)		ㄱ(k˘)	
		평음	ㅂ(p)	ㄷ(t)		ㄱ(k)	
		경음	ㅃ(p')	ㄸ(t')		ㄲ(k')	
		유기음	ㅍ(pʰ)	ㅌ(tʰ)		ㅋ(kʰ)	
	파찰음	유성음			ㅈ(ɟ)		
		평음			ㅈ(č)		
		경음			ㅉ(č')		
		유기음			ㅊ(čʰ)		
	마찰음	유성음					ㅎ(ɦ)
		평음		ㅅ(s)	ㅅ(ʃ)		ㅎ(h)
		경음		ㅆ(s')	ㅆ(ʃ')		
공명음	비음		ㅁ(m)	ㄴ(n)	ㄴ(ɲ)	ㅇ(ŋ)	
	유음	탄설음		ㄹ(ɾ)			
		설측음		ㄹ(l)	ㄹ(ʎ)		

경구개파찰음의 경우 [ɟ,č] 대신 [ʤ,ʧ]의 음성기호를 사용하기도 한다. 탄설음의 음성기호는 [ɾ]이 정확하지만 국어의 경우 전동음이 없기 때문에 전동음 기호인 [r]로 편의상 대체하여 많이 사용하고 있다. 성문마찰음 'ㅎ'의 경우 평음으로 처리하였는데 이미 언급한 바와 같이 유기음으로 보는 경우도 많다. 조음적 특성으로는 평음으로 기술하는 것이 타당해 보

이고 특히 치조마찰음에도 유기음이 없다는 사실을 함께 고려하면 같은 마찰음 'ㅎ'을 평음으로 기술하는 것이 개별 분절음의 관점에서는 타당해 보인다. 그러나 유기음화라는 음운과정의 입장에서 보면 'ㅎ'을 유기음으로 보는 것이 기술적 타당성이 있다. [ɦ]는 유성의 성문마찰음을 나타내는 음성기호인데 [h]가 모음과 모음 사이라든지 공명자음과 모음 사이 같은 환경에서 유성음화하여 실현된다.

3.2 모음의 분류

3.2.1 단모음의 분류

모음은 구강 내부에서 어떤 기류의 장애가 없이 만들어지는 소리이다. 따라서 자음처럼 기류의 장애가 만들어지는 조음위치나 기류가 나오는 방식 등으로 모음을 분류할 수는 없다. 모음을 분류하는 데는 세 가지 기준이 있는데 혀의 높낮이, 혀의 전후위치, 입술의 모양이 그것이다.

모음은 언어마다 그 수와 음가가 다르기 때문에 영국의 음성학자 Daniel Jones(1881-1976)는 모음을 기술하기 위한 언어 보편적인 기준을 마련하기 위해 '기본모음체계(Cardinal Vowel System)'라는 것을 제안하였다. 다음 그림에서 제시되는 기본모음의 음가는 특정의 개별 언어의 음가가 아니고 보편적인 기준을 이 체계를 통해 제시함으로써 어떤 언어의 모음이든 이 기본모음체계에 근거해 음가를 추정할 수 있게끔 하는 것이다.

Vowels

```
              Front         Central              Back
Close        i • y ———————— ɨ • ʉ ——————— ɯ • u
                 ɪ  ʏ                ʊ
Close-mid    e • ø ———————— ɘ • ɵ ——————— ɤ • o
                              ə
Open-mid         ɛ • œ ————— ɜ • ɞ ——————— ʌ • ɔ
                     æ           ɐ
Open                    a • ɶ ——————————— ɑ • ɒ
```

Where symbols appear in pairs, the one
to the right represents a rounded vowel.

<기본모음체계(Cardinal Vowel System)>

① 혀의 높낮이(개구도)

위의 기본모음체계를 보면 혀의 높이는 네 단계로 설정되어 있음을 알 수 있다. 즉 혀의 높이가 가장 높은 고모음부터 가장 낮은 저모음까지 네 단계로 구분한 것인데 이는 입을 벌린 정도를 나타내는 개구도로 구별할 수도 있다. 즉 고모음은 입이 상대적으로 닫혀 있는 쪽에 가까우므로 폐모음이라 지칭하고 저모음은 입을 벌리게 되므로 개모음이라 지칭한다. 따라서 모음의 네 단계는 다음과 같다.[9]

---

9 고모음, 저모음 등을 고설모음 혹은 저설모음이라 부르는 것도 틀린 것은 아니지만 혀의 전후위치에 따른 분류에 중설모음이 나오기 때문에 혼란을 피하기 위해 고모음, 중모음, 저모음이라 지칭하는 것이 관례이다.

-고모음(high vowel) = 폐모음(close vowel)
-반고모음(half-high vowel) = 반폐모음(close-mid vowel)
-반저모음(half-low vowel) = 반개모음(open-mid vowel)
-저모음(low vowel) = 개모음(open vowel)

혀의 높낮이를 세 단계로 설정하는 경우 반고모음과 반저모음을 합하여 중모음(mid vowel)로 지칭하는데 이 경우는 '고모음, 중모음, 저모음'의 단계만을 두는 것이다.

② 혀의 전후위치
역시 기본모음체계에 근거해 보면 혀의 앞뒤 위치를 셋으로 나누어 전설, 중설, 후설로 구분하고 있다. 혀의 앞뒤 위치를 둘로만 구분하는 경우도 있는데 이 경우는 전설과 후설만을 설정하는 것이다.

-전설모음(front vowel) : 혀의 가장 높은 부위가 전설인 모음으로 경구개 부근이 된다.
-중설모음(central vowel) : 혀의 가장 높은 부위가 중설인 모음이다.[10]
-후설모음(back vowel) : 혀의 가장 높은 부위가 후설인 모음으로 연구개 부근이 된다.

③ 입술의 모양
모음은 입술의 모양이 둥글게 오므라지느냐의 여부에 따라 원순모음과 평순모음으로 구분된다. 그리고 대부분의 경우 전설은 평

---

[10] 기본모음체계에서 가장 중심부의 모음인 중설중모음은 [ə]이다. 이를 슈와(schwa) 모음이라고 하는데 조음적으로 가장 중립적이고 청각적으로 두드러지지 않아서 특히 영어에서는 강세모음이 강세를 잃었을 때 이 모음으로 변화한다(김진우2020:50).

순모음이고 후설은 원순모음이다. 즉 원순모음은 후설모음인 것이 무표적(unmarked)이라는 것이다. 그러나 유표적(marked)으로 전설모음이 원순모음일 수도 있고 후설모음이 평순모음일 수도 있다.

- 원순모음(rounded vowel) : 두 입술이 동그랗게 오므라지면서 앞으로 내밀어 발음하는 모음이다.
- 평순모음(비원순모음, unrounded vowel) : 입술이 가로로 펴져 평평한 상태에서 발음하는 모음이다.

④ 모음의 긴장성

한국어의 모음을 분류하는 경우 모음의 긴장성을 기준으로 하는 경우는 거의 드물다. 이 경우의 긴장성이란 앞서 자음의 분류에서 언급한 그 개념이다. 모음을 긴장(tense)과 이완(lax)의 특성으로 분류하는 객관적 기준이 없다는 측면에서 널리 받아들여지고 있지는 않다. 그러나 자음의 경우와 평행하게 기술할 수 있는 점은 장점이라 할 수 있다.

영어의 모음체계를 기술하는 경우 긴장모음과 이완모음에 따라 구별하여 기술하고 있다. 긴장모음을 가진 경우 후행하는 자음이 없이도 1음절을 이룰 수 있지만(see, tea, say, two, who, low 등), 이완모음은 반드시 자음이 후행해야만 1음절을 이룰 수 있다(sin, bit, set, ten, hood, took 등). 국어의 경우 음장에 따른 장모음과 단모음의 구별을 긴장모음과 이완모음으로 각각 대응시켜 기술하는 경우도 있다. 음장의 실현을 위해서는 해당 모음의 조음과정이 상대적으로 길게 지속되는 것이기 때문에 음성기관의 긴장이 수반된다고 보는 것이다.

다음은 혀의 높낮이, 혀의 전후위치 그리고 입술의 모양에 따른 한국어 모음의 음성 분류표이다. 한글자모 옆에 국제음성기호(IPA)를 붙여 놓았다.

한국어의 모음 음성체계

혀의 전후위치 입술모양 혀의 높낮이	전설모음		중설모음		후설모음	
	평순모음	원순모음	평순모음	원순모음	평순모음	원순모음
고모음	ㅣ(i)	ㅟ(y)			ㅡ(i)	ㅜ(u)
반고모음	ㅔ(e)	ㅚ(ø)	ㅓ(ə)			ㅗ(o)
반저모음	ㅐ(ɛ)				ㅓ(ʌ)	
저모음			ㅏ(a)			

 한국어의 'ㅡ'를 'ɯ'로 표기하는 경우가 요즘 많아지기는 하였으나 원순반모음 'w'와 외형 상 혼란이 있을 수도 있어서 'i'를 쓰기로 한다. 전설원순모음의 표기는 과거에 움라우트 기호를 사용하여 'ㅟ(y)'를 'ü'로 표기하고 'ㅚ(ø)'를 'ö'로 표기하기도 하였다. 중부방언과 전라방언의 노년층에서만 단모음인 'ㅟ(y), ㅚ(ø)'의 실현이 보인다.
 한글 표기 'ㅓ'의 발음이 두 가지인 경우, [ə]는 중설 반고모음으로 음장이 있는 반면 [ʌ]는 후설 반저모음으로 음장이 없다고 보았다(이호영 1996:61). 중부방언의 경우 [ə]는 어두음절이 장음인 경우와 비어두음절에서 나타나고 [ʌ]는 어두음절이 단음일 때만 나타난다. 남부방언들의 경우 대개의 경우 [ə]로 실현되고 평안방언의 경우 'ㅓ'를 원순의 후설반저모음인 [ɔ]로 발음한다.
 한국어에서 사용하는 특징적인 음성기호로 [E]와 [ɰ]를 들 수 있는데, [E]의 경우는 [e]와 [ɛ]의 중간음역으로 발음하는 현대국어의 현실적인 모음의 실현 양상을 반영한 기호이다. [ɰ]는 경상방언에서 실현되는 [ɨ]와 [ə]의 중간음역을 나타내는 기호이다. 결과적으로 [E]와 [ɰ]는 각각 두 음성이 합류된 중간음역을 가리키는 것이다.

방언이나 변이음에서 간혹 보이는 [i]와 [u]의 중간음역은 [ᵻ]로 표기하고 [ə]와 [o]의 중간음역은 [ö]로 표기한다. 그리고 이처럼 IPA기호로 기록하는 것을 전사(transcription)라고 한다(3.3에서 후술할 것이다).

3.2.2 이중모음의 분류

자음과는 달리 모음은 단모음(monophthong)[11]과 이중모음(diphthong)이 있다. 이중모음은 음운체계에서 자음체계나 모음체계와 함께 별도의 체계를 이룬 것으로 기술하고 있다. 이중모음은 단모음과 반모음이 덧붙여져서 이루어진다. 여기서 반모음(semi-vowel)은 말 그대로 반만 모음인 음성으로 다시 말하면 반은 자음인 셈이다. 모음의 가장 중요한 속성인 음절을 이루는 성질을 잃어 반모음이 된다.

따라서 이중모음은 모음과 비슷하지만 단모음과는 달리 조음의 동작이 한 번이 아니다. 즉 처음의 조음동작과 마무리 조음동작이 다른데 이는 혀와 입술이 움직이는 과정에서 발음되기 때문이다. 평순의 전설단모음 [i]가 후행하는 단모음의 위치로 이동하거나 원순의 후설단모음인 [o]나 [u]가 역시 후행하는 단모음의 위치로 이동하면서 조음이 완성된다. 예를 들어 [i]가 후행하는 [a]에 미끄러지듯 발음되어 단모음으로서의 속성을 잃고 [j][12]가 되어 [ja]와 같은 이중모음이 되거나, [o]가 후행하는 [a]에 미끄러지듯 발음되어 단모음으로서의 속성을 잃고 [w]가 되어 [wa]와 같

---

11 단모음(單母音)은 단순모음(單純母音)이라고도 부른다. 음장에 의해 구별되는 단모음(短母音)은 한자가 다르지만 혼란을 피하기 위해 단순모음이라고 부르기도 하는 것이다.
12 전설의 원순단모음 'y'와 'ø'를 'ü'와 'ö'로 각각 표기하는 경우 평순반모음을 'y'로 표기하기도 한다.

은 이중모음이 되는 것이다. 반모음은 이처럼 미끄러지듯 발음이 된다는 의미에서 활음(glide, 과도음)이라고 불리기도 한다.

반모음은 모음처럼 발음되지만 그 속성은 오히려 자음적이라 할 수 있다. 즉 단독적으로 발음이 불가능하고 언제나 모음과 함께 발음되어야 하는 때문이다. 앞서 언급한 대로 반모음은 자음과 마찬가지로 음절을 이룰 수 있는 성질, 즉 성절성(syllabicity)이 없어서 이중모음을 이루어야 발화 가능한 음절이 된다.

한국어의 이중모음은 반모음과 단모음의 선후 위치에 따라 상향(상승) 이중모음과 하향(하강) 이중모음으로 구분된다.

① 상향이중모음(rising diphthong)
   반모음 뒤에 단모음이 결합한 구조의 이중모음
② 하향 이중모음(falling diphthong)
   단모음 뒤에 반모음이 결합한 구조의 이중모음

이중모음에 대한 '상향'과 '하향'이라는 명칭은 음향음성학적인 개념인 '공명도(sonority)'와 관련이 있다. 공명도가 낮은 반모음에서 공명도가 높은 단모음으로 조음의 방향이 이동한다는 측면에서 '상향' 혹은 '상승'이라는 명칭을 붙이고, 공명도가 높은 단모음에서 공명도가 낮은 반모음으로 조음의 방향이 이동한다는 측면에서 '하향' 혹은 '하강'이라는 명칭을 붙인 것이다. 공명도(sonority)는 울림이 커서 잘 들리는 정도, 즉 가청도를 이야기하는 것으로 다음과 같은 정도의 차이를 상대적으로 비교할 수 있다.

저모음 > 중모음 > 고모음 > 반모음 > 공명자음 > 장애음

공명도는 저모음에서 순수자음인 장애음으로 갈수록 낮아진다. 음향음

성학적으로 보면 하나의 음절은 공명도가 큰 분절음(즉 모음)에 공명도가 작은 분절음(즉 반모음이나 자음)이 달려 있는 모양을 가지고 있다. 그래서 음절의 중심이 되는 단모음을 핵모음(음절핵)이라고도 한다.

다음은 한국어 이중모음의 음성 분류표이다. 한글자모 옆에 국제음성기호(IPA)를 붙여 놓았다.

한국어의 이중모음 음성체계

혀의 전후위치	전설모음		중설모음		후설모음	
반모음계열 혀의 높낮이	j계	w계	j계	w계	j계	w계
고모음		ㅟ(wi)			ㅢ(ɨj)*	ㅠ(ju)
반고모음	ㅖ(je)	ㅞ(we)	ㅕ(jə)	ㅝ(wə)		ㅛ(jo)
반저모음	ㅒ(jɛ)	ㅙ(wɛ)			ㅕ(jʌ)	
저모음			ㅑ(ja)	ㅘ(wa)		

위의 이중모음들 가운데 *가 붙은 'ㅢ(ɨj)'만이 하향 이중모음이다. 현대국어의 하향 이중모음은 하나뿐이지만 15세기 중세국어 시기에는 'ㅐ[aj], ㅔ[əj], ㅚ[oj], ㅟ[uj]' 등이 모두 하향 이중모음이었다. 현대국어나 중세국어나 'w' 계의 하향 이중모음은 없다.

현대국어의 하향 이중모음 'ㅢ'의 경우 'ɰi'와 같은 음성기호를 사용하기도 하는데 이 경우는 'ɰ' 계 상향이중모음이 된다. 'ㅡ'와 'ㅣ'가 결합하여 어느 음성이 반모음으로 변하느냐의 차이인데, 'ɰi'로 보는 경우는 'ㅡ'를 'ɰ'로 보고 'ɰ'가 성절성을 잃어 생성되는 반모음 'ɰ' 계의 상향이중모음으로 보는 것이다. 그러나 'ㅡ'를 'ɨ'로 보고 후행하는 모음 'ㅣ'가 성절성을 잃어 반모음 'j'가 되어 'j' 계 하향 이중모음이라고 보는 견해가 더 일반적인 것으로 보인다.

앞서 단모음 체계에서 원순의 전설단모음 'ㅟ(y), ㅚ(ø)'가 일부 지역 노년층에서 발음된다고 이야기했는데, 이외 지역의 다른 세대에서는 'ㅟ'

를 'wi'로 발음하고 'ㅚ'를 'we 혹은 wɛ 혹은 wE'로 발음한다. 전설모음 'e'와 'ɛ'가 'E'로 합류한 방언의 경우 이중모음도 'jE'나 'wE'로 실현된다. 또한 중부방언의 노년층은 'ji'와 같은 이중모음을 실현하기도 한다.

3.3 국제음성기호(IPA, International Phonetic Alphabet)

1886년에 프랑스의 언어학자 폴 파시(Paul Passy)를 중심으로 한 일련의 프랑스어와 영어 교사들이 국제 음성학회(International Phonetic Association)를 조직하면서 오늘날 국제음성기호라고 부르는 이 기호체계를 개발하기 시작했다. 단체가 설립되고 나서 2년 후인 1888년 국제 음성학회는 국제음성기호의 첫 공식 기호체계을 발표했다.

초기에는 언어 교육을 위한 실용적인 목적으로 이용하였으나 이후 언어학자들이 세계 모든 언어의 말소리를 정밀하게 표기하기 위해 사용하고 있다. 국제 음성학회는 1886년에 음성학 교사학회(The Phonetic Teachers' Association)라는 명칭으로 창립되었는데 1897년에 현재와 같은 명칭으로 바뀌었다

언어학에서 주로 사용되는 이 음성기록 체계는 현존하는 지구상의 모든 언어의 음성을 독자적이고 정확하면서 표준적인 방법으로 표시하기 위해 고안되었다. 국제음성기호(IPA)는 주로 로마자를 쓰며 필요한 경우 여러 문자(예: 그리스어)를 빌려와 로마자 체계에 어울리도록 형태를 바꾸어 쓰기도 하였다. 또한 미세한 말소리를 구별하고 소리의 장단·고저·강약·억양 등의 초분절음(suprasegmentals)을 표기하기 위해 구별 부호(diacritics)를 사용하고 있다. 음성을 표시하는 방법에서 표준화를 염두에 두고 만들어졌기 때문에 음성기호들이 크게 바뀌지는 않았으나 이를 관할하는 국제음성학회의 협의에 의해 기호가 덧붙여지거나 빠지거나 수정되기도 하였다. 다음의 국제음성기호는 가장 최근인 2020년 수정판이다.

THE INTERNATIONAL PHONETIC ALPHABET (revised to 2020)

CONSONANTS (PULMONIC)

	Bilabial	Labiodental	Dental	Alveolar	Postalveolar	Retroflex	Palatal	Velar	Uvular	Pharyngeal	Glottal
Plosive	p b			t d		ʈ ɖ	c ɟ	k ɡ	q ɢ		ʔ
Nasal	m	ɱ		n		ɳ	ɲ	ŋ	ɴ		
Trill	ʙ			r					ʀ		
Tap or Flap		ⱱ		ɾ		ɽ					
Fricative	ɸ β	f v	θ ð	s z	ʃ ʒ	ʂ ʐ	ç ʝ	x ɣ	χ ʁ	ħ ʕ	h ɦ
Lateral fricative				ɬ ɮ							
Approximant		ʋ		ɹ		ɻ	j	ɰ			
Lateral approximant				l		ɭ	ʎ	ʟ			

Symbols to the right in a cell are voiced, to the left are voiceless. Shaded areas denote articulations judged impossible.

CONSONANTS (NON-PULMONIC)

Clicks	Voiced implosives	Ejectives
ʘ Bilabial	ɓ Bilabial	ʼ Examples:
ǀ Dental	ɗ Dental/alveolar	pʼ Bilabial
ǃ (Post)alveolar	ʄ Palatal	tʼ Dental/alveolar
ǂ Palatoalveolar	ɠ Velar	kʼ Velar
ǁ Alveolar lateral	ʛ Uvular	sʼ Alveolar fricative

OTHER SYMBOLS

ʍ Voiceless labial-velar fricative ɕ ʑ Alveolo-palatal fricatives
w Voiced labial-velar approximant ɺ Voiced alveolar lateral flap
ɥ Voiced labial-palatal approximant ɧ Simultaneous ʃ and x
H Voiceless epiglottal fricative
ʜ Voiced epiglottal fricative   Affricates and double articulations
ʡ Epiglottal plosive   can be represented by two symbols joined by a tie bar if necessary. t͡s k͡p

VOWELS

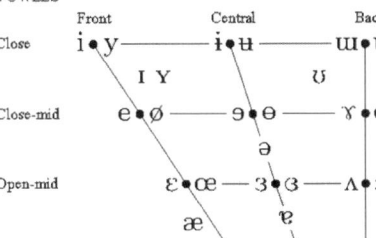

Where symbols appear in pairs, the one to the right represents a rounded vowel.

SUPRASEGMENTALS

ˈ	Primary stress	ˌfoʊnəˈtɪʃən
ˌ	Secondary stress	
ː	Long	eː
ˑ	Half-long	eˑ
˘	Extra-short	ĕ
ǀ	Minor (foot) group	
ǁ	Major (intonation) group	
.	Syllable break	ɹi.ækt
‿	Linking (absence of a break)	

DIACRITICS

Voiceless	n̥ d̥	Breathy voiced	b̤ a̤	Dental	t̪ d̪
Voiced	s̬ t̬	Creaky voiced	b̰ a̰	Apical	t̺ d̺
ʰ Aspirated	tʰ dʰ	Linguolabial	t̼ d̼	Laminal	t̻ d̻
More rounded	ɔ̹	ʷ Labialized	tʷ dʷ	Nasalized	ẽ
Less rounded	ɔ̜	ʲ Palatalized	tʲ dʲ	ⁿ Nasal release	dⁿ
Advanced	u̟	ˠ Velarized	tˠ dˠ	ˡ Lateral release	dˡ
Retracted	e̠	ˤ Pharyngealized	tˤ dˤ	̚ No audible release	d̚
Centralized	ë	̴ Velarized or pharyngealized	ɫ		
Mid-centralized	ẽ	Raised	e̝ (ɹ̝ = voiced alveolar fricative)		
Syllabic	n̩	Lowered	e̞ (β̞ = voiced bilabial approximant)		
Non-syllabic	e̯	Advanced Tongue Root	e̘		
˞ Rhoticity	ɚ ɝ	Retracted Tongue Root	e̙		

Some diacritics may be placed above a symbol with a descender, e.g. ŋ̊

TONES AND WORD ACCENTS

LEVEL			CONTOUR		
e̋ or ˥	Extra high	ě or ˩˥	Rising
é	˦	High	ê	˥˩	Falling
ē	˧	Mid	e᷄	˦˥	High rising
è	˨	Low	e᷅	˩˨	Low rising
ȅ	˩	Extra low	e᷈		Rising-falling
↓ Downstep			↗ Global rise		
↑ Upstep			↘ Global fall		

제4장

분절음과 초분절음

4.1 분절음

앞서 1장에서 언어음의 중요한 속성이 분절성임을 이야기한 바가 있다. 언어학의 여러 하위분야의 언어 단위들 역시 이러한 분절성에 근거하고 있다. 문법론 분야의 언어 단위인 '형태소, 단어, 문장'이나 음성학과 음운론 분야의 언어 단위인 '음성, 음소, 음절' 등도 분절성에 근거한 개념들이다.

이런 언어 단위들은 더 큰 언어 단위를 구성하는 순차적(linear)이며 단선적인 분절 단위들이다. 즉 음성단위들이 연결되어 음절이 되고 또 형태소나 단어가 되어 하나의 문장이 되는 것이다. 이처럼 언어 단위의 결합은 그 순서가 대단히 중요해서 개별 언어들의 어순(word order)은 언어의 계통이나 유형을 밝히고 기술하는 데 중요한 역할을 하게 된다. 즉 언어 단위는 어순이 바뀌면 문법 단위들의 기능과 의미가 달라지기도 하며 비문법적인 문장이 되기도 한다. 음운론에서도 이는 마찬가지여서 음성 단위의 순서에 따라 개별 언어에서 유의미한 형태소가 될 수도 있고 그렇지 않을 수도 있는데 이는 대단히 자의적이기도 하다. 다음 예들은 음성의 구성은 동일하지만 그 순서는 다른 경우이다.

① [ariraŋ]
② [rariaŋ]
③ [ŋarari]

위의 예들 가운데 ①의 예는 '아리랑'으로 국어에서 유의미한 형태소이자 단어이다. ②는 국에서 발음 가능한 적합한 음성의 순서를 보여주지만 실제로 존재하는 단어는 아니고 신조어가 될 수 있는 가능성을 가지고 있다.[1] 반면 ③의 예는 어두에서 발음할 수 없는 연구개비음 [ŋ]이 단어의 첫 음이기 때문에 국어 화자의 경우 아예 발음을 할 수가 없다. 이처럼 음성의 배열순서는 의미 변별의 기능에서 결정적인 역할을 하게 된다.

4.2 분절음으로서의 음성과 음소

분절음은 발화산출에 대한 발화인식의 차이에 따라 음성(phone)과 음소(phoneme)로 구별될 수 있다. 이미 살펴본 대로 언어음의 물리적 실체는 연속체이기 때문에 분절음이라는 표현 자체가 발화의 산출과 인식의 불일치를 전제하는 것이다. 그런데 언어음에 대한 분절에도 정도의 차이가 있어서 좀더 정밀한 분석과 그렇지 못한 분석이 있다. 즉 개별 언어의 모국어 사용자가 인식하는 음성적 차이와 인식하지 못하는 음성적 차이에 따라 구별이 가능한 것이다.

---

[1] 어두에 유음이 오는 것은 현대국어에서도 고유어의 경우 원래 가능하지 않지만, 외래어의 영향으로 어두에서 유음을 발음하는 것이 가능해졌다. 그래서 '라디오'와 같은 단어의 첫 음인 'ㄹ'은 설측음 혹은 탄설음으로 발음된다. 한 화자도 설측음과 탄설음 가운데 수의적으로 발음한다.

모국어 사용자가 인식하지 못하는 음성적 차이까지 정밀하게 분석한 분절음은 음성으로서 '[ ]' 안에 IPA 기호로 적는다. 반면 모국어 사용자가 인식하는 음성적 차이를 기준으로 분석한 분절음은 음소로 '/ /' 안에 IPA 기호나 한글로 적는다. 한글 전사가 가능한 이유는 한글이 음성기호를 대신할 수 있는 음소단위의 표기가 가능한 문자이기 때문이다. 국제음성기호로 적는 것을 전사(transcription)라고 하는데 음성 단위의 전사를 정밀전사(음성전사)라 하고 음소 단위의 전사를 간략전사(음소전사)라고 한다. 다음은 '바다, 꽃, 시간'에 대한 음성전사와 음소전사의 예이다.

　　음성전사 : [pada] [k'ot̚] [ʃigan]
　　음소전사 : /pata/ /k'ot/ /sikan/ 혹은 /바다/ /꼳/ /시간/

　한글로 전사한 것은 음소단위의 전사이기 때문에 유성음(바다의 'ㄷ')이나 경구개마찰음(시간의 'ㅅ')과 같이 변이음으로 실현된 경우는 전사에 반영되지 않는다. 반면 음절말의 중화(ㅊ→ㄷ)는 교체의 결과가 음소 'ㄷ'이기 때문에 한글 전사에 반영된다. 물론 음성단위의 전사에서는 불파음인 [t̚]가 반영된다. 학교문법에서 '말음법칙' 혹은 '끝소리규칙' 등으로 설명되기도 하는 중화는 음소 차원의 용어이고 이 현상의 음성학적 용어는 불파음화(미파음화)인 것이다.

4.3 초분절음

　언어음이 지니는 분절성에 의해 자음, 모음, 반모음 등의 음성 체계를 분류하고 기술할 수 있었다. 이는 말소리가 지닌 물리적 연속성과 달리 각각의 독립된 분절 단위로 인식하고 있기 때문이다. 그런데 말소리의 길이, 높이, 세기 등은 자음이나 모음과는 달리 분절음으로 인식되지는 못한다.

이들 말소리의 속성은 분절음들과 동시에 실현되는 특징을 지니고 있다.

이들이 분절음에 얹혀서 실현된다는 측면에서 초분절음(suprasegment)이라고도 불리고 음소에 얹혀서 실현된다는 측면에서 운소(prosody)라고도 한다. 혹은 운율자질(prosodic feature)이라고도 지칭한다. 그래서 음운론은 음소와 운소에 대한 학문이 되는 것이다.

초분절음에 대한 화자와 청자들의 인식은 분절음에 비해 약하다. 그런데 언어습득의 측면에서 보면 좀더 내재적인 것으로 보이는데, 이는 표준어 학습이나 외국어 학습에서 운율적 자질의 교정이 어렵다는 측면에서 확인할 수 있다. 예를 들어 성조(음의 고저)를 사용하는 경상방언의 화자가 표준어 학습을 하는 경우 성조를 소거하고 음장을 실현하는 것이 쉽지 않다. 또 한국인이 영어를 학습하는 경우 영어의 강세를 새롭게 학습하는 것이 대단히 어렵고 중국인이 한국어를 학습하는 경우 모국어인 중국어의 성조를 소거하는 것 역시 대단히 어렵다. 그래서 분절음의 발음을 비교적 정확히 발음하는 경우에도 초분절음의 실현에 오류가 꽤 있다. 초분절음은 음성학적으로 다음과 같은 세 부류로 나뉜다.

① 음장(장단) : 소리의 길이
② 음고(고저) : 소리의 높이
③ 음강(강약) : 소리의 세기

초분절음은 공통적으로 다음과 같은 특성을 가지고 있음을 배주채(2018:42)에서 잘 제시하고 있어 소개해 본다.

① 비분절성 : 분절음처럼 발화를 계기적 혹은 순차적으로 분석하여 얻어지는 단위가 아니다.
② 초분절성 : 반드시 분절음(대개는 모음)에 얹혀서 동시에 실현되

기 때문에 의존성이라고도 한다.
③ 항존성 : 음성뿐 아니라 다른 어떤 소리(비언어적 소리)에도 항상 나타난다. 음악은 운율적 요소를 가장 잘 드러내는 소리이다.

운율적인 요소들은 단독적으로 발음하는 것이 불가능하기 때문에 음장, 음고, 음강과 같은 초분절음은 주로 모음과 함께 실현된다. 현대 한국어에서 의미 변별의 기능을 하는 음장(length)은 상대적 길이를 말한다. 즉 '눈:(snow)'은 '눈(eye)'에 비해 상대적으로 길기 때문에 그 음장의 차이로 단어의 의미가 구별되는 것이다. 그래서 한국어의 모음체계에는 장모음(long vowel)과 단모음(short vowel)의 대립이 존재한다.[2]

반면 절대적인 음성의 길이도 있어서 자음의 경우 경음이나 유기음의 폐쇄지속시간이 유성음보다 2~3배 정도 긴데, 이는 앞서 언급한 VOT 즉 성대진동이 지연되기 때문이다. 모음의 경우 저모음에 비해 고모음의 지속시간이 짧은데 이는 저모음에 비해서 조음 동작이 크지 않기 때문이다.[3]

4.3.1 장음

4.3.1.1 어휘적 장음

현대국어에서는 음장으로 단어의 의미를 구별하고 있어서 운소로서의 기능을 하는 것은 음장뿐이다. 표준어는 제1음절의 모음이 단모음이냐 장모음이냐에 따라 최소대립어가 형성된다.

---

2 이 경우의 단모음은 단순모음의 의미가 아닌 '짧을 短'의 의미를 가지고 있다.
3 조음 지속시간의 단위는 1/1000초(m/sec)이다.

눈(eye) / 눈ː (snow)
밤(night) / 밤ː (chestnut)
말(horse) / 말ː(language)
발(feet) / 발ː(bamboo blind)

이처럼 단어의 첫 음절에 나타나 의미를 구별하는 장음을 '어휘적 장음'이라고 부른다. 단어를 구별하는 기능을 하기 때문에 '어휘적'이라는 표현을 사용한 것이다. 그런데 어두가 아닌 비어두에서는 원래 음장이 있었던 경우도 음장이 사라지게 된다.

눈ː / 흰눈
밤ː / 군밤
말ː / 서울말
발ː / 대발

이를 비어두 단음화라고 하는데 제2음절 이하에서는 음장이 변별력이 없음을 보여주는 것이다. 또 1음절의 용언어간이 어미와 결합하여 활용형을 만들 때 반모음화(활음화)라는 음운과정이 실현되면서 음절의 축약이 이루어지는 경우 그 보상으로 장모음화(장음화)가 수의적으로 실현된다.[4]

보다 : 보- + -아 → 보아 ~ 봐ː
쏘다 : 쏘- + -아 → 쏘아 ~ 쏴ː
두다 : 두- + -어 → 두어 ~ 둬ː
기다 : 기- + -어 → 기어 ~ 겨ː

---

[4] 음운과정에서 반모음화를 축약의 과정으로 본 경우도 있었는데 최근에는 대치의 과정으로 보고 있다. 이에 대해서는 음운과정에 대한 논의에서 살펴보도록 하겠다.

비다 : 비- + -어 → 비어 ~ 벼:

이러한 현상은 '보아, 쏘아, 두어, 기어, 비어'처럼 2음절인 활용형이 '봐, 쏴, 둬, 겨, 벼'와 같은 1음절로 축약이 되면서 원래 음절의 길이에 대한 보상을 위해 일어나는 것이다. 그래서 이를 보상적 장모음화 혹은 장음화라고 부른다. 그런데 이 보상적 장모음화는 다음과 같은 활용형에서는 실현되지 않는다.

오다 : 오- + -아 → 오아* ~ 와
지다 : 지- + -어 → 지어 ~ 져
찌다 : 찌- + -어 → 찌어 ~ 쪄
치다 : 치- + -어 → 치어 ~ 쳐

이들 용언어간의 활용형에서도 동일하게 활음화가 실현되지만 다소 다른 점이 있다. 일단 '오다'의 경우 활음화를 실현한 '와'로만 발화되고 '오아*'로 나타나는 경우가 없고 장모음화도 나타나지 않는다. '지다, 찌다, 치다'의 경우에는 표기와는 달리 '[저][쩌][처]'로 발음되므로 경구개파찰음 뒤에서 평순반모음 'j'가 탈락하였고, 보상적 장모음화도 실현되지 않았다.[5]

보상적 장모음화는 결과적으로 장음이 실현되는 것이기 때문에 역시 어두에서만 나타난다. 그래서 다음과 같은 비어두의 위치에서 반모음화가 실현되어도 보상적 장음화가 일어나지는 않는다.

---

[5] 이 경우 반모음 'j'의 탈락이라고 보는 것은 공시적 기술의 입장이고, 통시적으로 보면 원래 치조파찰음이었던 'ㅈ,ㅉ,ㅊ'이 경구개파찰음으로 변화하면서 후행하는 평순반모음과의 변별력이 없어졌기 때문이라고 볼 수 있다.

바꾸다 : 바꾸- + -어 → 바꾸어 ~ 바꿔
나누다 : 나누- + -어 → 나누어 ~ 나눠
버리다 : 버리- + -어 → 버리어 ~ 버려
매기다 : 매기- + -어 → 매기어 ~ 매겨
배우다 : 배우- + -어 → 배우어* ~ 배워[6]

이들 활용형은 보상적 장모음화를 겪은 후 비어두 단음화에 의해 장음이 나타나지 않았다고 볼 수도 있고, 국어의 음장이 비어두에서는 비변별적이기 때문에 아예 처음부터 실현되지 않았다고 볼 수도 있다.

원래 음장을 가지고 있는 1음절의 다음 용언어간들은 자음으로 시작하는 어미들과 결합하는 경우에는 장음으로 실현되지만 모음으로 시작하는 어미들과 결합할 때는 단모음화를 실현한다. 다음의 1음절 용언어간들은 표준어에서 원래 음장을 가지고 있는 경우들이다.

곱다 : 곱:- + -고 → 곱:꼬 / 곱:- + -어 → 고와
덥다 : 덥:- + -고 → 덥:꼬 / 덥:- + -어 → 더워
걷다 : 걷:- + -고 → 걷:꼬 / 걷:- + -어 → 걸어[거러]
붓다 : 붓:- + -고 → 붇:꼬 / 붓:- + -어 → 불어[부러]
감다 : 감:- + -고 → 감:꼬 / 감:- + -아 → 감아[가마]
안다 : 안:- + -고 → 안:꼬 / 안:- + -아 → 안아[아나]

위의 활용형들을 통해 자음으로 시작하는 어미 앞에서 유지되던 음장이 모음으로 시작하는 어미 앞에서 사라지는 것을 확인할 수 있다. 반면 원래

---

[6] '배우다'의 경우도 '오다'와 마찬가지로 '배워'로만 실현된다. '오다'의 경우 모음으로 시작하는 어간이고 '배우다'의 경우도 제2음절이 모음으로 시작한다는 공통점이 있다.

의 음장을 어떤 음운론적 환경에서나 유지하는 1음절 용언어간들도 있다.

없다 : 없:- + -고 → 업:꼬 / 없:- + -어 → 업:써
많다 : 많:- + -고 → 만:코 / 많:- + -아 → 마:나
끌다 : 끌:- + -고 → 끌:고 / 끌:- + -어 → 끄:러
쓸다 : 쓸:- + -고 → 쓸:고 / 쓸:- + -어 → 쓰:러
얻다 : 얻:- + -고 → 얻:꼬 / 얻:- + -어 → 어:더
작다 : 작:- + -고 → 작:꼬 / 작:- + -아 → 자:가

이상의 예들은 원래 음장을 가지고 있는데 자음어미 앞이든 모음어미 앞이든 그 음장이 유지되는 것이다. 그런데 음장을 가지고 있는 체언어간의 경우는 후행하는 조사가 자음이든 모음이든 언제나 음장이 유지되어 용언어간과 차이를 보인다(ex. 감:-+-도→감:도/ 감:-+-이→가:미)

사실 표준어가 아닌 현실에서 사용되는 현대 한국어에서 음장은 서남방언의 일부 노년층에만 남아있고 장년층 이하는 거의 음장을 구별하지 못한다. 학교 규범교육을 통해 음장에 대한 교육이 이루어져 국어의 음장에 대한 인식은 있으나 실제 발화와 그 발화에 대한 인식에서 음장은 사실 변별력이 없는 것으로 보인다. 그러나 국어사전은 장모음을 가진 모든 단어에 장음부호(:)를 표시하고 있다.

4.3.1.2 표현적 장음

앞 절에서 살펴본 대로 표준어 단어의 첫 음절에 쓰인 장음을 어휘적 장음이라 부른다. 즉 단어를 구별하는 데 쓰이는 장음이라는 뜻으로 사전에 등재된 장음이다. 의미를 변별할 수 있는 음운론적 단위로서 지위를 가진 운소가 음장인 것이다.

그런데 우리는 발화의 상황에 따라 화자의 여러 가지 감정을 드러내기

위해 음장을 사용할 수 있다. 특정한 단어를 강조하거나 어감을 변화시키기 위해 원래 음장을 가지지 않은 단어나 형태소의 경우에 음장을 실현하는 경우 표현적 장음이라 부른다. 따라서 단어가 원래 가지고 있던 어휘적 장음과 구별되며 표현적 장음의 실현은 대단히 임의적이다. 그렇기 때문에 표현적 장음은 어두뿐 아니라 비어두에서도 나타나고 당연히 사전에 등재될 수는 없다.

표현적 장음은 음운론적인 단위는 아니지만 화용론적으로 혹은 화법적으로 대단히 중요한 기능을 한다. 배주채(2015:34)에서 표로 정리한 어휘적 장음과 표현적 장음의 차이를 인용해 보면 다음과 같다.

어휘적 장음	표현적 장음
어두에만 나타난다.	어두와 비어두에 모두 나타난다.
단어의 어휘적 의미와 관계가 있고 어감과는 관계가 없다.	단어의 어휘적 의미와 관계가 없고 어감과는 관계가 있다.
음장이 다르면 단어가 다르다.	음장이 달라져도 같은 단어이다.
장음과 단음을 화자가 선택할 수 없다.	장음과 단음을 화자가 선택할 수 있다.
사전에 표시되어 있다.	사전에 표시되어 있지 않다.

4.3.2 성조

음의 고저(pitch)가 단어의 의미를 구별하는 기능을 가지고 있을 때 성조(tone)라고 한다. 현대국어에서는 경상방언, 함경방언, 강원도 동해안 지역 방언(영동방언)이 성조를 가지고 있지만 표준어에서 인정하는 운소는 아니다. 성조가 있는 이들 방언은 모두 중세국어의 성조가 계승된 것으로 서로 유사한 면이 크지만 차이도 꽤 크다. 그 가운데 함경방언은 중세국어의 성조와 대응이 상당히 규칙적이다.

음의 고저는 소리의 높낮이로서 그냥 음고라고도 한다.[7] 실험음성학적인 기준으로 보았을 때 그 측정 단위는 Hz(헤르츠, 초당 진동수)이다. 음성은 음향적으로 주파수가 서로 다른 여러 음파의 복합파인데 그 가운데 기본 주파수(fundamental frequency)[8]가 높을수록 고음이 된다.

이처럼 성조가 음의 고저를 이용하는 초분절음이기는 하지만, 성조는 절대적인 음조로 확인할 수는 없고 선후 음절의 비교를 통해서만 확인할 수 있다. 음계를 예로 설명해 보면 '라'가 '파'보다 음계가 높지만 '라시라'의 '라'는 저조가 되고 '미파미'의 '파'는 고조가 된다. 즉 절대적인 음조가 아닌 상대적인 음조 즉 음의 고저가 의미를 변별하는 경우 운소로서의 기능을 하는 성조가 되는 것이다. 단어 차원에서 의미 변별의 기능을 가진 성조를 음소와 동일한 차원에서 기술하기 위해 성조소(toneme)라고 부르기도 한다.

성조언어는 성조의 성질에 따라 크게 서로 다른 두 가지 유형으로 구별된다. 평판조 체계(level pitch register system)와 굴곡조(기복조) 체계(gliding pitch contour system)의 구분이 그것이다. 평판성조는 이름 그대로 음의 고저가 처음부터 끝까지 일정해서 성조의 실현이 평탄한 것이다. 평판성조에는 저조(low tone)와 중조(mid tone) 그리고 고조(high tone) 등이 있다. 평판성조의 경우 하나의 성조가 실현되는 데 소요되는 시간이 대체로 하나의 음절이 실현되는 데 소요되는 시간과 일치한다. 반면 굴곡성조는 음의 고저가 낮아지거나 높아지거나 하는 경우인데 가장 단순한 굴곡성조의 유형으로 상승조(rising tone)와 하강조(falling tone)가 있다.

---

7 음의 장단을 음장이라고 지칭하는 것과 같은 맥락이다.
8 기본 주파수(frequency)는 성대의 초당 진동수와 동일하다. 진동수는 1초 동안 진동한 횟수로, 단위는 Hz(Hertz)를 쓴다. Hz 외에 rpm(revolutions per minute, 1분당 회전수), rad/s(radians per second, 1초당 회전각), BPM(beats per minute, 1분당 비트 수) 등의 단위를 쓰기도 한다. 소리, 전자기파나 전기신호 등의 진동수를 측정할 때에는 같은 모양의 파동이 1초에 몇 번 반복되는가를 나타낸다.

15세기 국어는 저조인 평성과 고조인 거성의 기본 성조소를 가진 평판조의 성조언어로 이 두 성조소의 병치로 승강조의 복합성조(complex tone)인 상성이 생기게 된다. 평판성조에 등장하는 복합성조는 보통 두 평판조의 병치로 음성적으로 긴 음절에 걸리게 되는 경우가 많은데, 이러한 이유에서 중세국어의 복합성조(상성)는 후대에 장음으로 이어지게 된다.

방점은 현대국어와는 달리 성조언어였던 중세국어가 성조의 표기를 위해 마련한 표기 방식이다. 저조(低調, 평성)와 고조(高調, 거성) 그리고 이들의 병치라 할 수 있는 상승조(上昇調, 상성)에 대해 글자의 왼편에 가점(加點)하는 방식으로 각각 무점(無點), 일점(一點) 그리고 이점(二點)으로 표시하였다. 이처럼 운율자질인 성조까지 표기에 반영한 훈민정음은 거의 완벽에 가까운 문자라고 할 수 있다.

중세국어 성조에는 다음과 같은 특징이 있다. 첫째, 음절마다 하나의 성조가 배정되어 있었다. 둘째, 방점의 종류를 보면 입성(入聲)에는 별도의 방점을 배정하지 않았음을 알 수 있다. 따라서 입성은 독립된 성조의 자격이 인정되지 않은 것이다. 셋째, 중세국어의 성조를 평판조로 보고 있기 때문에 상성은 복합성조이므로 하나의 성조소인 상승조로 보지 않는다. 그러므로 상성은 성조소로서의 자격을 얻기 어렵다. 결론적으로 중세국어는 '고조(H), 저조(L)'를 성조소로 하는 평판조 체계였음을 확인할 수 있다.

이 시기의 성조는 많은 최소변별쌍(최소대립쌍)을 가지고 있어서 음운론적 기능이나 역할이 제법 컸던 것으로 보인다. 다음은 성조만으로 단어의 의미가 구별되는 예들이다.

손(客)	:	·손(手)
·발(足)	:	:발(簾)
서·리(霜)	:	·서리(間)
가·지(種)	:	·가지(枝)

그러나 중세국어의 성조는 16세기를 지나며 그 체계가 붕괴되기 시작했다. 그래서 근대국어와 중세국어의 시대 구분을 위한 중요한 기준 가운데 하나를 성조의 유무에 두고 있다. 근대국어에서 발달한 현대국어에도 성조가 없는 것으로 보고 있다. 그러나 이것은 한국어를 대표하는 중앙어를 표준으로 하였을 경우이고 전국의 방언까지를 고려하였을 때는, 중세국어 시기 이래로 국어에서 성조가 아주 소멸했던 시기는 없었다고 말할 수 있다.

<중국어의 성조와 한국어의 성조>

이른바 순수 성조언어(true tone language)의 조건은 다음과 같다.

① 단어의 의미를 변별하는 기능을 가지고 있다.
② 변별적 기능을 하는 운율자질이다.
③ 성조의 고저는 상대적인 높이이다.
④ 하나의 음절에 하나의 성조가 대응해야 한다.

이상의 조건을 모두 만족시키는 언어가 중국어이다. 순수 성조언어가 되지 못하는 이유는 네 번째 조건인 음절마다 의미 있는 성조를 하나씩 가지고 있어야 한다는 조건을 갖추지 못하기 때문이다. 네 번째 조건을 만족시키지 못한 언어의 경우, 한 단어의 특정한 위치에만 의미 있는 성조를 가지고 있다. 이처럼 나머지 세 가지 조건만을 만족시키는 경우는 그냥 성조언어(tone language)라고 부르며 중세국어나 현대국어의 성조를 가진 방언들이 이에 속한다.

음의 고저 즉 음고를 사용하는 또 다른 유형으로 고저 악센트(pitch accent)를 분류하는 경우도 있는데 일본어의 경우가 대표적이다. 예를 들어 일본어에서 'hana'는 분절음으로서는 동음이의어이지만 '꽃'이라는 의미를 가질 때는 첫 음절 'ha'에 강세가 오고, '코'라는 의미를 가질 때는 둘째 음절 'na'에 강세가 와서 그 의미를 변별하게 된다.

중세국어나 현대국어의 방언들에서 실현되는 음고는 성조보다는 고저 악센트에 가깝다는 주장도 있다. 이는 위에서 살펴본 순수 성조언어가 되지 못하는 네 번째 기준과 밀접한 관련이 있다. 즉 성조와 고저 악센트는 음의 높낮이를 이용해 단어의 의미를 변별한다는 공통점은 있지만, 성조와는 달리 고저 악센트는 한 단어 안에서 음고의 실현이 제약적이라는 특성을 가지고 있는 것이다. 순수 성조언어는 모든 음절에 성조가 대응되는데 이는 음절이 성조의 단위이기 때문이다. 그러나 고저 악센트는 음절이 아닌 단어가 음고 실현의 단위가 되는 차이가 있다.

4.3.3 억양

음의 고저(pitch)가 단어의 의미와는 관계없이 문장의 의미를 변화시킬 때 억양(intonation)이라고 한다. 억양은 언어 보편적으로 나타나는 음운현상으로 특히 문장의 말미에서 실현되어 문장의 유형을 구분하는 중요한 기능을 한다. 이를 문말 억양이라고 한다.

억양을 통해 평서문, 의문문(설명의문문, 판정의문문), 명령문, 청유문, 감탄문 등 문장의 발화에서 그 의미를 변별하는 역할을 한다. 예를 들어 똑같은 '밥 먹어'라는 문장을 끝을 올려서 '밥 먹어↗'라고 하면 의문문이 되고, '밥 먹어↘'처럼 끝을 내리면 평서문이 되고, '밥 먹어→'처럼 평탄조로 발음하면 명령문이 되거나 뒤에 다른 단어가 온다는 것을 알 수 있다. 흥미롭게도 문말 억양의 패턴은 언어 보편적이다. 즉 어느 언어에서든 평서문의 억양은 내려가고 판정의문문의 억양은 올라가고 종속절이나 미완결문의 억양은 평탄조로 실현되는 것이다.

문어에서는 마침표와 물음표로 그 차이를 명백히 할 수 있지만 구어에서는 억양으로만 변별될 수 있다.

4.3.4 강세

단어의 의미를 구별하거나 문장의 의미에 변화를 주기 위해서 사용하는 음의 강약을 강세(stress) 혹은 세기라고 한다. 음장, 음고와 비슷하게 음강(loudness)이라는 용어를 쓰기도 하는데 음파의 진폭이 클수록 큰 소리가 된다. 그런데 강세는 단독으로 실현되기보다는 높이나 길이와 같은 다른 요소들을 동반하는 경우가 많다.[9] 즉 강세는 어느 특정의 음절이 다른 음절들에 비해 음량(intensity)이 두드러지게 크게 나타나는데 이를 '돋들림(돌출성, prominence)'이라고 한다.

강세가 단어의 의미를 변별하는 언어는 대표적으로 영어와 독일어를 들 수 있다. 한국어에도 강세는 있지만 국어는 문장 안에서 강조를 하는 경우에 사용하는데, 이를 문장 강세 혹은 표현적 강세라고 한다. 반면 영어의 경우 단어 강세가 있어서 강세의 위치가 단어의 의미를 구별하는 데 중요한 역할을 하기 때문에 강세의 위치가 임의적이지 않다. 즉 어두 음절이 장애음이면 첫 음절에 강세가 오고 첫 음절이 장모음인 경우 그 음절에 강세가 오며, 첫 음절이 단모음이고 둘째 음절이 장애음이면 둘째 음절에 강세가 오는 등 강세의 부여에 규칙성이 있다. 영어의 강세는 강하고 높고 긴 음성적 특징 역시 가지고 있다.

---

9 강세의 표출은 음량으로만 이루어지는 것은 아니어서 음고나 음장과 함께 실현될 수 있는데 음고와 더불어 강세음절이 표출될 때 이를 고저 악센트(pitch accent)라고 부른다.

4.3.5 한반도의 운소

한국 방언에 대한 방언조사에 의하면 한반도 북부의 낭림산맥, 중부의 태백산맥, 남부의 소백산맥을 경계로 하여 서쪽 지역은 음장 방언권이고 동쪽 지역은 성조 방언권으로 구분된다. 반면 제주방언에는 음장도 성조도 없다. 표준어에서는 성조를 인정 하지 않지만 성조에 대한 연구는 방언학은 물론 국어학과 국어사 연구에서 대단히 중요한 부분을 차지하고 있다. 아래의 그림은 한반도가 백두대간을 따라 동서로 음장언어와 성조언어로 구분되는 양상을 간략히 제시해 본 것이다. 이러한 방언지도가 만들어지는 이유는 산맥, 하천, 바다 등과 같은 지리적인 요인이 방언 분화에 중요한 영향을 미치기 때문이다. '언어지리학(Linguistic Geography)'은 '방언지리학' 혹은 '방언학(Diaiectology)'이라고도 불린다.

하나의 언어라 할지라도 그 내부에는 여러 조건에 따라 다양한 변이의 양상이 나타나기 마련인데, 이러한 언어 내부의 변이 양상 가운데 특히 지역적 조건에 따른 변이를 지역 방언(regional dialect)이라 한다. 한 언어권 안에서 단일한 어형이 사용되다가 후대에 이르러 사람들의 이동을 촉진하거나 가로막는 다양한 조건들(지리적·정치적·사회적·문화적 환경) 때

문에 어형의 변화 속도가 달라지면서 현재의 방언 분화 양상이 나타나게 된 것이다.

특정 시기에 한 언어가 보여주는 지역적 방언 분화의 양상은 대부분 그 언어가 겪은 상이한 역사적 과정의 투영이므로, 지역 방언의 분화 양상을 역사적 시각에서 해석하려는 언어지리학은 문헌 연구에만 근거하던 전통적인 역사언어학의 한계를 극복한 새로운 방법론이라 할 수 있다.

제5장

음운과 변별적 자질체계

5.1 음운의 인식적 실재성

음소(phoneme)를 때로는 음운과 동일시 하기도 하지만, 엄밀한 의미에서 음소는 운소(prosodeme)와 함께 음운에 포함되는 개념이다. 자음과 모음의 음소를 분절적 음운이라 부르고, 운율적 요소인 운소를 비분절적 음운이라 부르기도 한다.

음소는 한 언어에서 의미를 분화시키는, 즉 의미를 변별시키는 구실을 수행한다는 점에서 음성과 차이를 가진다. 예를 들어 한국어의 음소 /ㄹ/은 음절말에서는 설측음 [l]으로 실현되지만(날[nal]), 모음 사이에서는 탄설음 [ɾ]으로 실현된다(나라[naɾa]). 한국어에서는 두 음성[l]과 [ɾ]이 같은 어두위치나 어말위치에서 사용되어 의미의 변별을 일으키는 일은 결코 없다. 따라서 [l]과 [ɾ]은 한국어에서 각각 독립적인 음소가 될 수 없다. 그러나 영어에서는 유음 [l]과 [ɹ]가 'light[lait]'와 'right[ɹait]'에서 보듯이 같은 자리인 어두 위치에 실현되면서 그 뜻을 구별하고 있다. 따라서 영어의 경우 유음 [l]과 [ɹ]은 각각 독립적인 음소의 지위를 얻게 된다. 이처럼 한국어에서는 같은 위치에서 의미 변별력이 없기 때문에 음성적으로 차이가 나더라도 하나의 음소가 되지만, 영어에서는 같은 위치에서 두 음성의 차이로 의미가 변별되기 때문에 각각이 음소가 되는 것이다.[1]

이와 반대되는 경우도 있는데, 한국어에서는 '불[pul], 풀[pʰul], 뿔[p'ul]'에서 보듯이 'ㅂ, ㅍ, ㅃ' 등이 의미를 변별시키고 있고, 그래서 각각 별도의 음소로 인정되지만, 영어에서는 평음과 경음, 유기음의 음성적 차이가 단어의 의미를 변별하는 일이 없어서 개별 음소로 인정되지 않는다. 영어나 독일어와 같은 게르만어파 언어들 대부분은 무성파열음이 어두나 강세가 있는 음절에서 유기음으로 나는 경우가 흔하지만 같은 위치에서 무기음과 대립되어 의미를 변별하지는 못한다. 또한 'spot'이나 'stop'의 경우처럼 [s]를 뒤따라올 때는 무기음으로 발음되고 'paper'의 두 번째 'p'처럼 강세가 없는 단어 중간에서 발음할 때도 무기음으로 발음된다.

앞서 음성학적인 검토를 통해서 알 수 있었듯이 음성이란 음성기관을 통해 생성되는 것이고 원칙적으로 인간은 어떠한 음성도 모두 발음이 가능하다. 그런데 이들 음성들 가운데 개별 언어들마다 의미를 변별하기 위한 기능을 하는 음성들에는 차이가 있어서, 방금 살펴본 한국어와 영어의 경우에서 확인할 수 있다.

이러한 현상은 음소라는 개념이 특정의 개별 언어와 깊이 관련되어 있다는 점을 말하여 준다. 한 언어에서는 음소이지만 다른 언어에서는 음소가 아닌 음성일 수 있으며, 또한 한 언어에는 아예 없는 음성이 다른 언어에는 있을 뿐 아니라 그 소리가 음소일 수도 있다. 음성의 발화 산출 자체는 언어 보편적인 것이지만 음소는 언어마다 개별적이고 이 개별성은 필

---

[1] 영어의 경우 유음은 음성적으로 탄설음 [ɾ], 접근음 [ɹ], 설측음 [l]으로 실현된다. 'city[siɾi], red[ɹɛd], long[lɔŋ]'에서 나타나고 있는데, 한국어의 탄설음에 해당하는 [ɾ]의 경우 유성음 간의 [t]와 [d]가 [ɾ]로 실현되는 경우이다.

연적인 것이 아닌 자의적인 것이어서 그렇다. 이는 언어의 의미 혹은 개념과 음성형식 간의 자의적 관계에 그 뿌리를 두고 있다.

이러한 현상은 한 언어 안의 개별 방언들에도 적용된다. 음소의 수는 특정의 개별 언어(나아가 그 언어의 개별 방언)에 따라 각각 달라지는데, 이러한 이유로 개별 언어(혹은 방언)의 음운론 기술은 그 언어(혹은 방언)의 음소목록을 찾아내는 것을 일차적인 과제로 삼고 있는 것이다. 음소목록을 찾아내는 과정을 음소설정 혹은 음소분석이라고 한다. 음소의 분석은 실제 발화를 전사한 음성기호들을 대상으로 한다. 그러나 한 언어나 방언의 모든 발화를 다 전사한다는 것은 불가능하기 때문에 단어나 어절 단위의 발화를 분석하여 음소를 분석하는 것이 일반적이다.

음성이 발화 산출의 측면에서 정의되는 물리적 실재라면 음소는 발화 인식의 측면에서 정의되는 인식적 실재이다. 인식적 실재로서의 음소는 개별 언어에서 단어의 의미를 구별하는 변별적 기능(distinctive function)을 수행하며 의사소통의 기본 단위로서 역할하게 된다. 즉 의미의 변별과 상관이 없는 말소리는 음성이고 의미의 변별과 직접적인 관련이 있는 말소리는 음소인 것이다.

인식이란 개념의 추상화와 관련이 있다. 따라서 음소는 음성보다 추상적인 단위이다. 우리가 앞서 분절성이 언어음의 기본적인 속성임을 이야기하였는데, 결국 분절성이란 추상성에 근거하고 있는 것이다. 사실 우리가 평음의 연구개 폐쇄음 [k]를 언제나 동일한 음가로 발음할 수 있을까? 사실 극단적으로 이야기하면 한 사람이 평생 동안 결코 동일한 [k]를 발음할 수 없을 것이다.[2] 그럼에도 한국인은 이 미묘한 음성적 차이를 무시하

---

2 IPA기호 역시 지구상에 존재하는 모든 언어의 음성적인 차이를 완벽하게 전사할 수 없다.

고 [k]를 'ㄱ'으로 표기하며 의사소통을 한다. 물리적 실재를 무시하는 추상화의 과정은 결국 의사소통을 위한 것이다. 의사소통을 위한 언어기호의 중요한 특성 가운데 하나가 추상성이다.

5.2 음소설정의 방법

음운론 연구목적의 1차 과제인 음소목록을 확인하기 위해서는 개별 언어마다 의미 변별의 기능을 하는 음소를 분석하여 설정하는 방법이 필요하게 된다. 이 방법에는 외적 접근방법과 내적 접근방법이 있다. 외적 접근방법은 음소로서의 가능성을 확인 받아야 하는 음성들의 출현 환경이나 조건을 통해 음소를 분석하는 방법이고 내적 접근방법은 음성들의 조음적인 혹은 음향적인 특징을 통해 음소를 분석하는 방법이다.

이기문 외(2000:87-91)에 의하면 외적 접근방법은 음소를 더 이상 쪼갤 수 없는 최소의 계기적(successive) 단위로 정의하는 입장이고, 반면 내적 접근방법은 음소를 동시적(simultaneous)으로 실현되는 변별적 자질들의 묶음(bundle of distinctive features)으로 정의하는 입장이다.

5.2.1 외적 접근방법

한 언어의 음소를 어떻게 설정할 것인가 하는 것은 대개 최소대립쌍(최소변별쌍, minimal pair), 상보적 분포(배타적 분포, complementary distribution) 및 음성적 유사성(phonetic similarity) 등에 근거하여 이루어진다. 이를 외적 접근방법이라고 부른다.

5.2.1.1 최소대립쌍

음소를 분석하는 가장 기본적인 방법은 음성들 간의 대립(opposition) 관계에 근거하는 것이다. 언어학에서 사용하는 대립의 개념은 의미 변별의 기능을 하는 언어음들의 관계를 지칭하는 것이다. 즉 의미 변별의 기능을 가지고 있는 음적 단위(즉 음소)들은 대립을 이루고 있고 음운체계란 다름 아닌 음운론적 대립의 총체를 지칭하는 것이다.

우리가 단어의 의미를 변별하는 것은 단어를 구성하는 각각의 분절음들이 변별되기 때문인데 이를 대립이라고 이야기한다. 이때 하나의 분절음만 대립하는 단어들의 쌍을 최소대립쌍이라고 한다. 즉 같은 위치의 분절음의 차이만으로 단어의 의미가 구별되는 어형들의 짝을 말한다. 짝이라고 해서 항상 두 어형만이 단위를 이루는 것은 아니다.

① 달[tal] : 딸[t'al] : 탈[tʰal]
② 발[pal] : 벌[pəl] : 볼[pol] : 불[pul]
③ 간[kan] : 감[kam] : 갓[kat>] : 강[kaŋ]

위의 예들을 보면 ①의 경우는 음절의 초성 위치에서 자음들 [t,t',tʰ]이 교체되면서 단어의 의미가 변별된 것이고, ②의 경우는 음절의 중성 위치에서 모음들 [a,ə,o,u]이 교체되면서 역시 단어의 의미가 변별 되었으며 ③의 경우는 음절의 종성 위치에서 자음들 [m,t>,ŋ]이 교체되면서 단어의 의미가 변별되었다. 동일한 위치에서 서로 다른 음성들이 교체되면서 그 의미가 구별되어 실현된 것이다. 이러한 분절음의 교체를 통해 최소대립쌍을 확인하는 것을 치환검증(commutation test)이라고 한다.

다음은 자음들의 조음위치와 조음방법에 따라 만들어지는 최소대립쌍들이다.

① p : p' : pʰ   불 : 뿔 : 풀
② t : t' : tʰ   달 : 딸 : 탈
③ k : k' : kʰ   기 : 끼 : 키
④ č : č' : čʰ   지- : 찌- : 치-
⑤ s : s'   살 : 쌀
⑥ s : h   손 : 혼
⑦ m : n   말 : 날
⑧ n : ɾ³   가누 : 가루
⑨ m : ɾ   사망 : 사랑
⑩ m : n : ŋ : l⁴   밤 : 반 : 방 : 발

이상의 최소대립쌍들은 음절의 첫소리 위치이거나 끝소리 위치에서 동일하게 실현되어 단어의 의미를 구별하므로 이 경우의 자음들은 모두 한국어의 음소가 되는 것이다. 다음은 모음들의 혀의 전후 위치, 높낮이 그리고 입술 모양 등에 따라 만들어지는 최소대립쌍들이다.

① i : e : ɛ   비 : 베 : 배
② ɨ : ə : a   금 : 검 : 감
③ u : o   술 : 솔
④ i : ɨ : u   길 : 글 : 굴
⑤ e : ə : o   네 : 너 : 노
⑥ ɛ : a   개- : 가-

이상의 최소대립쌍들은 음절의 중성에서 동일하게 실현되어 단어의 의

---

3 한국어의 유음 가운데 탄설음 [ɾ]는 어두의 첫 음절에는 올 수 없다.
4 한국어의 유음 가운데 설측음 [l]은 음절말음으로만 나타난다.

미를 구별하므로 이 경우의 모음들은 모두 한국어의 음소가 되는 것이다. 최소대립쌍을 만들지 못하는 음성들은 해당 언어에서 음소로서의 지위를 얻을 수 없다. 음소로서의 최소대립쌍은 개별 언어마다 다르고 그래서 음소목록도 다른 것이다.

5.2.1.2 상보적 분포와 변이음

최소대립쌍은 동일한 분포 위치에 실현되어 대립관계를 이루면서 단어의 의미를 구별하는 음성들을 음소로 설정하는 것이다. 즉 동일 위치에 동시 분포하는 대립관계를 통해 음소로서의 지위를 확인하는 것이다.

반면 동일한 위치에 동시 분포하지 않고 서로 배타적인 분포를 보여주는 음성들이 있다. 다음은 한국어의 양순폐쇄음들이 실현되는 분포 양상을 표로 제시한 것이다.

	음절초성	음절종성
어두	바다[pada]	
유성음 사이	가방[kabaŋ]	
어말		집[čip˺]

위의 표를 통해 음절의 초성으로 실현되는 [p], [b]와 음절의 종성으로만 실현되는 [p˺]를 확인할 수 있다. 그런데 음절 초성으로 실현되는 [p]와 [b]도 각각 다른 위치에서 실현되는데 [p]는 어두, 즉 단어의 첫머리에서만 등장하는 무성음이고 [b]는 단어의 중간, 즉 어중에서 출현하는 유성음이다. 어중의 위치는 공명자음과 모음 사이와 같은 유성적인 환경이어서 이 경우 유성음으로 실현되는 것이다. 어말인 음절의 종성, 즉 음절말음 위치에서는 불파음 [p˺]으로 실현된다.

이들 세 음성처럼 서로 동일한 환경에서 출현하지 않는 경우를 배타적인 분포(exclusive distribution)의 경우라 한다. 즉 음성들이 서로 다른 위치에서만 배타적으로 실현된다는 의미인데, 이들 세 음성을 모아 놓고 보면 모두 음소문자인 한글 자모 'ㅂ'에 해당한다. 즉 한국어 화자들은 이 세 음성 모두를 음소 /ㅂ/으로 인식한다는 의미이다. 결과적으로 이 세 음성을 모두 합해 보면 하나의 음소가 되는 것이다.

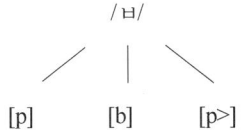

위의 그림을 통해서 알 수 있듯이 세 음성이 상호 보완하여 하나의 음소를 완성하는 것이기 때문에 상보적 분포(complementary distribution)라고도 한다. 상보적 분포를 보이는 음성들은 음소적 대립관계를 형성할 수 없기 때문에 이 음성들은 최소대립쌍을 가질 수 없는 관계이다.

이처럼 음성들이 서로 상보적인 분포를 가질 경우 이들을 한 음소로 처리하는 것이 원칙이다. 이때 이 음성들을 그 음소의 변이음(이음, allophone)이라고 하며, 이음과 음소를 표기상으로 구별하기 위하여 변이음을 각괄호 [ ] 안에 표기하는 반면, 음소는 사선 / / 안에 표기하여 구별한다.

변이음들 가운데 어느 것을 음소의 표기로 결정할 것인가에 대해 사실 정해진 규정은 없다. 즉 위에서 살펴본 양순폐쇄음의 경우 [p],[b],[p˥] 가운데 어느 변이음을 대표음으로 하여 음소표기를 한다 해도 '/ /'라는 표기만으로 음소임이 명백하기 때문이다. 그러나 일반적으로 자음의 경우 분포가 더 자유로운 어두음 /p/를 대표음으로 선택해 음소표기를 하는 것이 일반적이다. 또한 우리의 경우 음소문자인 한글 자모를 가진 덕에 오히려 한글을 이용해 음소표기를 함으로써 음성으로 표기하는 변이음과 차별화를 하는 경우 역시 많다. 이 책에서는 /ㅂ/과 같은 한글 자모로 음소표시를 하려고 한다.

상보적 분포를 보이는 변이음들은 조건변이음(결합변이음, contextual 혹은 combinatory variant)이라고 하는데 이는 음성들이 환경에 따라 서로 결합하면서 실현되기 때문이다. 반대로 자유변이음(free variant)도 존재하는데 이 변이음은 상보적 분포를 보이지 않는다. 예를 들어 영어의 'economics'의 음절초 모음은 [e]로도 발음되고 혹은 [i]로도 발음되는데 이들은 동일한 음절초의 위치에서 교체하는 변이음이지만 의미를 구별하는 기능을 가지고 있지 않다. 즉 동일 분포 위치에서 치환되는 최소대립쌍이 아닌 경우로서 이러한 변이음을 자유변이음이라고 한다.

한국어의 경우 파찰음의 조음위치를 경구개음으로 보았지만 정확히 이야기하면 치경구개음(alveo-palatal 혹은 palato-alveolar)으로 혓날(설단)을 치조(alveola)와 구개(palate) 사이에 대고 내는 소리로 후치조음(post-alveolar)라고도 한다. 그래서 국어의 'ㅈ[č], ㅊ[čʰ], ㅉ[č̕]'은 그 조음 위치가 자유변이를 보이는 경우가 꽤 있어서 후치조음 혹은 치경구개음으로 실현된다. 모음의 경우 [ə]와 [ʌ]도 엄격하게는 음장에 따른 변별이 있지만 현대국어에서 음장의 음운론적 변별력이 약해져서 [ə]와 [ʌ]가 자유변이음처럼 실현된다고 볼 수도 있다.

5.2.1.3 음성적 유사성

음성들이 상보적 분포를 이루는 경우에도 한 음소로 묶일 수 없는 경우가 있다. 예를 들어, 한국어의 성문마찰음 [h]는 음절 첫머리에만 나타나고 연구개비음 [ŋ]은 음절말에만 나타나는데, 이들 두 음성은 그 출현 환경만을 따진다면 분명히 다음 표에서 볼 수 있는 것처럼 상보적 분포를 이루고 있다.

	음절초성	음절종성
어두	하루[haru]	
유성음 사이	좋으니[čoɦɨni][5]	
어말		강[kaŋ]

그러나 이들을 한 음소로 묶기에는 너무나 분명한 음성적 차이를 보이고 있다. 조음음성학적인 지식이 없더라도 이들 음성을 들었을 때 동일한 음소의 변이음이라고 지각한다는 것은 불가능하다. 이처럼 상보적 분포를 보이는 음성들이기는 하지만, 그 음성적 차이가 너무나 현저하여 한 음소로 묶기 어려울 경우, 이를 배제하기 위하여 음성적 유사성이라는 음소설정의 또 다른 기준을 동원하게 된다.

음성적 유사성은 어떤 측면에서는 객관화하기 어려운 언어적 직관에 근거하고 있기는 하지만 최소대립쌍이나 상보적 분포와 같은 기계적 음소설정의 방법이 지니는 문제를 보완해 주는 기능을 하게 된다. 그러나 음성적 유사성이라는 것은 정도의 문제여서 얼마나 비슷해야 하나의 음소로 묶일 수 있으며, 얼마나 달라야 하나의 음소로 묶일 수 없는가를 객관적으로 판별하는 데는 한계가 있다.

5.2.2 내적 접근방법

이 내적 접근방법에서는 음소를 동시적으로 일어나는 변별적 자질의 묶음(bundle of distintive features)으로 정의한다. 하나의 언어음에는 동시에 실현되는 변별적 자질들이 포함되어 있으며 한 음소에 속하는 음성들은 동일한 변별적 자질을 공통적으로 가졌다고 보는 것이다. 요컨대, 이

---

[5] 이 경우 음성적으로 유성음화하여 유성의 성문마찰음 [ɦ]으로 실현된다고 볼 수 있지만 음운론적으로는 'ㅎ'의 필수적인 탈락과정으로 기술하고 있다.

접근방법은 음소를 그 내재적인 특성에 의해 정의하는 것으로 앞서 살펴본 외적 접근방법이 지닌 문제점을 극복할 수 있다고 보았다. 외적 접근방법은 '최소대립쌍', '상보적 분포', '음성적 유사성'이라는 여러 가지 기준이 필요하다는 점에서 음소설정의 방법으로는 완전할 수 없다고 본 것이다. 반면 '변별적 자질'이라는 기준 하나만으로 음소를 설정할 수 있다는 점에서 내적 접근방법은 좀더 안정적인 것으로 판단하였다.

예를 들어 한국어 단어 '물'과 '불'을 변별할 수 있게 하는 '비음성(nasality)', 또 '불'과 '풀'을 구별할 수 있게 하는 '유기성(aspiration)' 등이 변별적 자질이다. 그래서 한국어의 음소 /ㅂ/은 ① /ㄷ/과 /ㄱ/에 대해서 양순성이라는 조음위치 상의 자질을, ② /ㅍ/에 대해서는 유기성이 없다는 자질을, ③ /ㅁ/에 대해서는 비음성이 없다는 자질을, ④ /ㅃ/에 대해서는 경음성이 없다는 자질을, ⑤ /ㅅ/에 대해서는 폐쇄성이라는 자질을 가지고 있음을 보이고, 이러한 자질들의 동시적 묶음이 한국어의 음소 /ㅂ/이 되는 것이라고 본다.

어떤 언어의 음소목록이든 한정된 수효의 변별적 자질에 의해 결정될 수 있다고 보는 이 내적 접근방법은 앞에서 말한 외적 접근방법에 비하여 우월하다는 점이 다음과 같은 여러 가지 측면에서 인정되고 있다.

첫째, 변별적 자질이란 결국 음소라는 단위를 다시 분석한 것인 만큼 한 언어의 변별적 자질의 수는 음소의 수보다 일반적으로 매우 적게 되므로 그만큼 음운론적인 작업이 쉬워지며, 아울러 음운론 기술의 일반성을 포착할 수 있게 한다. 예를 들어 음소로만 표시하면 복잡하거나 여러 음소를 나열하여야 할 음운현상도 변별적 자질로 표시하면 단순한 하나의 음운규칙으로 표시할 수 있어 경제적이다.

둘째, 음성적 유사성이라는 다소 주관적인 개념을 극복할 수 있다. 공통적인 변별적 자질을 좀더 많이 가진 음소들일수록 음성적으로 유사할 것이므로 외적 접근방법이 가지는 근본적 결함을 해결할 수 있다. 즉 비교되는 음소들의 유사성의 정도는 공통된 변별적 자질의 수와 대립된 변별적 자질의 수가 몇 개냐에 따라 객관적으로 설명될 수 있다.

셋째, 이러한 음소에 대한 인식은 음운론적 대립의 성격과 음운체계에 대한 본질적인 이해를 가능하게 한다. 음소는 서로 대립되고 변별적임으로써 비로소 그 존재가 성립되는 단위들이므로, 음소는 개별적으로 존재하기보다는 늘 다른 음소들과 긴밀한 관계를 통해 하나의 체계를 이룬다는 사실을 정확히 밝힐 수 있는 것이다.

5.2.2.1 변별적 자질

<변별적 자질의 개념>

언어음을 계기적으로 분석하는 경우 최소의 단위는 음소가 되지만 동시적으로 분석을 하면 음소보다 더 작은 단위로 분석될 수 있고 이를 변별적 자질이라고 한다. 한국어의 음소 /ㅂ/의 경우 다음과 같은 변별적 자질들이 동시에 실현되어 만들어진다.

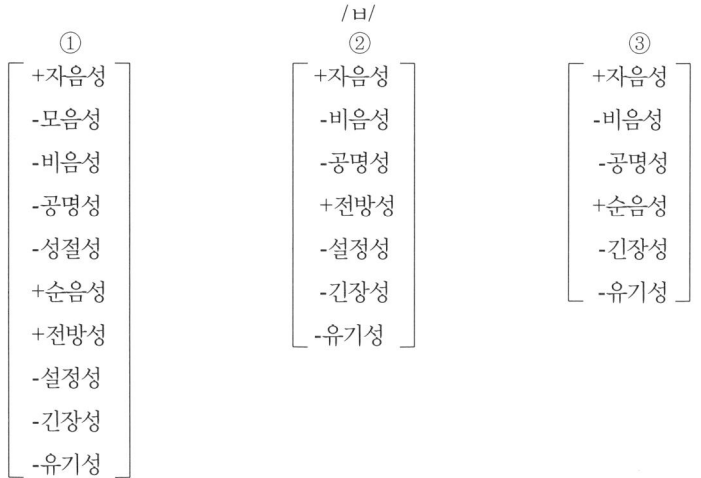

위의 ①,②,③은 모두 음소 /ㅂ/의 변별적 자질들로 이들의 동시적 실현이 음소 /ㅂ/을 만드는 것이다. ①은 음소 /ㅂ/의 모든 변별적 자질들을 나타낸 것이고 ②와 ③은 예측이 가능한 자질들은 생략하고 /ㅂ/을 나타내기 위해 꼭 필요한 일부 변별적 자질만 표시한 것이다. ②와 ③의 차이는 조음위치 자질을 '전방성, 설정성' 대신 '순음성' 하나만을 선택해 사용한 것에 있다.

위의 자질들의 명칭을 통해서 짐작할 수 있지만 각각의 자질들에는 조음적이거나 혹은 음향적인 정보들이 담겨 있다. 현재 음운론에서 사용하고 있는 변별적 자질들은 대개 조음음성학적인 개념에 근거한 것이 많다. 그러나 위의 변별적 자질에서 보이는 '공명성'과 같은 자질은 음향음성학적인 개념에 근거한 변별적 자질이다.

<변별적 자질의 등장과 전개>

구조·기술 음운론에서 변별적 자질은 음소들의 대립관계를 체계적으로 정의하기 위한 수단으로 사용되었다. 반면 변형·생성 음운론에서 변별적 자질은 음소를 아예 대신하여 음운론 기술에서 최소의 기본 단위가 되었다. 그래서 변형·생성 음운론에서는 음소론(phonemics)이 거의 필요하지 않았다고 할 수도 있다. 이는 변형·생성 음운론이 음운체계의 구조를 기술하는 것을 넘어 왜 그러한 유형이나 체계가 만들어지는지를 설명하는 것에 더 관심을 가지게 되었기 때문이다. 즉 관찰적이고 기술적인 음운론적 연구방법의 한계를 넘어 설명적 타당성을 추구하는 연구방법을 지향하게 되었기 때문이다.

변형·생성 음운론에서 변별적 자질의 주된 역할은 음운론적 예측을 가능하게 하는 음소들의 자연부류(natural class)를 설정하는 것에 있었다. 이를 통해 음운현상의 기술에서 음소 단위의 기술이 지니는 복잡함을 극복할 수 있었던 것이다. 즉 변별적 자질 단위의 규칙 기술을 통해 음운현상 기술의 경제성과 보편성을 확보할 수 있었다.

음소기술의 기본 단위로서의 변별적 자질의 개념은 Sergei Trubetzkoy(1790-1860)와 Roman Jakobson(1896-1982)이 칭안한 것인데, Jakobson, Fant & Halle의 'Preliminaries to Speech Analysis(1951)'와 Jakobson & Halle의 'Fundamentals of Language(1956)'에서 처음으로 체계화 되었다. 여기서 제안하고 있는 변별적 자질은 보편 언어의 관점에서 음운들 간의 대조를 확인할 수 있도록 만들어졌다. 음향 스펙트로그램(sound spectrogram)을 분석하고 관찰하여 공명성 자질(sonority features) 9개와 음조성 자질(tonality features) 3개를 이원 대립하는 자질 체계로 설정하였다. 이후 개정판인 Jakobson & Halle의 'Fundamentals of Language(1971)'에서는 'compact/diffuse' 자질을 이원적인 쌍의 자질이 아닌 개별적인 자질로 봄으로써 자질의 수를 13개로 만들고 하위 분류에 긴장성 자질(protensity features)을 포함하는 등 약간의 수정을 가하였다.

다음의 표가 Jakobson & Halle가 제안한 초기의 변별적 자질로 조음음성학적 특성과 함께 음향음성학적인 특성 역시 반영한 자질이다.[6]

	Jakobson·Halle(1956)		Jakobson·Halle(1971)
공명성 자질	vocalic/non-vocalic	공명성 자질	vocalic/non-vocalic
	consonantal/non-consonantal		consonantal/non-consonantal
	nasal/oral		nasal/oral
	compact/diffuse		compact
			diffuse
	continuant/discontinuant		continuant/abrupt
	strident/mellow		strident/non-strident, mellow
	checked/unchecked		checked/unchecked
	voice/voiceless		voice/voiceless
	tense/lax	긴장성 자질	tense/lax
음조성 자질	grave/acute	음조성 자질	grave/acute
	flat/plain		flat/plain
	sharp/plain		sharp/plain

이상의 변별적 자질들을 주요부류자질(major class features), 자음과 모음 관련 자질, 제2차 조음에 관한 자질 등으로 나눠보면 다음과 같다.

① 주요부류자질

[+/-vocalic] [+/-consonantal]

② 자음 자질

[+/-nasal] [+/-diffuse] [+/-continuant] [+/-strident] [+/-voice]

[+/-grave]

---

6 Jakobson&Halle(1956/1971)에서의 논의와 표는 구현옥(2019:157-9)에서 재인용하였다.

③ 모음 자질
  [+/-compact] [+/-diffuse] [+/-grave] [+/-flat]
④ 제2차 조음자질
  [+/-flat] [+/-sharp] [+/-checked] [+/-tense]

자음 자질과 모음 자질의 경우 각각 자음과 모음만을 위한 자질도 있지만 전반적으로 자음과 모음 모두에 해당하는 공통 자질들이다. 2차 조음자질이란 '순음화, 연구개음화, 인두음화, 권설음화(flat자질), 경구개음화(sharp자질), 성문음화(checked자질), 유기음화, 경음화(tense자질)'와 같은 경우에 나타나는 변별적 자질을 일컫는다.

Jakobson & Halle의 변별적 자질은 주로 음향적 특성에 근거한 것이며 가능한 모든 음운의 이원적 대립(혹은 대조)을 확인하기 위한 것으로 변별적 자질의 이분법적인 틀을 확립하였다. 이후 변별적 자질의 좀더 일반적인 모델은 Chomsky & Halle의 SPE(The Sound Pattern of English, 1968)로부터 비롯되었다. 음소들의 대립관계를 확인하기 위한 도구로서의 기능은 동일했지만 크게 두 가지 점에서 Jakobson & Halle의 변별적 자질체계와 달랐다. 첫째, 변형·생성문법의 이론적 모델에 근거한 까닭에 음소들의 대립관계와 체계를 설정하는 것에 머무르지 않고 음운현상들의 규칙화와 일반화를 위한 경제적 기술의 도구로서의 기능이 강조되었다. 즉 기저형(undrlying form)에서 표면형(surface form)으로의 도출(derivation) 과정을 설명하는 음운규칙의 기술을 위해 변별적 자질이 사용되었다. 둘째, Jakobson & Halle의 음향적 자질들이 Chomsky & Halle의 SPE에서는 조음적 자질로 교체된 것 역시 큰 차이점이라 할 수 있다.

또한 Chomsky & Halle의 변별적 자질체계에서는 양분법적인 이항 대립을 보이는 음운자질과 음성적 정도의 차이에 따라 다분법적인 모습을 보이는 음성자질을 명확히 구분하였다. 이들의 체계는 Jakobson & Halle

의 자질체계보다 훨씬 많은 수의 변별적 자질을 설정했는데, 이는 인간이 실현할 수 있는 음성적 가능성을 모두 나타내고자 함이었고, 결과적으로 36개나 되는 자질들을 제시하였다. 그리하여 대략적으로 다음과 같이 변별적 자질을 분류하였다.

① 주요부류자질(major class features)
② 조음방법자질(manner of articulation features)
③ 조음위치자질(place of articulation features)
④ 혓몸자질(body of tongue features)
⑤ 부차적 자질(subsidiary features)
⑥ 운율적 자질(prosodic features)

5.2.2.2 주요부류자질

Jakobson & Halle의 초기 체계에서는 모음성(vocalic)과 자음성(consonantal)이라는 두 가지 자질을 설정하여 모음(V,vowel), 순수자음(C,true consonant), 유음(L,liquid) 그리고 활음(G,glide)의 네 가지 음소를 변별하는 데 활용하였다. 해당 자질을 가졌느냐의 여부에 따라 다음의 표에서처럼 '+/-'를 표시하였다.

	V	C	L	G
vocalic	+	-	+	-
consonantal	-	+	+	-

그런데 Chomsky & Halle의 SPE에서는 [vocalic]이라는 자질 대신 [syllabic]이라는 새로운 자질을 설정하였다. [syllabic]은 음절을 이룰 수 있는 성질을 가진 자질로 성절성이라 부른다. 거기에 [sonorant] 자질까지 주요부류자질로 설정하여 분절음의 분류를 좀더 정밀하게 체계화 하려고

하였다. 공명성 자질이 추가로 설정됨으로써 순수자음과 구별하여 비음 (N,nasal)에 대한 '+/-' 표시가 가능해졌다. 유음과 비음의 자질 표시 즉 자질명세(feature specification)는 다음 표에서는 동일하지만 조음방법자 질인 비음성(nasal)에 의해 변별이 가능해진다.

	V	C	G	L	N
syllabic	+	-	-	-	-
consonantal	-	+	-	+	+
sonorant	+	-	+	+	+

주요부류자질로 설정된 변별적 자질들의 음성적 특성은 다음과 같다.

-성절성(syllabic) : 음절을 이룰 수 있는지의 여부에 따른 자질
-자음성(consonantal) : 구강 안에서 기류의 장애를 일으키는 자질
-모음성(vocalic) : 기류의 장애가 없고 울림이 생기는 자질
-공명성(sonorant) : 규칙적인 음파가 발생하여 구강 혹은 비강 안에
　　　　　서 소리의 울림이 수반되는 자질[7]

5.2.2.3 조음방법자질

　조음방법자질에는 우선 구강음과 비음을 구별하기 위한 비음성(nasal) 과 구강 안에서의 기류의 지속과 폐쇄 여부를 구별하기 위한 지속성 (continuant) 그리고 기류의 개방 유형에 따른 지연개방성(delayed release) 이 있다. [nasal]에 의해 공명자음인 비음을 먼저 변별하고 [continuant]에 의해 파열음을 변별하고 [delayed release]에 의해 파찰음을 변별한다. 마찰음을 변별하기 위해 [strident]를 설정하고 유음을 변별하기 위해

---

[7] 공명성 대신 장애음을 나타내는 [obstruent] 자질을 쓰는 경우도 있다.

[lateral]을 설정하면 된다. 물론 마찰음의 경우 [continuant] 자질에 대해 양(+)의 값을 가지고 있기 때문에 다른 장애음들과 이미 변별된다. [lateral] 자질은 유음 가운데 설측음과 설측음 외의 음소를 변별하는 데 쓰인다. 'N(nasal), P(plosive), A(affricate), F(fricative), L(lateral)'에 대해 자질 명세표를 제시해 보면 다음과 같다.

	N	P	A	F	r	l
nasal	+	-	-	-	-	-
continuant	-	-	-	+	+	+
delayed release	-	-	+			
strident	(-)	(-)	(+)	+	(-)	(-)
lateral					-	+

지연개방성에 대해 마찰음, 유음들은 무관하기 때문에 아예 '+/-'의 자질값을 아예 표시하지 않았고 설측성 역시 비음, 파열음, 파찰음, 마찰음들과는 무관하기 때문에 아무런 표시를 하지 않았다. 반면 치찰성(조찰성, 소음성, strident)은 마찰음과 파찰음의 음성적 특성이지만, 파찰음의 경우 이미 지연개방성으로 변별할 수 있기 때문에 괄호 안에 '+'를 표시하였다. 이는 치찰성을 잉여적인 자질로 볼 수도 있기 때문이다. 조음방법자질로 설정된 변별적 자질들의 음성적 특성은 다음과 같다.

- 비음성(nasal) : 기류가 비강을 통과하면서 울림이 생성되는 자질
- 지속성(continuant) : 기류의 흐름이 구강에서 막히지 않고 계속 흐르는 성질과 관련된 자질(연속성)
- 지연개방성(delayed release) : 자음의 조음에서 기류가 개방되는 방식과 관련된 특성으로 파열음과 파찰음의 구별에 필요한 자질
- 치찰성(strident) : 혀끝이나 전설에 의해 난류가 생겨 높은 주파수 (3000Hz 이상) 대역에 음향에너지가 집중되는 특성으로 소음 (noise)이 강하게 나는 마찰음과 파찰음에 있는 자질[8]

-설측성(lateral) : 혀 옆으로 기류가 빠져나오는 자질

5.2.2.4 조음위치자질

구강 내에서 자음의 조음에 관여하는 위치자질들이다. 구강 내의 전후 위치에 따른 자질을 전방성[anterior]이라 하고 조음위치가 혀의 앞쪽 높은 부분인지의 여부에 따른 자질을 설정성(coronal)이라 한다. 자음과 국한시켜 보면 Chomsky & Halle의 조음위치 자질은 Jakobson & Halle의 자질들과 다음과 같이 대응한다.

- 구강의 앞쪽에서 장애를 일으키면 [+anterior]로 [+diffuse]에 해당하는 자질
- 구강의 뒤쪽에서 장애를 일으키면 [-anterior]로 [+compact]에 해당하는 자질
- 조음부위가 혀의 앞쪽 높은 부분이면 [+coronal]로 [+acute]에 해당하는 자질
- 조음부위가 혀의 앞이나 뒤이면 [-coronal]로 [+grave]에 해당하는 자질

전방성과 설정성에 근거하여 구강 내에서 조음되는 자음들의 자질값을 표시해 보면 다음과 같다.

	labial	dental	palatal	velar
anterior	+	+	-	-
coronal	-	+	+	-

---

8 배주채(2018:133)에서 인용한 것으로 여기서는 [strident] 대신 [sibilant]를 자질로 설정하고 있다.

조음위치자질로 설정된 변별적 자질들의 음성적 특성은 다음과 같다.

- 전방성(anterior) : 입술이나 혀끝과 같이 앞부분에서 나는 소리의 자질
- 설정성(coronal) : 혀끝과 경구개 부위에서 나는 소리의 자질

5.2.2.5 혓몸자질

혀의 높낮이와 전후위치 그리고 입술모양에 따라 고설성(high), 저설성(low), 후설성(back) 그리고 원순성(round)의 자질이 설정된다. 조음음성학적인 특성에 근거하면 중설성이나 전설성 그리고 평순성을 고려할 수도 있으나 변별적 자질이 양분법에 근거하고 있기 때문에 이들을 모두 자질로 설정하는 것은 잉여적이다. 즉 [-high][-low]이면 중설모음을 표시할 수 있기 때문에 [mid]라는 자질은 불필요하다. 또한 전설성과 평순성이 아닌 후설성과 원순성을 변별적 자질로 선택한 것은 어디까지나 임의적인 것이다. 어느 쪽을 자질로 정하든 '+/-'의 자질값으로 변별이 가능하다.

원칙적으로 이들 혓몸자질은 모음만을 위해 쓰이는 것은 아니다. 자음이나 자음의 2차 조음의 특징을 나타내는 데도 쓰인다. 즉 경구개음이나 연구개음 그리고 구개음화된 자음은 [+high], 연구개음이나 연구개음화된 자음은 [+back], 성문음은 [+low] 그리고 순음화된 자음은 [+round]를 사용하여 표기할 수 있다. 다음은 모음, 반모음 그리고 자음을 혓몸자질에 따라 자질명세한 것이다.[9] 자음을 포함하였기 때문에 변별을 위해 성절성과 자음성도 표에 넣어 자질값을 표시하였다.

---

9 이기문 외(2000:133)의 표를 인용한 것이다.

	i	e	a	j	w	p	t	k	kʲ	kʷ	h
syllabic	+	+	+	-	-	-	-	-	-	-	-
consonantal	-	-	-	-	-	+	+	+	+	+	-
high	+	-	-	+	+	-	-	+	+	+	-
low	-	-	+	-	-	-	-	-	-	-	+
back	-	-	+	-	+	-	-	-	-	+	-
round	-	-	-	-	+	-	-	-	-	+	-

혓몸자질로 설정된 변별적 자질들의 음성적 특성은 다음과 같다.

- 고설성(high) : 혀와 구개의 거리가 가장 가까운 자질
- 저설성(low) : 혀와 구개의 거리가 가장 먼 자질
- 후설성(back) : 혀의 뒷부분에서 나는 소리의 자질
- 원순성(round) : 입술을 둥글게 내미는 자질[10]

5.2.2.6 부차적 자질

성대 혹은 성문의 상태와 관련이 있는 자질들로 다음과 같은 것들이 있다.[11]

- 유성성(voiced) : 성대의 진동으로 만들어지는 자질
- 유기성(aspirated/spread glottis) : 성문의 확장으로 기식이 만들어지는 자질
- 협착성(constricted glottis/glottalized/checked) : 성문의 협착으로 인해 성대가 긴장하는 특성으로 국어학에서는 경음성이라고도 하는 자질
- 긴장성(tense) : 입술이나 혀끝, 입천장 등의 파열에 의해 긴장하는

---

10 혓몸과 무관하기 때문에 입술자질인 순음성(labial)으로 따로 분류하기도 한다.
11 후두자질(laryngeal feature)라고도 한다.

특성으로 조음기관을 전체적으로 긴장시켜 강한 에너지가 스펙트
로그램 위에 널리 길게 퍼지게 하는 자질

유성성은 모든 분절음의 분류를 위해 쓰일 수 있는 자질로 공명음은 거의 유성성을 가진다. 유기성과 협착성은 자음, 특히 장애음(obstruent)에 한해서 나타나는 자질로 한국어의 유기음과 경음을 특징짓는 변별적 자질이기도 하다. 반면 긴장성 자질은 자음과 모음에 두루 쓰이는 자질로 반대 자질은 이완성(lax)이지만 '+/-' 값으로 표시하면 되므로 굳이 이완성까지 설정할 필요는 없다.

5.2.2.7 운율적 자질

마지막으로 운율적 자질로는 강세 자질(stress)인 [+/-stress], 음장 자질(length)인 [+/-long] 그리고 성조 자질(tone)인 [+/-high-toned] 등이 있다.

이상에서 살펴본 Chomsky & Halle의 변별적 자질체계를 보면 공명성(sonorant)이나 치찰성(strident)과 같이 음향적인 속성이 강한 자질조차 포함하여 자질체계를 정립한 것을 알 수 있다. 앞서 언급한 대로 Jakobson & Halle의 변별적 자질체계에 비해 자질의 수가 많이 늘어난 것은 조음음성학적인 토대 위에서 가능한 모든 음성들의 특성을 정의하려는 의도가 내포되어 있었다.

한국어 음운론의 논의에서 변별적 자질은 기본적으로 Chomsky & Halle의 SPE 체계에 근거하고 있지만, 음운현상을 설명하기에 좀더 적절하다고 판단되면 'grave/acute'와 같은 음향적 자질을 이용하여 기술하기도 한다.

5.2.2.8 변별적 자질의 기능

변별적 자질은 다음과 같은 중요한 기능을 가지고 있어서 음소 단위의 음운론 기술이 가진 한계를 극복하는 것으로 보인다.

① 분류의 기능 : 분절음을 자음, 모음, 공명음, 장애음, 비음 등등과 같은 여러 가지 자연부류(natural class)로 나누는 객관적 기준을 제공한다.
② 변별의 기능 : 음소와 음소가 대립(opposition)하는 것은 각 음소가 가진 자질의 속성이 다르기 때문이라는 사실을 보여준다. 음소 설정에서 주관적 기준이었던 음성적 유사성을 객관적 기준으로 만들었다. 즉 /ㅂ/,/ㅁ/,/ㆁ/[12]의 음소들의 친소 관계를 따져 볼 때 막연한 직관이 아닌 [비음성]과 [전방성]이라는 자질의 [+/-] 값에 따라 변별할 수 있게 된다. 즉 /ㅂ/을 /ㅁ/,/ㆁ/과 구별하는 자질은 [비음성]이고 /ㅂ/,/ㅁ/을 /ㆁ/과 구별하는 자질은 [전방성]이라고 객관화할 수 있는 것이다. 따라서 음운론적 대립의 주체는 개별 음소가 아닌 자질이 되는 것이다.
③ 음성기술의 기능 : 분절음의 음가를 음성적으로 정의된 자질을 이용하여 보다 정확하게 기술할 수 있으며 그로 인해 음운과정의 기술이 설명적 타당성을 얻을 수 있게 된다.

---

[12] 음소 표기를 한글자모로 하는 까닭에 연구개비음 /ŋ/의 경우 현재 표기법에 따르면 그냥 이응을 사용하여 /ㅇ/으로 하는 것이 맞기는 하나, 훈민정음 창제 당시 사용했던 꼭지이응(옛이응)이 연구개비음에 대한 좀더 정확한 한글표기라고 판단되어 /ㆁ/으로 표기하였다.

5.3 한국어의 변별적 자질

변별적 자질체계의 설정은 기본적으로 Chomsky & Halle의 자질체계에 근거하고 있지만 한국어 음소의 특성을 기술하는 데 적절한 자질들만을 설정하는 방향으로 연구가 진행되어 왔고 연구자에 따라 특색 있는 체계가 제안되기도 하였다. 음소들의 자연부류를 자질값으로 나타내는 표를 자질행렬(feature matrix)라 하고 한 음소를 자질들의 동시적인 묶음으로 표시해 놓은 것을 자질명세(feature specification)라고 한다.

5.3.1 주요부류자질

주요부류자질(major class feature)은 음소를 큰 부류로 나누는 자질이다. 자음과 모음 그리고 반모음(활음)을 구별할 수 있는 변별적 자질로, 자음과 모음의 변별을 위한 [자음성]과 모음과 반모음을 변별할 수 있는 [성절성]만을 설정할 수 있다

	자음	모음	반모음
성절성	-	+	-
자음성	+	-	-

공명자음인 유음과 비음은 [-성절성][+자음성]의 자질명세를 가지게 된다. 즉 주요부류자질로 이들 공명자음을 순수자음인 장애음들과 변별할 수는 없다. 공명자음을 구별하기 위해 주요부류자질인 공명성을 설정하기도 한다.

	자음	모음	반모음	유음	비음
성절성	-	+	-	-	-
자음성	+	-	-	+	+
공명성	-	+	+	+	+

그런데 공명성을 설정해도 같은 공명자음의 범주에 드는 유음과 비음을 구분할 수는 없다. 이 경우 유음이 비음에 비해 모음으로서의 특성이 강하다는 점에 근거하여 공명성 대신 모음성을 설정하기도 한다.

	자음	모음	반모음	유음	비음
성절성	-	+	-	-	-
자음성	+	-	-	+	+
모음성	-	+	-	+	-

그러나 이 경우에는 순수자음과 비음의 구별이 자질명세만으로는 어려워진다. 실제로 한국어뿐 아니라 모든 언어의 경우 주요부류자질만으로 음소들의 자연부류를 결정하지는 않는다. 실제로 조음방법자질이나 조음위치자질이 어떤 음소의 변별에 더 본질적일 수 있기 때문에 오히려 주요부류자질들은 예측이 가능한 잉여자질이 되기도 한다. 즉 비음과 유음의 변별에는 비음성이라는 조음방법자질이 더 유효하기 때문이다.

성절성(syllabic)은 홀로 음절의 중성으로 쓰일 수 있는 특성이다. 그런데 성절성은 음성학적으로 잘 정의되지 않는다. 음절의 구성에 참여할 때 가질 수 있는 자격, 즉 음절 안에서의 기능에 의해 정의될 수 있다. 예를 들어 영어의 비음과 유음의 경우, 음절의 핵으로 사용되는 경우와 그렇지 않은 경우 음성학적으로는 차이가 없지만 성절성의 [+/-]값은 다음과 같이 달라진다.

    prism, bottle [+syll]   vs   team, ball [-syll]

이처럼 성절성은 음성학적인 자질이라기보다는 음절 내의 구조적 기능에 의해 정의되는 자질이라는 특성이 있다.

5.3.2 자음에 관한 자질

<조음방법자질>

기류의 흐름이 구강이냐 비강이냐의 여부에 따라 결정되는 자질이 비음성이다. 이는 비음과 나머지 자음들을 구분하고, 지속성은 마찰음과 공명자음들을 기류의 막힘이 없는 연속이라는 특성을 공유한 것으로 묶어준다. 지연개방성은 사실 파열음과 파찰음만을 구별하는 자질이고 치찰성은 마찰음과 파찰음을 자연부류로 묶어주는 기능을 한다. 한국어의 경우 음소로서의 유음은 하나라서 설측음과 탄설음이 변별되지 않기 때문에 굳이 설측성을 설정할 필요는 없다.

	비음	파열음	파찰음	마찰음	유음
비음성	+	-	-	-	-
지속성	-	-	-	+	+
지연개방성	-	-	+		
치찰성	(-)	(-)	(+)	+	(-)

한국어 음운론에서는 SPE에서 부차적 자질 혹은 후두자질로 분류한 유기성과 협착성을 조음방법자질로 포괄하여 기술하는 것이 일반적이다. 이들 자질은 한국어의 평음, 경음, 유기음을 변별하는 역할을 한다. 또한 협착성의 경우 긴장성이라고 하는 경우가 많은데, 한국어 음운론에서는 협착성(constricted glottis)과 긴장성(tense)을 의도적이든 아니든 혼동하여 설정하는 경우가 있다. 그러나 자질값의 [+/-] 표시는 동일하다.

협착성(constricted glottis/glottalized/checked)은 성문의 협착으로 인해 성대가 긴장하는 자질이고, 긴장성(tense)은 입술이나 혀끝, 입천장 등의 파열에 의해 긴장하는 특성으로 조음기관을 전체적으로 긴장시켜 강한 에너지가 스펙트로그램 위에 널리 길게 퍼지게 하는 자질이다. 이러한 차이는 한국어의 경음을 특징짓는 데 큰 차이가 없는 것으로 보아 경음성이라고 하는 경우도 있다. 여기서는 협착성, 긴장성 그리고 경음성 가운데 가장 수용성이 크다고 판단되는 긴장성을 선택하도록 하겠다. 긴장성과 유기성에 따라 한국어의 자음 음소에 대한 자질명세를 제시해 보면 다음과 같다.[13]

	ㅂ	ㅃ	ㅍ	ㄷ	ㄸ	ㅌ	ㅅ	ㅆ	ㅈ	ㅉ	ㅊ	ㄱ	ㄲ	ㅋ	ㅎ	ㅁ	ㄴ	ㅇ	ㄹ
긴장성	-	+	+	-	+	+	-	+	-	+	+	-	+	+	-	-	-	-	-
유기성	-	-	+	-	-	+	-	-	-	-	+	-	-	+	+	-	-	-	-

한국어의 긴장성은 성대와 성문의 협착에 인한 근육 긴장에 국한되지 않고 조음시 수반되는 조음 부위 전반의 긴장을 의미하는 개념이다. 따라서 성문을 크게 개방하기 위해 근육의 긴장을 수반하는 유기음의 경우에도 [+긴장성]의 자질값을 가지게 된다. 반면 후두자질의 영역을 별도로 두는 경우 한국어의 자음은 다음과 같은 자질명세표를 보이게 된다.

	ㅂ	ㅃ	ㅍ	ㄷ	ㄸ	ㅌ	ㅅ	ㅆ	ㅈ	ㅉ	ㅊ	ㄱ	ㄲ	ㅋ	ㅎ	ㅁ	ㄴ	ㅇ	ㄹ
voiced	-	-	-	-	-	-	-	-	-	-	-	-	-	-	-	+	+	+	+
spread	-	-	+	-	-	+	-	-	-	-	+	-	-	+	+	-	-	-	-
constricted	-	+	-	-	+	-	-	+	-	+	-	-	+	-	-	-	-	-	-

이 경우 [spread] 자질은 유기음을 변별하고 [constricted] 자질은 경음을 변별하게 되며 유성성 자질로 공명자음들을 구별하게 되는 것이다. 이 경우의 유성성 자질은 주요부류자질의 지위가 아닌 후두자질의 지위에 있는 것이다.

---

[13] 조음방법자질의 한 부분으로 보지 않고 후두자질로 분리해 보는 입장에서는 유기성을 [spread glottis] 자질로 보고 경음성을 [constricted glottis] 자질로 보았다. 이렇게 보는 경우 유기성은 그냥 유기성으로 지칭하지만 경음성의 경우는 협착성으로 지칭한다.

<조음위치자질>

한국어의 조음위치자질로 설정되는 것은 주로 SPE 체계의 전방성과 설정성으로 다음과 같은 자질명세표가 일반적으로 제시되었다.

	양순음	치조음	경구개음	연구개음
전방성	+	+	-	-
설정성	-	+	+	-

이 두 개의 자질은 자질의 양가적인 '+/-' 값으로 조음위치에서의 양순음, 치조음, 경구개음 그리고 연구개음을 잘 변별해준다. 그런데 한국어의 경우 음소들 가운데 정확히 경구개음으로 실현되는 음소(음성이 아닌)가 없다는 점에서 전방성과 설정성 자질이 국어의 음소 분류에 타당하지 않다는 입장도 있다. 실제로 한국어의 /ㅈ/,/ㅉ/,/ㅊ/은 치조 뒤 혹은 경구개 앞부분에서 조음되기 때문이다. 즉 전방성과 설정성이 국어의 조음위치에 대한 적절한 변별적 자질이라 보기는 어렵다고 볼 수 있는 것이다.

이러한 관점에서 한국어를 위한 조음위치로 순음성(labial)과 전설성(frontal)만을 설정하는 다음과 같은 입장도 있다(배주채2018:132-4).

	양순음	전설음[14]	후설음	성문음[15]
순음성	+	-	-	-
전설성	-	+	-	-

---

14 배주채(2018)의 음소체계에서는 치조음과 경구개음의 조음위치 상의 차이를 두지 않고 모두 전설음으로 묶어 지칭한다.
15 조음위치자질로 순음성과 전설성을 설정하는 경우 양분 자질값으로는 연구개음과 성문음이 모두 (-,-)라 변별이 되지 않는다. 그런데 성문음은 조음위치가 아닌 조음방법으로 이미 변별되기 때문에 문제가 되지 않는다. 전방성과 설정성을 조음위치 자질로 하는 경우에도 성문음은 구강 안에서 구체적인 조음위치가 없기 때문에 무관

순음성은 입술의 조음적 역할이 큰 특성으로 SPE의 혓몸자질에서 원순성(round)에 해당하는 것인데, 이 자질이 자음과 모음을 모두 아우르는 자질로 설정된 것이다. 전설성은 혀끝이나 전설의 조음적 역할이 큰 특성으로 모음의 후설성(back)과 상보적인 개념이다. 즉 순음성과 전설성은 자음과 모음(반모음 포함) 모두를 아우를 수 있는 자질 개념이라 할 수 있다.

앞서 살펴본 바에 의하면 Jakobson & Halle의 변별적 자질이나 Chomsky & Halle의 변별적 자질이 자음을 위한 자질과 모음을 위한 자질로 굳이 구분한 것은 아니다. 특히 변별적 자질의 토대를 만든 Jakobson & Halle의 변별적 자질체계는 '공명성자질, 음조성자질, 긴장성자질'처럼 분류하여 자음과 모음을 위한 공통자질이 더 많았다. Chomsky & Halle의 변별적 자질체계 역시 '주요부류자질, 조음방법자질, 조음위치자질, 혓몸자질, 부차적 자질, 운율자질'처럼 분류하여 자음과 모음을 위한 각각의 자질에 대해 구분하지 않았다. 그래도 Chomsky & Halle의 변별적 자질은 상대적으로 자음만을 위한 자질이나 모음만을 위한 자질의 속성이 드러나 있었고, 이후 음소의 자질명세나 음운규칙의 기술에서 자음과 모음의 변별적 자질들이 구분되는 경향이 있었다.

사실 인간의 조음기관이 자음이나 모음 혹은 반모음을 위한 구역을 따로 두었을 리 없으므로 자음과 모음의 공통자질을 설정하는 것이 좀더 타당해 보인다. 예를 들어 원순모음화의 경우 '믈>물, 블>불, 플>풀'의 통시적 변화를 분절음 차원에서 기술하면 '양순자음 뒤에서 평순모음이 원순모음으로 변화'하는 것이다. 양순자음은 [+전방성]과 [−설정성]이라는 조음위치자질로 명세가 되고, 원순모음은 [+원순성]이라는 자질로 명세된다. 그런데 이 자질명세로는 '믈>물, 블>불, 플>풀'이 동화과정에 의한

한 자질이 된다.

변화라는 사실을 음운론적으로 설명할 수 없다. 그러나 자음과 모음의 공통자질인 순음성을 설정하면 [+순음성]의 자음 뒤에서 [-순음성]인 모음이 [+순음성]인 모음으로 동화되는 변화로 설명할 수 있게 된다.

5.3.3 모음과 반모음에 관한 자질

모음을 분류하는 3가지 기준인 혀의 높낮이, 혀의 전후위치, 입술 모양에 근거한 고설성, 저설성, 후설성 그리고 원순성에 따른 단모음의 자질명세표이다.

	ㅣ	ㅔ	ㅐ	ㅟ	ㅚ	ㅡ	ㅓ	ㅏ	ㅜ	ㅗ
고설성	+	-	-	+	-	+	-	-	+	-
저설성	-	-	+	-	-	-	-	+	-	-
후설성	-	-	-	-	-	+	+	+	+	+
원순성	-	-	-	+	+	-	-	-	+	+

이상은 표준발음법에서 인정하는 10개의 단모음에 대해 모두 자질명세를 한 것이다. 변별적 자질은 이분법의 양가적 음운자질이기 때문에 전설모음과 후설모음만 인정하고 중설모음은 인정하지 않는다. 그래서 음성적인 위치로는 후설모음과 차이가 나더라도 중설모음을 모두 [+후설성]을 가지는 것으로 표시한다. 이 경우에도 앞서 제시한 모음과 자음의 공통자질인 순음성과 전설성을 이용하여 다음과 같이 자질명세를 할 수도 있다. 순음성은 원순성과 동일한 자질값을 가지고, 후설성 대신 설정된 전설성은 자질값이 반대로 된다.

	ㅣ	ㅔ	ㅐ	ㅟ	ㅚ	ㅡ	ㅓ	ㅏ	ㅜ	ㅗ
고설성	+	-	-	+	-	+	-	-	+	-
저설성	-	-	+	-	-	-	-	+	-	-
전설성	+	+	+	+	+	-	-	-	-	-
순음성	-	-	-	+	+	-	-	-	+	+

평순반모음 'j'과 원순반모음 'w'의 자질값은 다음과 같다. 비교를 위해 평순의 전설고모음 [i]와 원순의 후설고모음 [u]의 자질명세를 함께 제시하였다.

	j	i	w	u
성절성	-	+	-	+
고설성	+	+	+	+
저설성	-	-	-	-
후설성	-	-	+	+
원순성	-	-	+	+

반모음 'j, w'와 단모음 'i, u'의 자질값을 비교해 보면 성절성에서만 차이가 있음을 알 수 있다.

5.3.4 변별적 자질과 잉여적 자질

한국어에서 비음성은 구강음과 비음을 구별해서 음소들의 대립관계를 확인하게 해주는 변별적 자질(distinctive feature)이다. 따라서 변별적 자질은 음운자질이다. 반면 한국어에서 유성성은 음운론적 대립을 보여주는 자질이 아니기 때문에 변별적 기능을 가지지 못한다. 이러한 자질을 잉여적 자질(redundant feature)이라 한다. 따라서 잉여적 자질은 음성자질이다.

변별적 자질이 음소와 음소를 구별하는 기능을 가지고 있기는 하지만, 한 음소가 가진 변별적 자질들을 모두 표시할 필요는 없다. 그 이유는 자질끼리의 관계로부터 예측이 가능한 자질들이 있기 때문이다. 자질명세 속에 예측가능성인 잉여성(redundancy)이 존재하는 것이다. 예를 들어 [+비음성]은 [+공명성]을 함의하므로 [+비음성]이라는 자질 명세가 있다면 굳이 [+공명성]을 표시할 필요가 없게 된다. 이를 다음과 같은 명제논리적인 함의공식(implicational formula)으로 나타낼 수도 있고 혹은 집합이론으로도 나타낼 수 있다.[16]

[+비음성] ⇒ [+공명성] : [+비음성]이면 항상 [+공명성]이다.
<함의공식>
비음의 집합 ⊂ 공명음의 집합 : 비음의 집합은 공명음의 집합에 포함된다. <집합이론>

이처럼 예측가능한 자질이 잉여자질이다. 어떤 음소의 자질명세를 할 때 필수적인 변별적 자질뿐 아니라 예측가능한 잉여적 자질까지 모두 표시하는 것을 완전명세(full specification)라 하고, 음소의 구별에 필수적인 자질만을 표시하는 것을 부분명세(partial specification)라고 한다. 다음 음소 /ㅂ/에 대한 자질명세를 비교해 보면 그 차이를 확인할 수 있다.

---

[16] 배주채(2018:136-7)에서 인용한 것이다. 이철수(1990:113)에서는 함유(含有)공식이라고 지칭하고 있다.

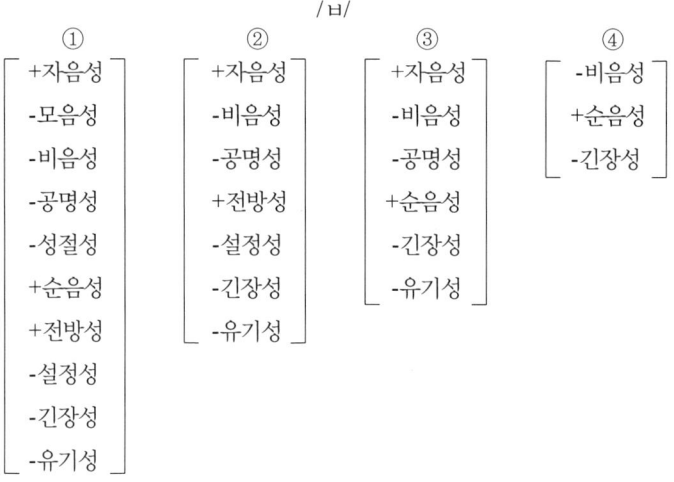

　위의 ①,②,③,④는 모두 음소 /ㅂ/의 자질명세이지만 그 수에 차이가 있음을 확인할 수 있다. ①은 음소 /ㅂ/의 모든 변별적 자질들을 나타낸 완전명세의 경우이고 ②③④는 예측이 가능한 자질들은 생략하고 표시한 부분명세의 경우이다. ②와 ③의 차이는 조음위치 자질을 '전방성, 설정성' 대신 '순음성' 하나만을 선택해 사용한 것에 있다. 사실 모든 잉여적 자질을 제외한 것은 ④의 경우로 음소 /ㅂ/을 변별하기 위한 필수적 자질만 부분명세 한 것이다. 이 경우 [-비음성]만으로 주요부류자질인 [+자음성]과 [-공명성]을 예측할 수 있고 [-긴장성]만으로 [-유기성]을 예측할 수 있기 때문이다.

　이처럼 어떤 음소를 명세하기 위한 필수적 자질이 아니면 잉여적 자질이 되는 것이다. 그러나 음소의 명세에서 필수적인 변별적 자질이 고정되어 있는 것은 아니다. 예를 들어 [긴장성]은 음소 /ㄹ/에 있어서는 잉여적이지만 폐쇄음인 /ㅂ/의 경우에는 다른 유기음이나 경음과 구별하기 위해 필수적인 변별적 자질이 된다. 또한 개별 언어에 따라 변별적 자질과 잉여적 자질은 임의적으로 설정된다. 한국어에서 음운자질이 아닌 음성자질

[+/-유성성]은 언제나 환경에 의해 예측이 가능한 잉여자질이다. 그러나 언어에 따라 변별적 자질과 잉여적 자질의 지위는 달라져서 영어나 일본어의 경우에는 [유성성]이 변별적 자질이 된다.

제6장
변이음과 음운체계

6.1 변이음

각 음소가 어떤 변이음으로 실현되는지를 환경에 따라 기술하는 것을 이음론이라고 한다. 먼저 자음 음소들이 각각 어떤 변이음들로 실현되는지를 환경에 따라 정리해 보도록 하겠다.

/ㅂ/의 변이음 : 어두초성 [p]
비어두초성 [b]
종성 [p˺]
/ㄷ/의 변이음 : 어두초성 [t]
비어두초성 [d]
종성 [t˺]
/ㄱ/의 변이음 : 어두초성 [k]
비어두초성 [g]
종성 [k˺]
/ㅈ/의 변이음 : 어두초성 [ʨ]
비어두초성 [ʥ]

파열음 /ㅂ/,/ㄷ/,/ㄱ/의 변이음들은 실현 환경이 동일하다. 음절의 초성으로 실현되지만 어두와 비어두에서 나타나는 변이음이 달라서 어두초성은 무성음(정확히는 외파음)으로, 공명음 뒤의 비어두초성에서는 유성음으로 나타난다. 종성의 위치에서는 파열음 조음의 마지막 단계인 개방이 없어서 불파음(미파음)으로 나타난다. 반면 /ㅈ/의 경우 어두초성에서는 무성음으로 비어두초성에서는 유성음으로 실현되지만 종성의 위치에는 변이음이 없다. 종성의 위치에서는 불파음 [t̚]으로 실현되기 때문이다.

그러나 파열음과 파찰음의 경음 /ㅃ/,/ㄸ/,/ㄲ/,/ㅉ/과 유기음 /ㅍ/,/ㅌ/,/ㅋ/,/ㅊ/은 환경에 따른 변이음이 존재하지 않는다. 그 이유는 이들이 초성에만 나타나고 어두건 비어두건 모두 무성음으로 실현되며 종성에서는 [p̚],[t̚],[k̚]로 실현되기 때문이다.

마찰음의 변이음은 그 출현 환경이 다소 다르다. 초성으로만 나타나는데 후행하는 모음이 고모음인지 혹은 반모음인지에 따라 조음위치에 따른 변이음이 출현한다. 치조마찰음이 경구개마찰음이라는 변이음을 가지는 것이다.

/ㅅ/,/ㅆ/의 변이음 : /i/와 /j/의 앞 [ʃ], [ʃʼ]
그 외의 환경 [s], [sʼ]

마찰음의 경우 조음위치에 따른 변이음만 나타나는 이유는 이들이 언제나 무성음이기 때문에 어두초성에 오건 공명음 뒤 비어두 초성에 오건 차이가 없기 때문이다. 또한 종성에서는 [t̚]로 실현되어 변이음이 없다.

또 다른 마찰음인 /ㅎ/의 경우 조음음성학적으로 구강 안에서 구체적인 조음 동작이 없기 때문에 후행하는 모음이나 반모음의 조음위치에 따라 다양한 변이음을 실현한다. 배주채(2018:55)에서는 /ㅎ/의 경우 모든 위치에서 [h]로 발음될 수 있기 때문에 /ㅎ/의 변이음들은 다른 필수적인 변이음들과는 달리 수의적인 변이음이라고 보고 있기도 하다.

/ㅎ/의 변이음 : /i/와 /j/의 앞 [ç]
/ɨ/의 앞 [x]
/u/,/y/,/w/의 앞 [ɸ]
비어두초성 [ɦ]
그 외의 환경 [h]

/i/와 /j/의 앞에서는 경구개마찰음 [ç]으로 실현되고 /ɨ/의 앞에서는 연구개마찰음 [x]으로 실현되며 /u/,/y/,/w/의 앞에서는 양순마찰음 [ɸ]으로 실현된다. 공명음 뒤 비어두초성에서는 유성의 성문마찰음 [ɦ]으로 나타나 다른 변이음들이 무성음인 것과 차이를 보인다. 성문마찰음 /ㅎ/도 치조마찰음과 마찬가지로 초성으로만 실현된다.

한국어의 비음 /ㅁ/, /ㄴ/, /ㅇ/ 가운데 변이음의 실현을 보이는 음소는 /ㄴ/뿐이다. /ㅁ/과 /ㅇ/은 각각 [m]과 [ŋ]으로만 나타난다. 반면 /ㄴ/은 조음위치에 따른 변이음을 보인다.

/ㄴ/의 변이음 : /i/와 /j/의 앞 [ɲ]
그 외의 환경 [n]

경구개비음 [ɲ]은 /i/와 /j/의 앞 이외에도 /ㅈ/,/ㅉ/,/ㅊ/과 같은 경구개파찰음이나 '니,냐,녀,뇨,뉴'의 'ㄴ'과 같은 경구개비음 앞에서도 [ɲ]으로 실현된다. 즉 경구개음들 앞에서 조음위치가 경구개로 이동한 변이음으로 등장하는 것이다.

/ㄹ/은 조음위치와 조음방법의 변이를 모두 보인다. 일단 /ㄹ/의 변이음은 크게 탄설음 [ɾ]와 설측음 [l]으로 구분된다. 탄설음은 혀끝이 치조 부위에 살짝 닿았다가 떨어지는 변이음이고 설측음은 혀끝이 치조 부위에 그

대로 닿아 있는 상태에서 기류가 혀의 양 측면으로 흐르는 변이음이다. 학교문법을 통해 널리 알려져 있는 설측음화를 통해 알 수 있듯이 설측음은 종성에서 실현된다. 또한 /ㄹ/이 연속해서 실현되는 경우, 즉 종성의 /ㄹ/과 초성의 /ㄹ/의 연쇄에서는 초성의 /ㄹ/도 탄설음이 아닌 설측음으로 실현된다. 일종의 조음위치 동화인 셈이다.

/ㄹ/ 뒤를 제외한 음절초성의 /ㄹ/은 치조탄설음으로 실현되어 조음위치가 언제나 치조인 반면, 설측음의 경우 후행하는 /i/, /j/와 경구개파찰음 그리고 '리,랴,려,료,류' 앞에서는 경구개설측음으로 실현되고 그 밖의 환경에서는 치조설측음으로 실현된다.

/ㄹ/의 변이음 : 어두초성 [ɾ]
비어두초성 /ㄹ/뒤: /i/,/j/ 앞 [ʎ] ~ 그 외의 환경 [l]
비어두초성 모음 뒤 [ɾ]
종성 /ㅎ/ 앞 [ɾ] ~ 그 외의 환경 [l]

/ㅎ/ 앞에 오는 /ㄹ/은 치조탄설음 [ɾ]로 실현되는 경우가 많지만 치조설측음 [l]로도 실현된다. /ㄹ/은 고유어와 한자어에서는 분포제약이 있어서 어두에 오지 못한다. 그런데 외래어의 영향으로 어두에 /ㄹ/이 오는 경우가 많아졌다. 그런데 이들 외래어의 어두에 오는 /ㄹ/의 발음은 탄설음일 때도 있고 설측음일 때도 있다는 특징이 있어서 자유변이음이라고 할 수 있다.

6.2 상관과 중화

현대 한국어의 자음 음소는 양순음, 치조음, 경구개음, 연구개음, 성문음의 명칭에서 보듯이 조음위치에 따른 음운론적 대립을 보이며, 다른 한편으로 파열음, 파찰음, 마찰음, 비음, 유음에서 보듯이 조음방식에 따른 대립을 보인다. 또한 국어의 파열음 및 파찰음은 평음, 경음, 유기음으로 변별되는 매우 질서정연한 상관관계의 체계를 이루고 있다. 마찰음의 경우 유기음이 결여된 체계이다.

여기서 잠깐 상관관계에 대해 간략히 살펴볼 필요가 있다. 사실 음운론의 논의에서 명확하게 정의되지 않은 채 쓰여 온 상관(correlation)이라는 용어를 이기문 외(2000:111-2)에서는 다음과 같이 정의하였다.

① 상관쌍(correlative pair)
  양면, 비례, 유무 대립의 관계에 있는 두 음소
② 상관표지(mark of correlation)
  표지의 유무에 의해 상관쌍의 두 음소가 구별되는 변별적 특징
③ 상관(correlation)
  동일한 상관 표지를 가진 상관쌍들의 전체

상관은 기본적으로 계열(series)과 서열(order)을 전제로 한다. 동일한 조음방법에 의해 특징지어지는 한 무리의 자음들로서 그들의 차이가 조음위치에만 있을 때 이 한 무리의 자음들은 하나의 상관 계열을 형성한다고 하고, 조음위치가 동일하면서 조음방법에서만 차이를 가지는 한 무리의 자음들은 하나의 상관 서열을 형성한다고 본다. 즉 상관관계는 상관 계열과 상관 서열을 포괄하는 개념이다.

서열	계열		
	p	t	k
	b	d	g
	m	n	ŋ

어떤 음운체계에 존재하는 상관들의 서로 간의 친소관계는 많은 차이가

있다. 친밀한 관계에 있는 두 개 혹은 그 이상의 상관의 항들은 이른바 상관속(相關束, 상관의 묶음, bundle of correlations)을 형성한다. 국어의 파열음과 파찰음은 유기성 상관과 긴장성 상관을 가지고 있으며 이들은 하나의 공통항(평음, [-유기성,-긴장성])을 가진 삼지적(三肢的) 상관속을 다음 그림과 같이 이룬다.

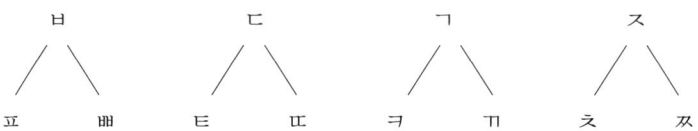

이상의 논의를 통해 한국어 자음의 가장 중요한 특징인 '평음:경음:유기음'의 대립 관계를 잘 보여주는 것이 삼지적 상관속임을 알 수 있다. 같은 장애음인 마찰음의 경우는 '평음:경음'의 대립관계만을 보여주기 때문에 삼지적 상관속을 이룰 수 없다.

한국어 자음체계를 설정함에 있어서 또 한 가지 중요한 개념은 중화(neutralization)이다. 자음 음소의 변이음들을 살피면서 종성의 위치에서 변이음이 없는 음소들을 확인할 수 있었고, 이들 음소가 종성의 위치에 오는 경우 파열음들의 종성에서의 변이음인 [p>],[t>],[k>]로 실현된다는 사실을 확인할 수 있었다. 학교문법에서 끝소리규칙 혹은 말음법칙 등으로 기술된 음운현상으로 음절종성에 오는 경음이나 유기음, 마찰음 등이 /ㅂ/,/ㄷ/,/ㄱ/로 교체하는 현상이다. 조음음성학적으로는 불파화를 하는 것이고 음운론적으로는 평파열음으로 교체하는 것인데, 이를 꽤 오랫동안 학계에서는 중화라 지칭하기도 했다.

변별적으로 기능하던 두 음소가 그 기능을 상실하는 현상을 중화라고 부르고 그런 위치를 중화 위치(position of neutralization)[1]라고 한다. 그리고 이 두 음소에 공통된 변별적 자질의 총체를 원음소(archiphoneme)라고 하며, 중화 위치에서 두 음소의 어느 쪽과도 동일하지 않은 제3의 소리를 원음소의 실현이라고 본다. 중화는 두 음소 사이뿐 아니라 둘 이상의 음소 사이에서도 등장할 수 있다.

이러한 개념은 유럽의 프라그(Prague) 학파에서 처음 세운 개념이지만 미국의 구조구의나 이후의 생성음운론 등에서도 쟁점이 되었던 중요한 개념이다. 다음의 예들을 통해 중화와 원음소의 개념을 확인해 보겠다.

① im-possible
② in-determinate
③ in-congruous

'not'이라는 의미를 가진 형태소의 이형태들로 ①은 [im], ②는 [in] ③은 [iŋ]의 세 가지로 실현된다. 프라그 학파에서는 이 현상을 중화와 원음소로 설명한다. 이들 세 이형태는 'iN'에서 비롯된 것으로 이때의 'N'은 원음소가 된다. 원음소 'N'은 [m],[n],[ŋ]의 공통자질로 이 위치에서 세 분절음은 변별적 기능을 가지지 못하였기 때문에 나타난 것이다. 즉 원음소 'N'의 자질명세는 세 분절음의 공통자질인 [+cons, +nas]로만 규정되어 있어서 뒤따르는 장애음에 따라 동일한 조음위치의 비음으로 동화된다고 본다.

그런데 생성음운론에서는 이와 같은 원음소 개념을 수용하지 않았다. 무엇보다 모든 분절음이 변별적 자질로 완전히 명세가 되어야 한다고 보는 생성음운론 이론의 대전제에 모순이 되기 때문이다. 또한 ①②③의 예들과 달리 'inability'처럼 모음이 뒤따르는 경우 이 형태소의 원래의 모

---

1 중화 위치와는 달리 음운대립이 그 가치를 유지하는 위치를 변별 위치라고 부른다.

습이 왜 [iŋ]인지를 원음소의 개념으로는 설명하기 어려운 문제도 있다. 반면 생성음운론에서는 기저형을 /in/으로 설정하고 변별적 자질을 이용한 규칙을 통해 세 가지 이형태의 표면형들을 도출할 수 있다고 보았다.

한국어의 경우를 살펴보면 다음과 같은 예들이 중화의 예로 다루어졌던 대표적인 경우로 음절말 중화라고 불러왔다.

낫/nas/   낮/nač/   낯/nač^h/   낟/nat/   낱/nat^h/

이들 형태소는 모음이 뒤따르는 경우에는 음절말음 즉 종성의 음가가 드러나지만 자음이 뒤따라오거나 어말(휴지 앞)에서는 '모든 종성들이 중화되어 /낟/으로 바뀐다'라고 기술하였다. 그러나 음성적으로 불파음화에 기인하는 이러한 한국어의 특성이 과연 중화에 해당하는가 하는 의문이 생겼고 중화가 아닌 불완전분포로 기술하는 것이 더 적절하다는 입장도 나왔다.

배주채(2018:51-2)에서는 음절말 종성의 /ㅂ/,/ㅃ/,/ㅍ/이 /ㅂ/으로 중화되었다고 보려면 [p>]이 공통 변이음이라는 뜻이므로, 이는 [p>]을 평음 /ㅂ/의 한 변이음으로 기술하고 있는 국어학의 일반적인 입장과 모순된다고 보았다. 즉 변이음의 기술에서 /ㅂ/만의 변이음으로 [p>]를 설정하였기 때문에 이렇게 보면 /ㅂ/,/ㅃ/,/ㅍ/이 종성에서 중화된다고 할 수 없다는 것이다. 따라서 어떤 음소의 경우에는 일부의 환경에서 출현하지 않는, 일종의 분포제약을 가지고 있는 불완전분포(defective distribution)를 보인다고 설명하는 것이 더 타당하다는 주장을 하였다. 다음은 두 가지 입장의 차이를 정리해 본 것이다.

① 중화로 기술하는 입장
 /ㅂ/,/ㅃ/,/ㅍ/은 종성에서 /ㅂ/ 즉 [p>]으로 중화한다.

이는 세 음소가 종성의 변이음 [p̚]를 공통으로 하고 있음을 의미
　　한다.
　　따라서 이 위치에서 세 음소는 변별되지 않는다.
② 불완전분포로 기술하는 입장
　　변이음 [p̚]는 음소 /ㅂ/의 변이음일 뿐이다.
　　음소 /ㅃ/과 /ㅍ/은 음절 종성의 위치에 나타나지 않는 불완전분
　　포를 보이는 음소이다.

　사실 중화라는 개념에서 문제가 되는 것은 중화 자체보다 원음소라는 개념이 지니는 추상성이었다. 음절말 중화라는 개념을 일반적으로 쓰던 시절에도 원음소라는 개념은 쉽게 수용되지 못했다. 그렇다고 불완전분포로의 해석이 음성적 불파음화를 음운론적으로 타당하게 설명해 주는 것 같지는 않다. 이 현상에 대해 배주채(1989, 1992)에서 제안한 평폐쇄음화나 평파열음화라는 용어가 좀더 많이 쓰이고 있다.[2]

6.3 자음체계

　현대 한국어의 자음 음소목록을 보여주는 자음체계는 다음 표와 같다. 모두 19개의 자음 음소가 존재한다. 음소이기 때문에 한글로 전사하였다. 앞서 살펴본 음성체계는 변이음들을 포함하여 한국어 자음 음성 31개의 음성체계이다.

---

[2] 김무림 외(2012:404)에서는 평폐쇄음화나 평파열음화라는 용어보다는 불파음화라는 용어를 사용하는 것이 더 타당하다고 보았다. 음성적으로 개방을 하지 않는 상태를 나타내는 것이므로 불파음화라는 용어가 타당하다는 것이다. 그런데 불파음화는 음성적인 용어이고 평폐쇄음화는 음운론적인 용어라는 차이가 있기 때문에 음운체계나 음운과정의 기술을 위해서는 불파음화라는 용어보다는 평폐쇄음화(평파열음화)가 더 적절해 보인다.

한국어의 자음 음소체계

조음방법		조음위치	양순음	치조음	경구개음	연구개음	성문음
장애음	파열음	평음	ㅂ	ㄷ		ㄱ	
		경음	ㅃ	ㄸ		ㄲ	
		유기음	ㅍ	ㅌ		ㅋ	
	파찰음	평음			ㅈ		
		경음			ㅉ		
		유기음			ㅊ		
	마찰음	평음		ㅅ			
		경음		ㅆ			
		유기음					ㅎ
공명음		비음	ㅁ	ㄴ		ㅇ	
		유음		ㄹ			

한국어 파열음의 경우 음절초성에서는 외파음[3]으로 실현되고 음절종성에서는 불파음으로 실현됨을 보았다. 국어의 음절말 불파음화 현상은 국어의 특징적인 속성으로 영어나 프랑스어 등의 경우 음절말에서도 외파음으로 실현되어 차이를 보인다.

음절말에서의 불파음화는 고대국어로부터 지속적으로 이루어진 통시적 변화과정으로 훈민정음 창제 당시인 15세기에는 8개의 종성(/ㅂ,ㄷ,ㄱ,ㅅ,ㅁ,ㄴ,ㆁ,ㄹ/)이 변별되다가 현대국어에 이르러 7개의 종성(/ㅂ,ㄷ,ㄱ,ㅁ,ㄴ,ㅇ,ㄹ/)만이 변별되고 있다. 불파음화는 파열음을 음절말음으로 하는 여러 언어에서 발견되기는 하지만 국어와 같이 마찰음까지 불파음화 하는 경우는 드물다. 왜냐하면 마찰음은 기본적으로 지속성을 가지고 있는 음소이기 때문에 개방이 아예 없어진다는 것이 쉽지 않기 때문이다. 15세기 중세국어에서는 음절말에서 마찰음 /ㅅ/과 파열음/ㄷ/이 서로 대립하고 있

---

3 외파음의 경우 정확한 음성기호는 [p<][t<][k<]로 표시해야 하지만 편의상 [<] 기호를 생략하고 있다.

었다는 사실도 그 근거가 된다. 또 파찰음의 경우는 음절말에서 [t̚]로 실현됨으로써, 조음방법뿐 아니라 경구개 위치에서 치조 위치로 조음위치의 이동까지 있는 경우라 더욱 특별하다고 할 수 있다.

 치조마찰음 /ㅅ/,/ㅆ/과 경구개파찰음 /ㅈ/,/ㅉ/,/ㅊ/을 아울러 치찰음(strident 혹은 sibilant)이라고 부른다. 이들을 발음할 때 혀와 치조 혹은 혀와 경구개 사이의 좁은 틈을 통과한 빠른 기류가 윗니 뒤쪽에 부딪혀 소음이 생기기 때문에 소음성 혹은 치찰성, 조찰성이 있는 음소로 기술한다. 그런데 이 자질은 [sonorant], [grave]와 함께 현대 한국어 음운론의 기술에서 일반적으로 사용하고 있는 대표적인 음향자질이다.

 비음 /ㅁ/,/ㄴ/,/ㅇ/은 공명음으로 모두 유성음이다. 양순비음/ㅁ/과 치조비음/ㄴ/은 초성과 종성으로 실현되지만 연구개비음/ㅇ/은 종성으로만 실현되는 분포상의 제약이 있다. 언어에 따라 변이음으로 비모음이 나타날 수는 있지만 한국어의 경우 비모음은 없다. 비모음을 가지고 있는 대표적인 언어는 불어로 이 경우에는 모음과 비모음의 음운론적 대립관계가 있는 것이다.

 유음 /ㄹ/은 조음위치와 조음기관의 접촉이 매우 적어 공기의 흐름이 비교적 자유로워서 모음과 가장 비슷한 자음이다. 역시 공명음이자 유성음인 비음과 비슷한 특성을 가지고 있지만 비음보다 좀더 모음적 속성을 가지고 있어 [+자음성][+모음성]의 자질 특성을 가지고 있다. 공명자음들 가운데 비음과 유음의 차이를 설명하는 기준 가운데 하나가 음운론적 강도(phonological strength)이다. 분절음들 간의 비교를 통해 상대적인 강도 차이를 보여주는 것이 음운론적 강도이다. 자음은 자음성이 강할수록, 모음은 모음성이 강할수록 음운론적 강도가 크다. 자음과 모음의 음운론적 강도는 다음과 같다.

① 자음의 음운론적 강도
　유기음·경음 > 평음 > 비음 > 유음[4]
　파열음·파찰음 > 마찰음
② 모음의 음운론적 강도
　저모음 > 중모음 > 고모음 > 반모음

유기음과 경음의 음운론적 강도는 거의 같은 것으로 보인다. 평음에 비해 음운론적 강도가 큰 이유는 유성음들(모음이나 공명자음) 사이에서 유성음화를 하지 않는다는 사실을 통해서 확인할 수 있다. 즉 언제나 무성음으로 실현됨으로써 기류의 장애를 보이는 자음의 전형적인 속성을 늘 유지하고 있다. 비음이 유음보다 음운론적 강도가 큰 이유는 비음의 조음을 위해서 구강의 폐쇄가 있기 때문이다. 즉 구강 내 기류의 장애라는 전형적인 자음의 속성을 가지고 있어서 유음에 비해 음운론적 강도가 크다. 반면 유음의 경우 기류의 흐름이 막힘없이 지속되기 때문에 상대적으로 순수자음의 속성이 약해 비음에 비해 음운론적 강도가 약한 것이다. 장애음들 가운데 마찰음이 가장 음운론적 강도가 약한 이유도 파열음이나 파찰음에 비해 상대적으로 기류의 장애가 약하기 때문이다. 모음은 공명도가 클수록 음운론적 강도가 큰데 개구도가 큰 저모음이 가장 음운론적 강도가 크다. 반모음은 모음의 특성을 잃었기 때문에 가장 음운론적 강도가 약한 것이다.

유음은 조음방식에 따라 탄설음과 설측음이라는 변이음을 갖는데, '라면, 런던'과 같은 외래어의 경우 탄설음 혹은 설측음으로 자유롭게 실현된다. 어두에 오는 유음은 모두 외래어인데 고유어의 경우 /ㄹ/로 시작하는

---

[4] 비음과 유음의 음운론적 강도를 거의 같은 것으로 보기도 한다.

단어나 형태소가 없기 때문에 한국어 화자들이 외래어의 경우 자유변이음으로 실현하는 것으로 보인다. 그러나 탄설음이든 설측음이든 음성적인 차이이기 때문에 한국어 화자는 스스로 그 발음의 차이를 인지하지도 못하고 청자 역시 변별하여 듣지 못한다.

끝으로 한국어 자음의 음성체계와 음소체계에서 'ㅎ'은 과연 평음인지 유기음인지 확인해 보아야 한다. 'ㅎ'을 평음으로 보는 입장은 다른 유기음과 비교했을 때 유기성이 상대적으로 약하다는 점에 근거하고 있다. 그리고 파열음이나 파찰음과는 달리 마찰음의 경우 평음, 경음, 유기음의 삼지적 대립을 가지고 있지 않다는 점에서, 평음이 없고 유기음과 경음(ㅅ, ㅆ)[5]만 있다거나 유기음(ㅎ)만 있다고 보는 것이 음운체계의 측면에서 자연스럽지 못하다고 본 것이다. 특히 'ㅎ'은 유성음화를 하는 까닭에 음성학적으로는 평음으로 보는 것이 더 타당하다고 본 것이다.

반면 'ㅎ'을 유기음으로 보는 입장은 유기음화라는 음운과정의 존재에 근거를 두고 있다. 즉 평음인 'ㅂ, ㄷ, ㄱ, ㅈ'이 'ㅎ'을 만나면 두 자음이 축약되어 'ㅍ, ㅌ, ㅋ, ㅊ'으로 실현된다. 'ㅎ'의 유기성이 음성적으로는 약하더라도 음운론적으로는 유기음으로 인식되는 것이다. 늘 이야기하지만 발화의 물리적 산출과 그에 대한 인식은 언제나 일치하는 것은 아니기 때문이다. 훈민정음 창제 당시에 'ㅎ'이 지금의 유기음에 해당하는 차청(次淸)으로 분류되었다는 사실도 음운론적으로 유기음으로 분류하는 데 중요한 역할을 하였다.

---

[5] 앞서 언급한 바 있지만 치조마찰음 'ㅅ'의 경우 다른 장애음의 평음에 비해 유기성이 크다. 그렇기 때문에 유성음화도 실현되지 않는 것이다. 그래도 국어 음운체계에서는 치조마찰음이 평음과 경음만 있는 것으로 기술하고 있다. 왜냐하면 'ㅅ'이 유기성이 있다고 해고 유기음이 아닌 평음으로 기술하는 것이 음운체계 상 안정적이라고 본 것이다. 평음은 없고 유기음과 경음만 있는 장애음의 체계가 자연스럽지 못하다고 본 것이다.

사실 조음음성학적으로 보면 'ㅎ'은 성문음(후두음)이기 때문에 구강 내에서 자음으로서의 독자적인 조음 동작은 없다. 이는 후행하는 모음의 조음 동작(혀의 고저, 혀의 전후, 원순성)에 무성성만이 실현되는 것으로 볼 수도 있다. 즉 유성음인 모음을 무성으로 발음하면 'ㅎ'의 여러 변이음들이 실현되는 것이다. 그래서 'ㅎ'을 무성의 모음이라고도 한다.

3.1.2에서 제시한 한국어의 자음 음성체계에서는 'ㅎ'을 평음으로 제시했지만 자음 음소체계에서는 'ㅎ'을 유기음으로 제시한 이유는, 음성적인 산출의 특성과 이 분절음에 대한 음운론적 인식이 차이가 난다고 보기 때문이다. 물론 'ㅎ'을 음운론적으로도 평음으로 보면 치조마찰음을 포함하여 마찰음 계열은 아예 유기음이 없다고 볼 수 있는 장점이 있다.

6.4 모음체계

모음은 자음에 비해 조음의 실현 영역이 훨씬 넓고 또 그 경계가 명확하지 않다. 그렇기 때문에 자음과는 달리 기준짐이 되는 기본모음체계(Cardinal Vowel System)를 제시하는 것이기도 하다. 그러다 보니 모음의 변이음에 대한 언급이 음운론의 논의에서 많이 보이지는 않는다. 주로 인접한 자음들의 조음방법에 영향을 받는데 비자음 /ㅁ/,/ㄴ/,/ㅇ/의 앞과 뒤에서 모음들이 비모음화 한다든지, 유기음 /ㅍ/,/ㅌ/,/ㅋ/,/ㅊ/과 마찰음 /ㅅ/,/ㅆ/,/ㅎ/ 뒤에서 고모음들(ㅣ,ㅡ,ㅜ,ㅟ)이 무성음화 한다든지 하는 경우가 대표적이다.[6] 또한 중부방언의 노년층의 경우 /ㅓ/의 두 변이음 [ə]

---

6 무성모음 앞에 오는 자음들은 유기음과 마찰음들인데 공통적으로 조음을 할 때 공기의 방출이 많아서 성대의 진동이 일어나지 않은 것으로 본다. 여기서 치조마찰음 /ㅅ/,/ㅆ/이 다른 장애음의 평음이나 경음과 다르다는 것을 알 수 있다. 성문마찰음 /ㅎ/의 경우 유기음으로 볼 수 있는 근거가 될 수 있다.

와 [ʌ]를 구별하고 있다. 즉 어두에서 단음일 때 [ʌ]로 나타나고 비어두에서 장음일 때 [ə]로 나타난다.

모음체계를 말할 때에는 전설모음·중설모음·후설모음 등과 같은 혀의 전후 위치의 대립을 계열(series), 고모음·중모음·저모음과 같은 혀의 높이의 대립을 서열(drder)이라고 말하기도 한다. 앞에서 살펴본 모음의 음성체계와는 달리 혀의 높낮이는 [고설성][저설성]에 의해서 구분되기 때문에 고모음, 중모음, 저모음의 변별만이 있게 된다. 혀의 전후 위치도 [후설성]만 설정되어 전설모음과 후설모음의 변별만 있게 된다.

즉 음성체계에서는 중설모음 [ə]와 후설모음 [ʌ]를 구별하지만 음운체계에서는 후설모음으로 보고, 역시 중설모음인 [ɨ]와 후설모음인 [ɯ]을 구별하지 않고 후설모음으로 보는 것이다. 이는 양분법적인 자질체계에 근거한 까닭도 있지만 한국어에서 음운론적으로는 중설과 후설의 위치 차이가 크지 않아 변별적이지 않다는 사실에 근거하고 있다. 마지막으로 [원순성]에 의해 원순모음과 평순모음으로 변별이 된다.[7] 다음은 현대 한국어의 단모음의 음소목록으로 표준어 10모음체계이다. 모음의 음소 수가 가장 많은 최대 모음체계이다.

한국어의 모음 음소체계 Ⓐ

혀의 전후위치 혀의 높낮이	입술모양	전설모음		후설모음	
		평순모음	원순모음	평순모음	원순모음
고모음		ㅣ	ㅟ	ㅡ	ㅜ
중모음		ㅔ	ㅚ	ㅓ	ㅗ
저모음		ㅐ		ㅏ	

이 모음체계는 전설모음 5개, 후설모음 5개로 대칭적이고 안정적인 체

---

7 평순모음은 장순모음이라고도 한다.

계를 보이고 있다. 그런데 앞서 언급한 대로 모음의 경우 그 조음의 실현 영역이 넓고 경계가 애매하다보니 국어의 모음체계는 자음체계와는 달리 각 방언에 따라 그리고 세대에 따라 차이를 보여준다. 위의 10모음체계를 가장 분명히 보여주는 경우는 중부방언과 서남방언의 노년층의 모음체계이다. 이 체계에는 전설의 원순단모음 /ㅟ/와 /ㅚ/가 분명히 존재한다.

그러나 다음의 모음체계에서는 전설의 원순단모음을 확인할 수 없다. 표준어에서 허용하는 8개의 음소목록을 가진 모음체계이다.

한국어의 모음 음소체계 ⓑ

혀의 전후위치 혀의 높낮이	입술모양	전설모음	후설모음	
		평순모음	평순모음	원순모음
고모음		ㅣ	ㅡ	ㅜ
중모음		ㅔ	ㅓ	ㅗ
저모음		ㅐ	ㅏ	

이 모음체계는 /ㅟ/와 /ㅚ/를 원순계 이중모음으로 발음하는 것을 허용함으로써 단모음이 8개인 모음체계가 되는 것이다. 이 체계는 중부방언과 서남방언의 장년층 일부와 북한방언의 장년층에만 남아 있다. 8모음체계는 10모음체계에 비해 덜 대칭적인 체계라고 할 수 있다.

중부방언과 서남방언의 노년층과 북한방언에서는 평순의 전설저모음인 /ㅐ/가 음소로서 명확히 존재하고 있다. 그러나 현대 한국어의 대표적인 모음 음소체계라고 할 수 있는 7모음체계는 평순의 전설모음으로 /ㅣ/와 /ㅔ/만을 구별하고 있다. 중부방언의 젊은 세대는 이미 전설의 원순단모음 /위/와 /외/를 각각 이중모음 [wi]와 [wE]로 발음하고 있고,[8] 또한 /에/와

---

[8] 'ㅚ'를 단모음이 아닌 원순계 이중모음으로 발음하는 경우 /e/와 /ɛ/의 음역이 합류한 [wE]로 발음되기도 하지만 [we]나 [wɛ]로도 실현된다.

/애/의 구별을 상실한 것으로 보고 있다. 이러한 현실을 반영한 7개의 모음 음소체계를 제시해 보면 다음과 같다.

한국어의 모음 음소체계 ⓒ

혀의 전후위치	전설모음	후설모음	
입술모양 혀의 높낮이	평순모음	평순모음	원순모음
고모음	ㅣ	ㅡ	ㅜ
중모음	ㅔ	ㅓ	ㅗ
저모음		ㅏ	

7모음체계는 8모음체계에 비하면 대칭적인 체계의 모습을 보여준다. 다음에서 볼 수 있는 동남방언의 체계도 균형 잡힌 대칭의 모습을 보여주고 있다. 중부방언이나 서남방언과는 달리 동남방언의 경우에는 /으/와 /어/가 대립을 상실하여 다음과 같은 6개의 음소목록을 가진 모음체계를 가진 것으로 보고 있다.

한국어의 모음 음소체계 ⓓ

혀의 전후위치	전설모음	후설모음	
입술모양 혀의 높낮이	평순모음	평순모음	원순모음
고모음	ㅣ		ㅜ
중모음	ㅔ	ㅓ	ㅗ
저모음		ㅏ	

또 다른 6개의 단모음 음소체계는 북한 방언에 보이는데 /ㅣ/,/ㅔ/,/ㅐ/,/ㅜ/,/ㅗ/,/ㅏ/를 가지고 있는 것으로 보고 있다. 북한의 표준어에서는 8모음체계를 인정하고 있지만 젊은 세대는 /ㅡ/와 /ㅜ/가 합류하고 /ㅓ/와 /ㅗ/가 합류한 6모음체계를 사용하는 것으로 보인다.

이상의 논의를 통해 전반적으로 현대국어의 모음체계는 다소 음소목록의 차이는 있다 하더라도 10모음체계를 제외하면 3계열 3서열의 체계라고 할 수 있을 것이다. 즉 전설의 평순모음, 후설의 평순모음, 후설의 원순모음이라는 계열과 고모음, 중모음, 저모음이라는 서열을 갖고 있는 것으로 기술할 수 있다. 이상에서 언급한 현대 한국어의 모음 음소체계가 가지고 있는 특징들을 정리해 보면 다음과 같다.

① 표준어의 원칙발음인 10모음체계는 중부방언의 노년층과 서남방언의 노년층에만 남아 있다.
② 표준어의 허용발음인 8모음체계는 중부방언과 서남방언의 장년층 일부와 북한방언 장년층 이상 세대에 남아있다.
③ 중앙어에서 대개의 경우 /ㅔ/와 /ㅐ/의 합류가 실현되어 7모음체계를 보인다.
④ 동남방언이나 북한의 젊은 세대는 6모음체계를 실현하고 있다.

/ㅔ/와 /ㅐ/가 합류한 경우 그 발음은 음운론적으로 /ㅔ/로 보는데 그 이유는 /ㅐ/로 보는 경우 /ㅔ/자리가 비어 있게 되어 체계가 비대칭적으로 보이기 때문이다. 음운체계는 기본적으로 양분법적인 변별적 자질에 근거하고 있기 때문에 체계의 균형을 중요시한다. 이는 동남방언의 /ㅡ/와 /ㅓ/의 경우에도 평행적이어서 빈칸으로 인한 비대칭성을 피하기 위해 /ㅓ/를 음운체계에 설정하고 있다. 그러나 실제로는 /ㅔ/와 /ㅐ/의 중간음역으로, /ㅡ/와 /ㅓ/의 중간음역으로 합류되어 발음되는 것으로 보고 있다.

사실 한국어의 모음의 개수는 적은 편이 아니다. 가장 보편적인 모음, 즉 무표적인 모음은 /i/,/a/,/u/이다. 단모음의 수가 가장 적은 언어의 경우 /i/,/a/,/u/를 가지고 있고 아랍어가 그에 해당한다. 그러나 아랍어의 경우 /i://a://u:/와 같은 장모음과 /aj//aw/와 같은 이중모음 역시 가지고 있다. 단모음 수가 4개 이상일 때 이 세 모음에 다른 단모음을 추가하는 체계가 된다. 언어보편적으로 가장 보편적인 단모음의 체계는 5개의 모음을 음소로 가지고 있는 체계로 대개의 경우 /i/,/e/,/a/,/u/,/o/를 가진다. 일본어, 스페인어, 라틴어 등이 대표적인 5모음체계이다.

6.5 이중모음체계

국어에는 이상의 단모음 이외에 반모음 음소로 /j/와 /w/가 존재하며, 이들이 단모음과 결합하여 만들어진 여러 종류의 이중모음들이 있다. 단모음과 이중모음을 조음하는 데는 차이가 있다. 단모음은 혀와 입술이 정지한 상태에서 조음되고 이중모음은 혀나 입술이 움직이면서 조음된다. 단모음과 이중모음은 분절음 차원에서도 차이가 있다. 단모음은 분절음 하나로 구성되지만 이중모음은 분절음 두 개로 구성되어 있다. 분절음 각각의 조음을 위해 음성기관의 모양이 서로 달라지기 때문에 이중모음은 음성기관을 움직이면서 발음하게 된다. 다음은 이중모음의 분절음적 구조이다.

  -상향(상승) 이중모음 ⇒ 반모음 + 단모음
  -하향(하강) 이중모음 ⇒ 단모음 + 반모음

한국어의 반모음은 음소로서 평순반모음 /j/[9]과 원순반모음 /w/만이 존재한다. 반모음 /j/와 /w/는 음성기관이 정지한 상태에서 발음되는 소리가 아니다. /j/는 혀가 /i/를 발음하는 위치에서 출발하여 후행하는 단모음을 발음하는 위치로 움직이게 된다. /w/는 입술이 /u/나 /o/를 발음하는 것처럼 둥글게 오므라진 상태에서 시작하여 입술이 완전히 펴질 때까지 움직이게 된다. 단모음이 음절의 핵모음이기 때문에 반모음이 앞에 오는 경우

---

9 알파벳 이름인 '제이'라고 읽지 않고 'yod(요드)'라고 읽는다.

상향이중모음이 되고 반모음이 뒤에 오는 경우 하향 이중모음이 된다.

반모음의 변이음은 원순반모음인 /w/에서 나타나는데 전설고모음 /i/ 앞에서 원순의 전설반모음 /ɥ/로 실현된다. 즉 음운론적으로는 /wi/이지만 음성적으로는 변이음이 실현되어 [ɥi]로 발음되는 것이다. 그리고 고모음들처럼 반모음 /j/와 /w/도 유기음 /ㅍ/,/ㅌ/,/ㅋ/,/ㅊ/와 마찰음 /ㅅ/,/ㅆ/,/ㅎ/ 뒤에서 무성음으로 실현되는 경우가 있다. 다음은 현대 한국어에서 나타나는 이중모음의 음소체계이다.

한국어의 이중모음 음소체계

혀의 전후위치 반모음계열 혀의 높낮이	전설모음		후설모음	
	j계	w계	j계	w계
고모음		ㅟ	ㅢ	ㅠ
중모음	ㅖ	ㅞ	ㅕ	ㅛ	ㅝ
저모음	ㅒ	ㅙ	ㅑ	ㅘ

'j' 계 상향이중모음 즉 평순계 상향이중모음들 가운데 /ㅖ/와 /ㅒ/는 현실적으로 변별이 잘 되지 않는다. 표준어에서는 /ㅑ,ㅕ,ㅛ,ㅠ,ㅒ,ㅖ/를 모두 인정하지만 현실적으로는 /ㅑ,ㅕ,ㅛ,ㅠ,ㅖ/만이 실현된다. 이중모음은 단모음을 바탕으로 이루어지므로 단모음 /ㅔ/와 /ㅐ/가 변별력을 갖지 못하므로 이중모음 /ㅖ/와 /ㅒ/ 역시 구별되지 못하는 것이다.

'w' 계 상향이중모음 즉 원순계 상향이중모음들 가운데 표준어에서는 /ㅘ, ㅝ, ㅙ, ㅞ, ㅟ/를 모두 인정하지만 현실적으로는 /ㅘ, ㅝ, ㅞ, ㅟ/만이 구별된다. 이중모음은 단모음을 바탕으로 이루어지므로 단모음의 /ㅔ/와 /ㅐ/가 구별되지 못하므로 이중모음 역시 /ㅞ/와 /ㅙ/의 구별이 안 되는 것이다. 'ㅟ'의 경우 원순계 상향이중모음일 때는 /wi/이지만 표준발음 10모음체계에서는 전설의 원순단모음 /y/으로 실현된다. 'ㅚ/ø/'의 경우 표준어의 10모음체계에서는 역시 전설의 원순단모음이지만 이중모음으로 발음하는 경우 /wE/로 발음되어 현실발음에서는 /ㅚ, ㅞ, ㅙ/가 구별되지 않는 경우가 더 많다. 다음은 단모음 체계에 따라 달라지는 이중모음 체계의 양상이다.

① 표준발음 10모음체계에서의 이중모음
　ㅑ ㅒ ㅕ ㅖ ㅛ ㅠ ㅘ ㅙ ㅝ ㅞ ㅢ <11개>
② 표준발음 8모음체계에서의 이중모음
　ㅑ ㅒ ㅕ ㅖ ㅛ ㅠ ㅘ ㅙ ㅝ ㅞ ㅢ ㅟ <12개>
③ 현실발음 7모음체계에서의 이중모음
　ㅑ ㅕ ㅖ ㅛ ㅠ ㅘ ㅝ ㅞ ㅢ ㅟ <10개>

<현대국어의 하향 이중모음>

이중모음 가운데 반모음이 후행하는 경우를 하향 이중모음이라 한다. 중세국어에는 현대국어와 달리 하향 이중모음이 많았는데, 현대국어에서 전설단모음으로 발음되는 /ㅐ, ㅔ, ㅚ, ㅟ/ 등이 다음과 같이 모두 'j' 계 하향 이중모음이었다. 문자의 제자과정에 따르면 이들이 하향 이중모음이었음을 확인할 수 있다.

　　ㅐ/aj/　　ㅔ/əj/　　ㅚ/oj/　　ㅟ/uj/

이들 하향 이중모음들은 근대국어 시기 이후 모두 전설단모음으로 변화하였고 현대 한국어에는 'ㅢ/ij/'만이 남게 되었다. 그러다 보니 현대국어에서 유일한 하향 이중모음으로서 구조적인 압력을 받게 되었다. 그래서 음소로서 불안정한 지위를 가지게 되어 현실의 발음에서는 다른 단모음으로 실현되기도 한다. 어두의 'ㅢ'는 표준발음은 [의]이지만 현실음에서는 [으]로도 발음된다. 비어두의 '의' 가운데 관형격조사의 경우 표준발음은

[의] 혹은 [에]이지만, 현실음에서는 대개의 경우 [에]로 발음한다. 또한 관형격조사가 아닌 비어두의 'ㅢ'는 표준발음에서는 [의] 혹은 [이]이지만, 현실음에서는 [이]로 발음한다.

그런데 'ㅢ'를 상향이중모음으로 보는 입장이 있다. 'ㅢ'가 현대국어에서 유일한 하향 이중모음이다 보니 체계의 불안정성을 고려하여 상향이중모음으로 보려는 입장이다. 즉 단모음 'ㅡ'와 'ㅣ' 가운데 어느 쪽이 성절성을 상실하고 반모음이 되느냐에 따르는 문제인데, 아직은 'ㅣ'가 성절성을 잃고 반모음 'j'로 실현되는 것으로 보는 입장이 일반적이긴 하다. 그렇지 않은 경우 'ㅡ'가 성절성을 잃어 반모음이 된다고 보는 것인데, /ㅡ/가 성절성을 잃으면 반모음 /ɰ/가 되므로 'ㅢ'는 'ɰ' 계 상향이중모음이 되는 것이다.[10] 이렇게 보면 현대국어에는 하향 이중모음이 아예 없는 것이 되지만, 유일한 'ɰ' 계 상향이중모음을 설정하는 것이기도 해서 이 역시 그다지 자연스럽지는 못하다. 아예 두 개의 단모음 'ㅡ'와 'ㅣ'의 결합으로 보는 경우도 있는데 이는 이중모음의 정의를 다시 해야 하는 문제가 생긴다. 즉 이중모음을 단모음과 반모음의 구성으로 보는 지금의 이중모음에 대한 정의에 수정이 필요한 것이다.

그리고 자음과 'j' 계 상향이중모음의 연결에는 제약이 존재한다. 즉 파찰음 'ㅈ, ㅊ, ㅉ' 뒤에 'j' 계 상향이중모음이 연결되면 'j'를 빼고 단모음만 발음되는 것이다. 즉 '져, 쳐, 쪄'의 표기만을 보면 파찰음 뒤에 평순계 반모음이 실현되는 것으로 되어 있지만 실제 발음은 [저,처,쩌]인 것이다. 훈민정음이 창제된 중세국어에서는 파찰음들이 치음(혹은 치조음)이었기 때문에 뒤따르는 반모음 'j'의 조음위치인 경구개와 잘 변별되어서 그 발

---

10 이때의 'ㅡ'는 [ɨ]가 아니라 [ɯ]이다. [ɯ]가 성절성을 잃어 반모음이 되면 [ɰ]가 된다.

음이 반영된 표기였던 것이다. 그런데 근대국어 시기에 이르러 파찰음들의 조음위치가 치조에서 경구개로 이동함으로써 인접한 두 분절음들이 동일한 조음위치에서 발음이 되어 변별력이 사라진 것이다. 결과적으로 현대 한국어에서 한글 자모대로 발음되지 않는 표기 가운데 하나가 된 셈이다. 그러나 외래어 표기법에서는 파찰음 뒤에서 평순계 반모음들이 실현되지 않는 현실발음을 반영하여 '잔다르크, 텔레비전, 주스, 차트, 초콜릿'과 같이 표기하도록 원칙을 정하였다.

제7장
음절

7.1 음절의 개념

 음운론의 단위 가운데 화자들의 인식 대상으로 가장 명확한 것은 음절일 것이다. 특히 한국어를 모국어로 하는 화자들에게는 음절의 개념이 더욱 명확하다. 우리가 '당신 이름 몇 음절이냐'는 질문을 받았을 때 대부분 3음절(혹은 2음절, 4음절)이라고 대답할 수 있다는 점을 상기해 볼 필요가 있다. 특히 한글은 음절 단위로 모아쓰는 훈민정음 해례의 성음법에 따라 표기를 하고 있기에 더욱 그러하다.
 음절(syllable)은 분절음보다 큰 음성 단위로 발화의 최소단위이다. 분절음 가운데 자음이나 반모음은 단독으로 발음할 수가 없다. 자음의 영어 표현 'consonant'를 보면 '더불어' 혹은 '함께'라는 의미를 가진 접두사 'con'에 공명음(유성음)의 의미인 'sonant'이 결합한 것이다. 즉 공명성을 가진 분절음 즉 모음과 함께여야 하는 분절음이라는 뜻이다. 반모음 역시 semi-vowel로 절반만 모음이라는 뜻이다. 결국 자음과 반모음은 모음이 있어야만 하나의 발화 단위가 된다는 의미이다.[1]

순수한 음성학적, 음운론적 단위로 가장 큰 것이 음절로, 음절이 이어지면 단어, 문장 그리고 어절이나 발화와 같은 더 큰 단위가 되는데 이들 음절 이상의 단위는 문법론이나 의미론 혹은 화용론과 관련된다.

7.2 음절의 구조

음절을 직접 이루는 요소는 음절성분이다. 음절성분에는 초성, 중성, 종성이 있다. 이 가운데 중성이 음절의 중심으로서 필수적인 성분이다. 반면 초성과 종성은 수의적인 성분이다. 중성이 음절의 핵인 모음인데 그 모음 앞에 오는 음절의 첫소리 자음을 초성이라 하고 모음 뒤에 오는 음절의 끝소리 자음을 종성이라고 한다.

한국어에서 음절구성의 필수성분인 성절음은 단모음만이 될 수 있다. 음성학적으로 음절은 공명도가 큰 분절음에 공명도가 작은 분절음들이 양쪽에 달려있는 모습이다. 그래서 성절음을 음절의 정점인 핵모음(peak nuclei)이라 하고 음절핵인 모음의 양쪽에 결합하는 분절음들을 주변음(satelite)이라 부른다.[2] 음절핵의 앞에 오는 분절음은 음절두음(onset), 음절핵의 뒤에 오는 분절음은 음절말음(coda)라고 부른다. 음절핵을 결정하는 공명도(sonority)는 가청도라고도 할 수 있는데, 그 대소 관계는 '저모

---

1 한국어에서는 반드시 모음이 있어야만 음절을 이룰 수 있지만 모든 언어에서 그러한 것은 아니다. 특히 언어에 따라 공명자음이 성절성을 가지고 있기도 하다. 영어에서 'apple'과 'sudden'과 같은 단어는 2음절을 가진 것으로 보는데 음절말의 유음 'l'과 비음 'n'이 성절성을 가진 공명자음이기 때문이다. 그래서 외래어 표기법에서는 '애플' 그리고 '서든'처럼 '으'를 넣어 표기하고 있다.
2 반모음은 단독으로 음절핵이 되지는 못하지만 이중모음을 형성하여 음절핵이 된다. 이 경우 반모음을 부음(peak satelite)이라 부르기도 한다. 초성과 종성을 묶어서 주변음(margin)이라고도 한다.

음>중모음>고모음>반모음>공명자음>장애음'과 같다. 언어 간의 음절구조의 차이는 외래어의 발음이 원어의 발음과 달라지는 주요 요인이 된다.

한국어 음운론에서는 onset, coda, nuclei와 같은 용어 대신 훈민정음 해례의 용어인 초성, 중성, 종성을 사용하고 있다. 음절의 중심인 중성은 단모음이나 이중모음이 된다. 이러한 음절성분을 통해 만들어지는 음절구조는 다음과 같은 세 가지 유형이 있다.

<평판적 음절구조>

이 음절구조는 음절성분인 초성, 중성, 종성이 서로 대등하게 평판적으로 음절을 이루는 경우이다. 이러한 구조에서는 초성과 중성 그리고 종성의 관계에 있어서 친소관계의 차이가 없다는 특징을 가지고 있다. 즉, 중성이 초성과 더 밀접한 관계라든지 아니면 종성과 더 밀접한 관계라든지 하는 경우로 볼 수 없다는 이야기이다. 다음의 그림은 평판적 음절구조이다.

<계층적 음절구조>

이 음절구조는 초성, 중성, 종성의 관계에 친소의 차이가 있어서 어떤 경우에는 중성이 초성과 더 밀접한 음절구조를 가지는 경우가 있고, 반면 중성이 종성과 더 밀접한 음절구조를 가지는 경우가 있다. 그래서 초성과 중성이 더 가까운 하나의 단위가 되는 음절구조를 좌분지(left-branching)

음절구조라 하고, 종성과 중성이 더 가까운 하나의 단위가 되는 음절구조를 우분지(right-branching) 음절구조라 지칭한다.

-좌분지 음절구조

이 음절구조는 왼쪽으로 가지가 먼저 나뉜다는 의미인데, 하위교점을 통해 초성과 중성이 하나의 단위를 먼저 만들고 나중에 상위교점인 종성과 결합하는 구조이다. 다음의 그림은 좌분지 음절구조이다.

-우분지 음절구조

이 음절구조는 오른쪽으로 가지가 먼저 나뉜다는 의미인데, 하위교점을 통해 중성과 종성이 하나의 단위를 먼저 만들고 나중에 상위교점인 초성과 결합하는 구조이다. 다음의 그림은 우분지 음절구조이다.

한국어의 음절구조를 좌분지(left-branching) 구조나 우분지(right-branching) 구조라고 굳이 볼 만한 근거는 없다. 간혹 의성의태어의 경우 나타나는 동음반복을 보면 좌분지 구조나 우분지 구조를 보이는 것 같지

만 어떤 보편적 경향성을 확인하기는 어렵다. 즉 '후다닥, 두둥실'의 경우는 초성과 중성(다닥, 두둥)이 한 단위로 행동하는 것 같고, '울퉁불퉁, 옹기종기'의 경우는 중성과 종성(울불, 옹종)이 한 단위로 행동하는 것 같지만, 한국어의 음절구조의 보편적 특성으로 보기는 어렵다. 따라서 국어의 경우 평판적 음절구조로 보는 것이 더 타당하다고 보고 있다.

평판적 음절구조는 음절핵인 모음을 정점으로 하는 봉우리형의 구조라고 할 수 있다. 한국어 음운론에서 음절초나 음절말이라는 용어를 자주 볼 수 있는데 이는 결국 초성의 자리와 종성의 자리라는 뜻이다. 다음은 한국어에서 초성의 자리에 올 수 있는 음소, 중성의 자리에 올 수 있는 음소 그리고 종성의 자리에 올 수 있는 음소를 정리해 본 것이다.

음절성분	음소
초성 onset/margin	ㅂ ㅃ ㅍ ㄷ ㄸ ㅌ ㄱ ㄲ ㅋ ㅈ ㅉ ㅊ ㅅ ㅆ ㅎ ㅁ ㄴ ㄹ
중성 nuclei/peak	ㅣ ㅔ ㅐ ㅡ ㅓ ㅏ ㅜ ㅗ ㅟ ㅚ j w (부음, peak satelite)
종성 coda/margin	ㅂ ㄷ ㄱ ㅁ ㄴ ㅇ ㄹ

위의 표를 통해서 음절의 초성과 종성에 공통적으로 올 수 있는 자음은 'ㅂ, ㄷ, ㄱ, ㅁ, ㄴ, ㅇ, ㄹ'의 7개뿐임을 알 수 있다. 반면 초성에서는 유기음과 경음은 물론 마찰음과 파찰음도 등장할 수 있다. 훈민정음 창제 당시에 선택한 표기법의 원리는 '8종성가족용(八終聲可足用)'이었는데 이는 그 당시에 종성의 위치 즉 음절말에서 변별되는 자음 8개(ㅂ, ㄷ, ㄱ, ㅅ, ㅁ, ㄴ, ㅇ, ㄹ)만을 받침으로 표기하는 원리였다. 반면 현대국어에서는 실제 음절말에서 실현되는 자음은 7개뿐이지만 초성에서 실현되는 유기음, 경음, 마찰음, 파찰음을 모두 받침 표기에 반영하고 있다는 차이점이 있다. 이는 초성에서 쓰는 문자들을 모두 종성으로 다시 쓸 수 있다는 '종성부용초성

(終聲復用初聲)'의 표기 원리에 해당한다.[3]

현대 한국어에서 초성의 위치에 올 수 있는 자음의 개수는 하나뿐이다. 즉 음절초의 위치(어두 위치)에 자음군이 올 수 없음을 의미한다. 이는 종성의 위치도 마찬가지인데 자음 하나만이 올 수 있다. 물론 표기상으로는 겹받침이 올 수 있지만 이는 어디까지나 표기의 경우이고 실제 음절구조에서는 하나의 자음만이 오게 되므로 음절말 자음군 역시 없다.

여기서 음절말 자음군과 어간말 자음군을 구별할 필요가 있다. 어간말에 자음군을 가지고 있는 다음과 같은 예들을 살펴보도록 하겠다.

닭 - 이 → 달기
밟 - 아 → 발바

체언어간 '닭'과 용언어간 '밟-'의 어간말은 모두 자음군이다. 그러나 이들이 자음군으로 발음되지는 못한다. 후행하는 모음으로 시작하는 조사나 어미와 연결되면서 연음화(연음규칙)의 적용을 받아 어간말 자음군의 두 번째 자음이 후행 음절의 초성으로 연음되어 발음되는 것이다. 자음으로 시작하는 조사나 어미가 뒤따르는 경우는 모음과 모음 사이에 두 개의 자음만이 올 수 있다는 한국어 음절구조상의 제약에 따라 자음군단순화가 적용되어 다음과 같이 실현된다.

닭 - 도 → 닥또
밟 - 고 → 밥꼬

---

3   완벽한 일대일 대응은 아니지만 '팔종성가족용'은 음소적 표기 원리에 해당하고 '종성부용초성'은 형태음소적 표기 원리에 해당한다고 할 수 있다.

결과적으로 한국어의 음절구조에서 종성에 오는 자음의 개수는 하나뿐이다. 이상의 논의를 근거로 현대 한국어의 평판적 음절구조를 그림으로 제시해 보면 다음과 같다. 다음 그림에서 괄호 안에 들어 있는 음절성분들은 수의적인 성분이라는 의미이다.

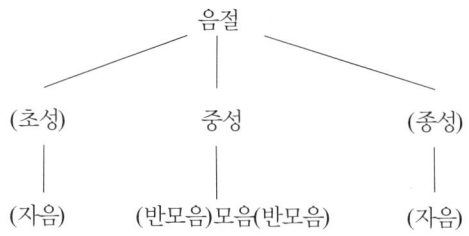

이상의 논의들을 근거로 현대 한국어에 나타나는 9가지 음절구조의 유형을 제시해 보면 다음의 표와 같다(C는 자음, V는 모음 그리고 S는 반모음을 나타낸다).

한국어의 음절구조 유형

음절유형	음절구조	한글 표기
제1유형	V	아 어 오 우
제2유형	S V	야 여 요 유
제3유형	C V	가 나 다 라
제4유형	C S V	교 녀 봐 쒀
제5유형	V C	억 운 알 입
제6유형	S V C	약 열 완 원
제7유형	C V C	간 밥 정 털
제8유형	C S V C	격 별 관 광
제9유형	V S	의

이상의 9가지 음절구조의 유형 가운데 제1유형부터 제4유형까지는 모음으로 음절이 끝나는 개음절 구조(open syllable)라 하고 제5유형부터 제8유형까지는 자음으로 음절이 끝나는 폐음절 구조(close syllable)라고 한다.

하향 이중모음의 구조를 보여주는 제9유형 역시 개음절구조이다.

7.3 음절구조제약

분절음이나 음절성분이 음절을 이루려면 정해진 규칙을 따라야 하는데, 이를 음절구조제약이라고 한다. 현대 한국어에는 다음과 같은 음절구조제약이 있다.

① 중성제약 : 음절성분 가운데 중성이 반드시 있어야 한다.
　　단모음이나 이중모음 중 하나만 중성이 될 수 있다.
② 초성제약 : [ŋ] 을 제외한 18개 자음 중 한 자음만이 올 수 있다.
　　고유어와 한자어에서는 어두음절의 초성으로 'ㄹ'이 나타날 수 없다.
③ 종성제약 : 7개 자음 [p,t,k,m,n,ŋ,l] 중 하나만 종성이 될 수 있다.
④ 초중성연결제약 : 초성 [ʨ, ʨ', ʨʰ] 과 중성 'j'계 상향이중모음은 연결될 수 없다.

중성제약은 음절이 발화의 최소단위이기 때문에 음절핵인 중성이 당연히 있어야 한다는 것이고 그 중성의 위치에는 단모음과 이중모음이 동시에 나타날 수 없다는 제약이이다. 또한 한국어에는 이중모음의 형성에 제약이 있어서 평순반모음과 고모음인 /ㅣ/, /ㅡ/가 결합한 이중모음이 존재하지 않고, 원순반모음과 후설모음 /ㅜ/,/ㅗ/,/ㅡ/가 결합한 이중모음을 만들 수 없다. 또한 중성에 이중모음 /ㅢ/가 오면 종성에는 자음이 올 수 없다.

초성제약은 개별 언어마다 상당한 차이가 있을 수 있다. 한국어의 경우 연구개비음이 올 수 없다는 제약과 함께 하나의 자음만이 음절의 초성에 올 수 있다는 제약인데, 영어만 하더라도 한국어와 분명한 차이가 있다.

즉 영어의 'spring, stream, scream, flute, small' 등과 비교해 보면 그 차이를 확인할 수 있다. 영어의 경우는 음절의 초성에 자음군(consonant cluster)이 올 수 있는 것이다. 국어의 경우에도 15세기 훈민정음 창제 당시에는 어두자음군이라 하여 '딱, 삐, 빼, 쁨'과 같은 예들이 꽤 있었다. 그리고 고유어와 한자어의 어두음으로 유음이 오지 못하는 제약도 있다.

종성제약으로 인해 현대 한국어는 음절말의 위치에 7개의 자음만이 실현되기 때문에 음절말 자음군이 없다.[4] 반면 영어의 경우를 보면 'camp, send, attempt, concept' 등에서처럼 음절말 자음군이 올 수 있음을 확인할 수 있다.

마지막으로 현대 한국어에서는 초중성연결제약 때문에 초성 /ㅈ, ㅉ, ㅊ/ 즉 'ㅈ, ㅉ, ㅊ'과 중성의 'j'계 상향이중모음은 연결될 수 없다. 즉 표기와는 달리 '져[저], 쳐[처], 쪄[쩌]'와 같이 반모음이 탈락한 형태로 발음이 되는 것이다.

7.4 음절연결제약

어떤 음절의 연결이 적격한지 부적격한지에 대한 규칙을 음절연결제약 혹은 음절배열제약이라고 한다. 음절연결제약을 음소 혹은 음운의 차원에서 보면 음소배열제약이나 음운배열제약이 된다. 일반적인 음절연결제약은 음절경계에서 자음과 자음이 만나는 경우에 주로 등장한다. 즉 선행하는 음절말 종성과 후행하는 음절 초성의 연결에서 제약이 생긴다. 하나씩

---

[4] '닭'이나 '젊-' 등에서 보이는 자음군은 어간말의 자음군으로 이들이 활용형으로 실현되는 경우에는 자음어미 앞에서 자음군단순화 하고 모음어미 앞에서는 연음되기 때문에 실제로 음절말의 위치에 자음군이 오는 경우는 없다. 즉 어간말의 기저형에 존재하는 자음군이 표기에 반영되고 있는 것이다.

보면 적격한 음절끼리지만 이들이 연결될 때 원래대로 발음되는 경우도 있지만 그렇지 않은 경우도 있는 것이다

강 + -만 → [강만] / 약 + -만 → [양만]

전자는 두 개의 적절한 음절이 특별한 조정 작용이 없이 그대로 발음되지만, 후자의 경우 적격한 두 음절의 연결이지만 [약만]은 국어에서 발음가능하지 않은 부적격 음절이다. 이때 비음화라는 음운과정이 적용되어 적격한 음절연결로 만들어 발음하게 되는 것이다. 이때 [약만]이 부적격한 음절연결이 되는 이유는 자음의 음운론적 강도와 관련이 있다. 자음의 음운론적 강도는 자음의 공명도에 반비례 하기 때문에 공명도가 클수록 자음적인 성격이 약해서 음운론적 강도가 약해지고 공명도가 작을수록 자음적인 성격이 강하므로 음운론적 강도가 커진다.

이진호(2021:127-8)에 의하면 음절의 초성에는 음운론적 강도가 센 자음이 놓이고 음절의 말음에는 음운론적 강도가 약한 자음이나 모음이 놓이는 것이 자연스럽기 때문에 다음과 같은 음절연결제약이 필요하다고 보았다.

① 비음 앞에는 장애음이 올 수 없다. 이 제약을 어기면 비음화가 적용된다.
   밥 - 만 → 밤만   죽 - 는 → 중는
② 유음 앞에는 유음 이외의 자음이 올 수 없다. 이 제약을 어기면 후행하는 'ㄹ'이 'ㄴ'이 되거나 아니면 선행하는 말음이 'ㄹ'로 바뀐다.
   능력 → 능녁   권력 → 궐력

이상의 두 음절연결제약은 대단히 강력한 제약이어서 제약을 어긴 부적

격한 음절연결을 반드시 적격한 음절연결로 바꿔주는 비음화와 같은 음운 과정을 겪게 한다.

이상의 음절구조제약과 음절연결제약은 형태소의 차원으로부터 음운론적 차원으로 넘어오면서 음절화가 이루어질 때 작용하는 것이다. 음절화 이후 음절구조의 압력 또는 제약에 관련되는 음운과정이 적용되기도 하고, 음절연결상의 음운론적 제약에 관련되는 음운과정이 적용되기도 하는 것이다(이병근·최명옥1997:57).

    형태소 차원   읽 - 는
    음절구조제약   익   는 (자음군단순화)
    음절연결제약   잉   는 (비음화)
    음성 차원   [iŋnin]

7.5 음절경계

음절경계(syllable boundary)란 초성, 중성, 종성으로 이루어진 음절의 앞과 뒤에 놓이는 표지로 음절과 음절을 구분해 준다. 음절경계는 음절화(syllabification)에 의해 만들어지는데, 음소의 연쇄를 음절 단위로 묶는 과정이 음절화인 것이다. 음절화에 따라 음절경계가 결정된다.

사실 한글의 표기는 훈민정음 창제의 원리에서 이미 결정한 성음법 때문에 음절화에 의한 음절경계가 이미 명시되어 있는 상태라고 할 수 있다. 특히 15세기에는 음소적 표기 원리를 선택하였기 때문에 연음화를 자연스럽게 반영하고 있었고 그래서 이 당시의 표기를 음절적 표기라고 지칭하기도 한다.

음절화 과정에서 나타나는 연음(連音)은 자음으로 끝나는 형태소 뒤에 모음으로 시작하는 형태소가 연결되는 경우 선행하는 형태소의 말자음이 후행하는 형태소의 초성으로 이동하는 현상을 말한다. 사실 이는 현대 한국어에서 형태소를 고정해 표기하는 형태음소적 원리를 선택하고 있기 때문에 나타나는 현상이다. 표기는 '집이'이지만 실제 발음은 /지비/이며 표기는 '먹어'이지만 실제 발음은 /머거/인데, 이 경우 음절경계는 /지 $ 비/와 /머 $ 거/와 같다. 표기상으로는 선행하는 어간의 말음인 /ㅂ/과 /ㄱ/은 음절화에 따른 연음에 의해 후행하는 음절의 초성으로 실현되는 것이다.

이상의 논의를 근거로 현대 한국어 음절의 특성을 정리해 보면 다음과 같다.

① 음절은 하나 이상의 분절음으로 이루어진다.
② 음절은 더 이상 쪼갤 수 없는 최소의 발음가능 단위이다.
③ 음절은 (초성)+중성+(종성)의 평판적 구조를 가지는데, 중성은 필수성분으로 중성에는 성절음이 있어야 한다.
④ 음절은 공명도가 큰 분절음을 정점으로 그 앞에서는 공명도가 커지고 그 뒤에서는 공명도가 작아진다.
⑤ 음절은 운율적 요소가 걸리는 가장 일반적인 단위이다.

7.6 음절과 음절자

한글(훈민정음)의 표기법은 풀어쓰기가 아닌 모아쓰기의 방식을 택하고 있는데 이는 음절합자법 즉 성음법에 따른 것이다. 음소문자이면서 음절 단위로 문자를 표기하는 특이한 문자운용의 방식으로 한글은 음절자인 것이다. 음절자는 우리가 일반적으로 글자라고 부르는 것과 동일한 개념이다. 따라서 문자와 글자는 의미의 차이가 있어서 'ㄱ'은 문자이고 '군'은 글자(음절자)인 것이다.

음절단위로 모아쓰다 보니 한국어 화자들은 음절에 대한 인식이 대단히 분명하다. 그런데 한글이 음절자이기는 하지만 음성학적인 음절구조를 언제나 완벽하게 보여줄 수는 없다. 연음화와 관련하여 이미 살펴보았지만 형태소를 고정하는 형태음소적 표기를 선택하고 있기 때문이다. 다음은 15세기와 현대국어의 표기 원리에 따른 음절의 반영 차이를 보여준다.

15세기 : 사룸 - 이 → 사르미 (음소적 표기)
현   대 : 사람 - 이 → 사람이 (형태음소적 표기)

15세기의 음소적 표기에 따른 경우 표기와 음절경계가 일치하는 반면 현대국어의 형태음소적 표기에 따른 경우는 표기와 음절경계가 일치하지 않는다.

15세기 : 사르미 /sa $ rʌ $ mi/[5]
현   대 : 사람이 /sa $ ra $ mi/

현대국어의 표기는 형태소 '사람'을 고정하여 표기하기 때문에 받침 'ㅁ'은 실제로는 후행하는 음절의 초성으로 실현되는 차이가 있다. 그래서 '사람'의 어간말음은 'ㅁ'이지만 음절말음은 아닌 것이다. 반면 중세국어의 표기는 이러한 불일치 없이 충실히 음절구조를 반영하고 있기 때문에 음절적 표기라고 하는 것이다.

따라서 음절자(글자)인 한글의 표기와 음운론적 단위인 음절의 차이를 알아야 한다. 예를 들어 한국어에 '닭'이라는 음절자는 있지만 [닭]이라는

---

5 중세국어의 아래아 'ㆍ'의 음가에 대해서는 원순성의 여부에 따라 'ʌ' 혹은 'ɔ'로 본다.

음절은 없다. 왜냐하면 음절자 '닭'은 표기일 뿐 [닥]이라는 음절로 발음되기 때문이다. 즉 어간말의 겹받침 'ㄺ'은 뒤에 모음으로 시작하는 조사가 오는 경우 음절화를 통해 어간말 자음군 'ㄺ' 가운데 두 번째 자음 'ㄱ'을 후행 음절의 초성으로 연음하는 것이다(닭-이[달기]). 반면 휴지 앞이나 자음으로 시작하는 조사 앞에서는 [닥]으로 발음되는 것이다.

표의문자인 한자는 음절단위와 일치하고 가나문자는 음절문자이기 때문에 각각 음절이 잘 드러나는 문자체계이다. 반면 영어와 같은 알파벳 문자들은 풀어쓰기로 표기하는 음소문자이기 때문에 음절 정보가 잘 드러나지 않는다. 예를 들어 'eleven'은 3음절이고 'twelve'는 1음절이지만 철자는 동일하게 6개이기 때문에 음절을 확인하기가 어렵다. 훈민정음이 음소문자이면서도 음절자의 속성을 가지게 된 것은 아무래도 한자와의 혼용을 고려한 창제 당시의 입장이 반영된 것으로 판단된다.

한글이 음절자이기는 하지만 표기 운영의 한계 때문에 실제로 발음하고 있는 음절이라 하더라도 한글로 표기하면 낯설어지는 경우도 있다. 예를 들어 '성과'의 발음은 [성꽈]인데 경음화가 적용된 실제 빌음인 [꽈]가 '꽈배기'와 같은 단어에서도 확인되므로 낯설지 않으나, '성격'의 경우 그 발음은 [성껵]인데 경음화가 적용된 [껵]은 분명 적절한 음절이지만 음절자로서 낯선 것이다.

<음절의 가짓수와 음절자의 가짓수>

배주채(2015:94)에 의하면 한국어에 적격한 음절이 몇 가지나 있는지 초성, 중성, 종성의 가짓수를 곱해서 계산할 수 있다고 하였다. 즉 표준발음의 음절의 가짓수는 다음과 같이 계산이 가능하다고 한다.

초성 19 × 중성 21 × 종성 8 = 3192 가지(10단모음체계 근거)

그런데 음절연결제약에 따라 [ㅈ,ㅊ,ㅉ]과 [ㅑ,ㅕ,ㅛ,ㅠ,ㅒ,ㅖ]의 연결이 불가능하므로 이러한 초성 3, 중성 6 그리고 이들과 결합하는 종성 8[6]의 가짓수인 '3 × 6 × 8=144'를 제외해서 표준발음의 적격한 음절의 가짓수는 3048 가지가 된다. 그런데 동일한 방식으로 현실 7단모음체계를 적용해보면 다음에서 볼 수 있는 것처럼 2736 가지가 나온다.

초성 19 × 중성 18 × 종성 8 = 2736 가지(7단모음체계 근거)

역시 불가능한 음절 144가지를 제외하면 현실발음의 적격한 음절의 가짓수는 2592 가지가 된다고 한다.

음절의 가짓수를 결정하는 요인은 아무래도 분절음의 종류와 음절구조 제약의 정도일 것이다. 그러한 측면에서 보면 현대국어에 비해 중세국어는 음절의 가짓수가 더 많았을 가능성이 크다. 최소한 두 가지 사실만을 보아도 현대국어보다 음절의 가짓수가 많았음을 알 수 있는데, 음절말에서 'ㅅ'이 더 구별되었고 어두에 자음군(consonant cluster)이 올 수 있었던 것이다.

7.7 음절과 음절문자 그리고 한글

한국도 일본도 고대에는 한자를 빌린 차자표기(借字表記)를 이용해 문자생활을 하였다. 그런데 한국의 경우 한자를 차용하여 이두, 구결, 향찰 등의 차자표기를 사용했지만 발전하지 못하고 정체된 양상을 보였다. 반면 일본의 경우 10세기 경 한자를 단순화한 가나(假名)문자를 확립했다.

---

[6] 종성이 8가지 종류인 것은 7개의 음절말자음 종성과 1개의 모음 종성을 의미한다.

여기에는 음절구조의 복잡성에 따른 음절의 가짓수가 결정적인 역할을 한 것으로 보인다. 일본의 경우 음절의 가짓수가 비교적 적기 때문에 50 여 개의 음절문자만으로 문자생활이 가능했던 반면, 국어의 경우 음절의 가짓수가 너무 많아 음절문자를 만든다면 수천, 수만의 음절 문자를 만들어야 했기 때문이다.[7]

한국어처럼 음절구조가 복잡하고 따라서 음절의 가짓수가 많은 경우에는 음절문자로는 한계가 있기 때문에 자음과 모음을 각각 표기할 수 있는 음소문자가 적절한 것이다. 음소문자와 음절문자는 모두 표음문자로 표의문자인 한자와는 구별된다.

여기서 한 가지 기억해야 할 것은 음절문자와 음절자(글자)를 혼동하지 말아야 한다는 사실이다. 한자도 한글과 마찬가지로 음절단위로 적고 있지만 문자의 분류상 서로 다르다. 음절문자는 문자의 단위가 음절인 것이고 음절자는 문자의 표기 방식이 음절 단위로 모아쓰는 것이다.

<성운학과 음절구조에 대한 인식>

음절을 분절음으로 분석하여 인식하기 위해서는 음운론의 발달이 전제되어야 한다. 세종이 중국의 발달한 음운론인 성운학(聲韻學)을 발전적으로 수용하여 국어의 음절구조를 잘 분석할 수 있는 이론으로 발전시켰기 때문에 음소문자인 한글을 발명할 수 있었다.

훈민정음 해례에 최초로 등장하는 '초성, 중성, 종성'이라는 용어는 음

---

7 현대 한국어에서 사용하고 있는 한글 자모를 이용해 만들어낼 수 있는 음절자의 가짓수는 11,172 가지라고 한다(배주채2015:98). 만일 현재 기준으로 음절 단위의 문자를 만든다면 11,172 개의 문자가 필요한 셈이다. 그러나 음소문자인 한글은 현재 24자모만으로 모든 표기가 가능하다.

절의 세 구성요소 개념이었다. 그 가운데 중성은 '요체'가 되고 초성은 '발동'이 되며 종성은 '지완'이 된다고 보았는데, 이는 중성이 초성의 생겨남을 받아서 종성의 이룸을 이어준다는 의미라고 하였다. 쉽게 말해서 중성의 앞뒤에 초성과 종성이 결합한다는 이야기이다. 특히 '종성부용초성'의 개념을 통해 초성과 종성이 음운론적으로 등가임을 밝히고 있는 것은 음절의 구조에 대한 인식을 명확히 보여준다. 이는 앞서 살펴본 현대 음운론의 음절 개념과 전혀 차이가 없다.

훈민정음 체계의 중성 개념은 중국의 음운학인 성운학(聲韻學)에 대응하는 개념이 없어서 독자적으로 만들어졌다. 훈민정음 해례의 초성해(初聲解)와 중성해(中聲解)의 첫머리를 비교해 보면 차이가 드러난다.

> 正音初聲卽韻書之字母也
> 정음의 초성은 운서의 자모이다

이 기술은 훈민정음의 초성체계가 성운학의 자모체계와 직접적인 관련이 있음을 단적으로 나타내고 있다. '아음, 설음, 순음, 치음, 후음' 그리고 '전청, 차청, 전탁, 불청불탁'과 같은 용어의 사용은 정음의 초성체계가 성운학의 체계를 수용하고 있음을 잘 보여주는 것이다.

> 中聲者 居字韻之中 合初終而成音
> 중성이라는 것은 자운의 가운데에 있는 것으로 초성, 종성과 합한
> 연후에 음이 이루어진다.

중성에 대한 훈민정음 해례 제자해(制字解)의 기술을 보아도 중성이 자운(字韻)의 가운데 즉 중심으로 초성과 종성을 합하여 하나의 음절을 이룸을 설명하고 있을 뿐이다(中聲承初之生 接終之成 …… 盖字韻之要 在於中

聲 初終合而成音). 따라서 중성과 관련한 용어들도 성운학에서는 찾아볼 수 없는 것들이었다.

이는 성운학의 이분법적 체계에 중성의 존재가 없었기 때문이다. 성운학은 '성'과 '운'으로 구분하는 이분법적인 체계로 '성' 혹은 '성모(聲母)'는 자모(字母)이고 '운' 혹은 '운모(韻母)'는 '字韻'으로 다음과 같은 음절구조를 가지고 있는 것으로 보았다. /kak/이라는 음절에 대한 성운학적 음절구조이다.

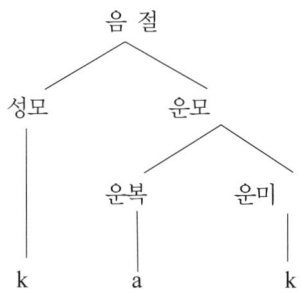

위의 음절구조를 통해 운모가 다시 운복과 운미로 구분되고 있음을 알 수 있다. 이 구조는 성모와 운모로 이분된 뒤 하위 교점에서 운복과 운미가 구분되는 계층적 음절구조이다. 그런데 이렇게 보는 경우 두 /k/는 음운론적으로 등가일 수가 없게 된다. 기본적으로 /k/와 /ak/의 구분이 우선되었기 때문이다. 반면 훈민정음의 초성, 중성, 종성에 근거한 음절구조는 다음과 같은 평판적인 음절구조를 보이게 된다.

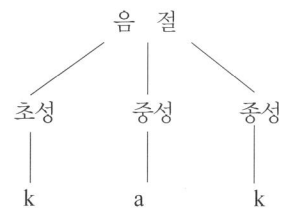

　음절에 대한 삼분법을 택함으로써 초성과 종성의 음운론적 등가를 확인하게 되고 따라서 초성과 종성을 위한 각각의 문자를 창제할 필요가 없었기에 '종성부용초성'이라는 제자의 원리를 명시할 수 있었던 것이다. 결과적으로 신제(新制) 문자의 수를 획기적으로 줄일 수 있게 된 것이다. 음절 구조에 대한 현대 음운론적 인식을 적나라하게 보여준 제자의 원리로 문자 창제의 경제성을 보여준다.

　훈민정음 체계의 뛰어난 점은 여러 가지 측면에서 조명이 가능하지만 성운학의 이분법적인 음절 구조에 대한 인식을 뛰어 넘어, 중성과 종성을 분리하여 인식한 것이 가장 탁월했다고 판단된다. 한 음절을 세 부분으로 분석하여 중성을 새로 설정하고 중성이 음절의 핵심임을 파악한 것은 15세기의 발달한 국어의 음운이론을 가장 잘 보여주는 부분이다.

제8장

교체

8.1 음소와 형태소

언어는 의미를 전달하기 위한 기호체계이다. 따라서 언어기호는 음성이라는 물리적 기호형식에 의미라는 기호내용이 결합하여 이루어지는 체계이다. 기호형식과 기호내용이 결합한 최소의 언어적 단위로서의 기호가 형태소(morpheme)이다. 즉 의미를 가진 최소의 언어학적 단위인 것이다.

기표(記標, signifiant)와 기의(記意, signifié)는 소쉬르가 정의한 기호의 근본을 이루는 두 성분이다.[1] 기표는 기호의 지각 가능하고 전달 가능한

---

[1] Ferdinand De Saussure(1857년 ~ 1913년)는 스위스의 언어학자로 제네바 출생이다. 1901년부터 1913년까지 제네바 대학의 교수를 지냈다. 인도 및 유럽의 비교 언어학에 있어서 탁월한 업적을 이루었으며 만년에는 언어 일반의 성질에 관해서 깊이 연구하였다. 통시(通時) 언어학과 공시(共時) 언어학을 구별하고, 랑그(langue)를 파롤(parole)에서 분리시켜, 사회 관습으로 체계화된 언어(랑그)를 언어학의 대상으로 규정하였으며, 체계에 속하는 요소는 상호간의 대립에 의해서 가치를 지닌다고 주장하였다. 이것이 구조 언어학, 나아가 언어학을 초월한 구조주의의 초석이 되었다. 또한 언어를 훌륭한 기호체계로 파악하고 기호 일반을 연구하는 기호학(sémiologie)의 범주로 끌어들였다. 대표 저작으로 'Cours de linguistique générale(1916)'이 있다.

물질적 부분이다. 그것은 소리일 수도 있고, 표기일 수도 있고, 한 단어를 이루는 표기의 집합일 수도 있다.

기의는 이와 대조적으로 독자나 청자의 내부에서 형성되는 기호의 개념적 부분이다. 소쉬르에 의하면 기표와 기의의 관계는 기호 속에 표상되어 있는 외부 현실에 좌우되지 않는다. 그것은 오히려 자의적이고 관습적인 것이다. '나무'를 표기하는 문자나 발음하는 것 자체는 기표, 그 '나무'라는 문자의 의미, 혹은 그 문자의 발화를 듣거나 혹은 발화하면서 우리의 머릿속에 떠오르는 개념이 기의이다. 이처럼 기표에 기의가 결합하여 기호로서의 형태소 '나무'가 된다.

다음 그림에서 볼 수 있는 것처럼 기표는 물리적 표상으로 음소가 되고, 기의는 개념적 표상으로 형태소가 되며 이들의 관계는 자의적으로 형성되는 것이다.

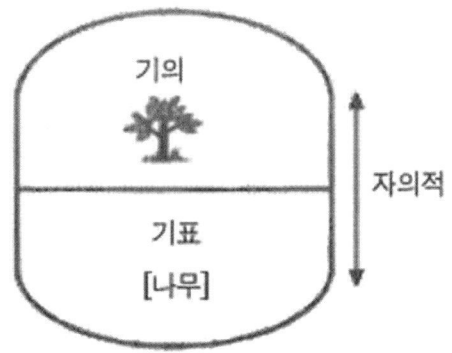

8.2 교체와 이형태

한 형태소의 음성적 모양이 환경에 따라 다르게 나타나는 현상을 형태소의 음운론적 교체 또는 형태음운론적 교체라고 한다. 즉 교체(alternation)

는 출현 환경에 따라 그 음성적 모양을 달리 하는 것이다. 형태소들이 단독으로 실현되는 것이 아니고 언제나 다양한 형태소들과 결합하기 때문에 형태소들의 경계에서는 다양한 교체가 실현되는 것이다. 교체가 일어나는 경우 형태소 고유의 의미 변화는 당연히 없다. 다음에서 '밭'이라는 형태소가 교체를 일으키는 양상을 먼저 살펴보도록 하겠다.

  밭 - 이 → 바치　/밫/
  밭 - 도 → 받또　/받/
  밭 - 만 → 반만　/반/
  텃 - 밭 → 털빧　/빧/

'밭'과 조사 '-이'가 결합하는 경우 구개음화에 의해 [밫]과 같이 교체하고 '밭'과 조사 '-도'가 결합하는 경우 평파열화에 의해 [받]과 같이 교체하며 '밭'과 조사 '-만'이 결합하는 경우 비음화에 의해 [반]으로 교체한다. 반면 '밭' 앞에 접두사 '텃-'이 오면 경음화에 의해 [빧]으로 교체한다. 이 때 /밫/,/받/,/반/,/빧/ 모두가 형태소 '밭'의 교체형(alternant)으로 이들을 이형태(allomorph)라고 부른다.

 이형태는 특정한 형태소의 환경에 따라 실현되는 교체형으로 둘 이상의 이형태를 가진다. 용어에서도 알 수 있듯이 형태소와 이형태의 관계는 음소와 변이음의 관계와 평행적이다(morpheme : allomorph / phoneme : allophone). 그래서 변이음처럼 이형태들도 환경에 따라 상보적 분포를 보인다.

 이형태의 교체에는 여러 가지 유형이 있는데 교체의 환경, 동기, 방식과 같은 조건에 의해 그 양상이 달라진다. 크게 다음과 같은 유형으로 분류하고 있다.

-교체의 환경에 따라 : 음운론적 교체 / 비음운론적 교체
-교체의 동기에 따라 : 자동적 교체 / 비자동적 교체
-교체의 방식에 따라 : 규칙적 교체 / 불규칙적 교체

이상의 분류에 따른 교체의 유형들을 하나씩 살펴보도록 하겠다.

8.2.1 교체의 환경에 따른 분류

음운론적 교체는 교체가 실현되는 환경이 오로지 음운론적인 정보로만 이루어진 경우이다. 즉 음운론적인 조건에 의해 교체가 일어난다. 음운론적인 정보란 자음, 모음, 반모음 그리고 음절과 같은 음성학적 혹은 음운론적인 조건을 이야기한다.

① /-이/ ~ /-가/의 교체
  /-이/ 자음 뒤 : 집-이, 구름-이
  /-가/ 모음 뒤 : 소-가, 영희-가
② /옷/ ~ /옫/ ~ /온/의 교체
  /옷/ 모음 앞 : 옷이 [오시]
  /옫/ 자음 앞 : 옷도 [옫또]
  /온/ 비음 앞 : 옷만 [온만]

반면 비음운론적 교체는 이형태의 교체 환경에 음운론적인 정보 이외의 조건이 포함된 교체를 말한다. 비음운론적 정보는 다양해서 형태론적, 어휘론적, 의미론적 그리고 화용론적 정보들이 해당된다.

① 형태론적으로 조건된 교체
  /밭/ ~ /밧/^{2}의 교체

/밭/ 처격조사 앞 : 밭에
/밫/ 다른 모음조사 앞 : 밫이, 밫을, 밫은, 밫으로[3]

비표준적인 이 교체는 처격조사라고 하는 특별한 형태론적 정보를 요구하는 교체로 모음과 자음 같은 음운론적 정보 이외의 것을 더 요구하고 있음을 확인할 수 있다. 반면 표준어에서의 교체는 이형태는 동일하지만 그 실현 환경이 다르다.

/밭/ ~ /밫/의 교체
/밫/ 주격조사 앞 : 밭이[바치]
/밭/ 다른 모음조사 앞 : 밭에, 밭을, 밭은, 밭으로

통시적인 구개음화에 의해 '밭'의 'ㅌ'이 모음 '이'와 반모음 'j' 앞에서 구개음화를 실현하게 되어 원래 모든 모음조사 앞에서 'ㅌ'으로만 실현되던 형태소의 교체에 변화가 생긴 것이다. 그러나 처격조사의 앞에서는 표준어나 비표준어나 '밭'의 형태가 고수되고 있다.

② 문법론적으로 조건된 교체
/-은/ ~ /-는/의 교체
/-는/ 어간이 동사인 경우 : 먹-는 [멍는], 가-는 [가는]
/-은/ 어간이 형용사인 경우 : 넓-은 [널븐], 높-은 [노픈]

---

2 특정 어휘와 관련된 조건으로 볼 수도 있다. 처격조사 앞이라는 조건은 형태론적일 수도 있고 어휘론적일 수도 있다.
3 이형태 '밫'의 경우 '밧'으로 실현되는 경우도 많다. '밧이, 밧을, 밧은, 밧으로'와 같이 실현되는 것이다. 경우에 따라 처격조사 앞에서까지 '밧'으로 실현되는 경우도 있는데, 이는 어간의 재구조화가 실현되어 '밧'이라는 단일한 기저형을 가지게 되었음을 의미하는 것이기도 하다.

현재시제를 나타내는 관형사형 어미의 출현 조건은 선행하는 용언어간이 동사냐 형용사냐에 따라 결정되었기 때문에 비음운론적 교체라고 할 수 있다.

   ③ 화용론적으로 조건된 교체
     /가지-/ ~ /갖-/
     /흐르-/ ~ /흘르-/

'/가지-/~/갖-/'의 교체는 자음으로 시작하는 어미 '-고' 앞에서 수의적으로 실현된다. 즉 '가지고 있다'와 '갖고 있다'가 자유롭게 실현된다.

'/흐르-/~/흘르-/'의 교체형 역시 자음으로 시작하는 어미 '-고'나 '-면' 앞에서 수의적으로 실현된다. 즉 '흐르고~흘르고' 혹은 '흐르면~흘르면'처럼 자유롭게 나타난다.

배주채(2018:67-70)에서는 음운론적인 교체와 비음운론적인 교체를 조건 교체와 무조건 교체로 구분하여 기술하고 있다. 마치 통시음운론에서 음변화의 유형에서 사용하고 있는 조건 변화와 무조건 변화에 대응하는 개념처럼 사용하였다.
  그래서 조건 교체는 조건 변이를 만들어내고 무조건 교체는 자유 변이를 만들어낸다고 보았다. 무조건 교체는 화용론적 조건으로 교체된 것으로 보았는데 화용론적 조건이란 발화 맥락이나 화자의 태도, 말투 등 언어 외적 맥락을 포함한다. 즉 '가지고'의 경우 격식적 말투인 반면, '갖고'는 비격식적 말투라는 화용론적 조건에 의해 자유 변이를 보이는 것으로 보았다. 각 이형태가 같은 조건과 환경에서 자유롭게 실현되는 자유 변이이므로 무조건 교체로 볼 수 있다는 입장이다.

8.2.2 교체의 동기에 따른 분류

교체를 일으키는 동기 즉 그 원인이 무엇인지에 따라 교체의 유형을 분류하는 것이다. 여기에는 자동적 교체와 비자동적 교체가 있다.

① 자동적 교체
음운론적 제약이 관여하는 경우로 음소배열제약이나 음절구조제약을 어기지 않기 위해 일어나는 교체로 예외가 있을 수 없는 교체이다.

/집/ + /-만/ → /짐만/
/값/ + /-만/ → /갑만/ → /감만/

이상의 예들은 한국어에서 비음 앞에서 폐쇄음이 발음될 수 없는 음소배열제약이 있기 때문에 비음화가 두 경우 모두 실현되어 '집~짐' 그리고 '갑~감'과 같은 교체형이 실현됨을 알 수 있다. 형태소 '값'이 교체형 '감'을 갖는 이유는 어중에 최대 자음이 두 개밖에 올 수 없다는 음절구조제약도 같이 작용하였다. 결론적으로 이들 이형태들은 음운론적 제약을 어기지 않기 위해 /집/이 /짐/으로, /값/이 /감/으로 교체 하였으므로 자동적 교체이다.

② 비자동적 교체
음소배열제약이나 음절구조제약 등과 무관하게 일어나는 교체로 음운론적 제약과는 무관한 교체이다.

/꿈/ + /-이/ → /꾸미/,   /꿈/ + /-가/ → /꿈가/
/철수/ + /-가/ → /철수가/,   /철수/ + /-이/ → /철수이/

주격조사의 이형태 교체는 출현 환경은 음운론적이지만 음소배열제약과는 무관하기 때문에 비자동적 교체가 된다. 즉 /꿈가/나 /철수이/가 불가능한 음소배열이 아님에도 이형태 교체가 일어나기 때문이다. 또 다음의 예들에서처럼 유성음화가 실현되는 것이 더 타당한 경우에 경음화가 실현되는 어미 /고/~/꼬/의 교체와 접미사 /기/~/끼/의 교체 역시 비자동적 교체이다.

/안-/ + /-고/ → /안꼬/
/심-/ + /-기/ → /심끼/

한국어에서 /ㄴ/과 /ㅁ/을 어간말음으로 가지고 있는 용언어간의 경우 뒤따르는 자음어미들은 경음화가 되는데 음운론적 동기를 가지고 있지 않기 때문에 비자동적 경음화가 된다. 명사 파생접미사의 경우는 피사동접미사가 결합하는 경우에 경음화가 나타나지 않아 대비된다(안-기-대[안기다]). 역시 경음화의 음운론적 동기가 없으므로 비자동적 경음화이다. 반면 다음과 같은 경음화는 자동적 교체이다.

/먹-/ + /-고/ → /먹꼬/
/잡-/ + /-지/ → /잡찌/
/듣-/ + /-다/ → /듣따/

어미들의 경음화된 교체형들인 /고~꼬/, /지~찌/, /다~따/는 파열음 뒤에서 반드시 경음화가 실현되는 한국어의 음소배열제약을 지키기 위해 나타나는 자동적 교체이다. 같은 경음화 현상이라 하더라도 음운론적 제약의 여부에 따라 자동적 교체가 될 수도 있고 비자동적 교체가 될 수도 있다.

8.2.3 교체의 방식에 따른 분류

교체를 보이는 양상이 규칙적인가 그렇지 않은가에 따른 분류이다. 동일한 교체의 방식을 보이는 형태소의 부류를 어떻게 정의하느냐와 관련이 있다. 즉 같은 조건의 모든 형태소에서 공통적으로 나타나는 예측 가능한 규칙성을 보이느냐의 여부에 따라 교체의 방식이 결정되는 것이다.

① 규칙적 교체

교체의 양상에 규칙성이 있어서 이형태의 실현이 예측 가능한 교체이다. 예측이 가능한 이형태들은 현대국어의 음운과정으로 그 출현을 설명할 수 있다. 앞서 자동적 경음화의 예들을 설명하면서 용언어간의 말음이 파열음인 경우 뒤따르는 비음을 제외한 자음어미들이 음소배열제약을 지키기 위해 규칙적으로 예외 없이 경음화가 진행됨을 확인하였다.

/잡-/ + /-고/ → /잡꼬/

어미 '-고'는 어간말의 평파열음 뒤에서 경음으로 실현되므로 이형태 '-꼬'를 가지게 된다. 그런데 이와 같은 방식의 교체를 보이는 어미는 평음으로 시작하는 '-지, -게, -도록' 등이 더 있다. 이와 같은 교체는 예측이 가능하므로 규칙적 교체라고 한다.

/안-/ + /-고/ → /안꼬/

이 경우에도 어미 '-고'는 경음화가 실현되는데 용언어간의 말음이 /ㄴ/이나 /ㅁ/과 같은 비음 뒤에서는 언제나 경음화가 된다. 이 역시 후행하는 평음으로 시작하는 어미들을 경음화 시키는 것이 예측 가능하므로 규칙적 교체이다. 평파열음을 가진 용언어간 뒤에서 평음으로 시작하는 어미들이 경음화하는 것은 음운론적 동기가 있는 자동적 교체이며 동시에 규칙적 교체이고, 반면 비음을 가진 용언어간 뒤에서 평음으로 시작하는 어미들이 경음화하는 것은 음운론적 동기가 없는 비자동적 교체이지만 예측가능성을 가지고 있기 때문에 규칙적 교체이다.

② 불규칙적 교체
같은 방식으로 교체하는 형태소 부류를 음운론적으로나 형태론적으로 예측할 수 없으면 불규칙적 교체이다. 현대 한국어의 불규칙 용언어간들이 대표적인 예들이다.

/돕-/ + /-고/ → /돕꼬/
/돕-/ + /-아/ → /도와/
/돕-/ + /-으니/ → /도우니/

/잡-/ + /-고/ → /잡꼬/
/잡-/ + /-아/ → /자바/
/잡-/ + /-으니/ → /자브니/

'ㅂ' 규칙(정칙) 용언어간인 /잡-/과 비교를 해보면 'ㅂ' 불규칙 용언어간의 교체를 음운론적으로나 형태론적으로 예측할 수가 없다. 즉 'ㅂ' 불규칙 용언어간의 경우 모음으로 시작하는 어미 앞에서 /도와/나 /도우니/로 실현되는 합당한 이유를 최소한 공시적으로 찾을 수가 없는 것이다. 'ㄷ' 불규칙 용언어간과 'ㅅ' 불규칙 용언어간의 교체형들도 규칙어간들과 비교해 보면 불규칙 교체임을 확인할 수 있다.

/묻-/ + /-고/ → /묻꼬/
/묻-/ + /-어/ → /무러/
/묻-/ + /으니/ → /무르니/

/믿-/ + /-고/ → /믿꼬/
/믿-/ + /-어/ → /미더/
/믿-/ + /으니/ → /미드니/

/짓-/ + /-고/ → /짇꼬/
/짓-/ + /-어/ → /지어/
/짓-/ + /으니/ → /지으니/

/웃-/ + /-고/ → /욷꼬/
/웃-/ + /-어/ → /우서/
/웃-/ + /으니/ → /우스니/

'ㄷ' 불규칙 용언어간과 'ㅅ' 불규칙 용언어간 역시 규칙 용언어간들과 비교해 보면 모음어미 앞에서 음운론적으로나 형태론적으로 설명이 어려운 교체를 보이고 있음을 확인할 수 있다. 불규칙적 교체는 언중들에게 학습의 부담을 주게 되는데 결과적으로 불규칙적 교체를 규칙적 교체로 변화시키려는 현상이 자주 일어나게 된다. 규칙적인 교체를 만들기 위해 어간의 기저형을 바꾸기도 하는데 이를 어간의 재구조화라고 한다.

제9장

기저형

9.1 기저형과 형태소

언어는 음성이라는 물리적 실재와 의미라는 개념적 실재의 자의적 관계에 의해 생성되는 기호체계이다. 형태소의 이형태를 살펴보면 이형태들 가운데 좀더 기본적인 혹은 무표적인 형태가 있다. 실제로 이형태들 간에 서열 관계가 있다고 할 수는 없지만 어떤 이형태를 기본으로 다른 이형태의 교체를 설명하는 것이 음운론적 기술에서 더 유용할 수 있다.

형태소는 문법론의 단위이고 기저형(underlying form)은 음운론의 단위이다. 기저형은 형태소가 가진 음운론적인 정보이다. 즉 형태소를 음성과 의미를 모두 가진 최소의 언어 단위로 정의할 때 형태소가 가진 음성이 곧 기저형인 것이다. 언어학적 의미의 사전인 어휘부(lexicon)에 형태소마다 음운론적인 정보가 기저형이라는 형태로 들어가 있다고 보는 것이다.

개념적 실재인 형태소는 인간의 어휘부에 들어 있지만 우리가 형태소를 발화하는 것은 아니다. 형태소가 실제 발화에서 등장할 때 형태(morph)라고 지칭하며 이들 형태는 환경과 조건에 따라 다른 모습으로 등장하게 되는데 이렇게 달라지는 형태를 한 형태소의 이형태라고 정의하는 것이다.

형태소의 음운론적 정보인 기저형은 이형태의 교체를 설명하기 위해 가정한 형태로서 실제로 발화에 나타나는 형태는 아니다. 실제 발화로 나타나는 형태는 표면형(surface form)이라고 하는데 이형태도 표면형들 가운데 하나에 대응한다. 기저형은 음소표시로 사용되는 '/ /' 표시를 이용하고 표면형은 음성표시로 사용되는 '[ ]' 표시를 이용한다.

다음에 제시한 그림은 형태소, 이형태 그리고 기저형의 차이를 보여주고 있다. 형태소와 기저형 그리고 이형태와 표면형의 차이를 대비적으로 보여주기 위해, 기저형과 표면형은 한글전사가 아닌 IPA기호 전사를 하였다. 또한 형태소 층위는 발화 단위가 아니기 때문에 그 의미만을 전달하기 위해 한자와 영어로 의미를 제시하였다.[1] '前, the front'의 의미를 가진 형태소의 음운론적 정보는 /apʰ/으로 이것이 기저형이다. 그리고 이들이 표면형으로 실현될 때 모음조사 앞이면 [apʰ], 비음을 제외한 자음조사 앞이면 [ap>] 그리고 비음조사 앞이면 [am]이 된다. 이들은 이형태 '앞 ~ 압 ~ 암'의 발화형인 것이다.

형태소	前, the front	⇔	/apʰ/	기저형
⇓				⇓
이형태	앞 ~ 압 ~ 암	⇔	[apʰ] ~ [ap>] ~ [am]	표면형

---

[1] 배주채(2018:77)에서는 형태소의 표시에 '{ }'를 사용하면서 형태소는 음운론적 단위가 아니므로 형태소를 표기할 때 { } 안에 적는 대표형이 반드시 기저형이나 기본형(일반사전 등재항목)일 필요는 없다고 보았다. 형태소가 가진 의미를 이용해 표기할 수도 있고 다른 임의의 기호를 사용해 표기할 수도 있다는 것이다. 형태소 표기는 임의적으로 선택이 가능해서 {čip}, {집}, {家} 등 모두 가능할 뿐 아니라 예를 들어 '집'이 한국어에서 97번째 형태소라면 그 숫자를 이용해 {97}이라고까지 쓸 수 있다고 보았다.

표면형은 전사의 방식에 따라 음소전사를 하는 경우와 음성전사를 하는 경우가 있다. 위의 그림에서는 한글로 표기한 이형태와 구별하기 위해 표면형을 음성전사한 것이다. 음소전사를 한다면 /apʰ/ ~ /ap/ ~ /am/ 혹은 /앞/ ~ /압/ ~ /암/처럼 표기하면 된다. 그런데 기저형의 표시 '앞(apʰ)'과 표면형의 표시 가운데 하나인 '앞(apʰ)'은 겉모습이 동일하다. 이는 이형태의 표면형들 가운데 하나를 기저형으로 설정하는 것이 일반적이기 때문이다.

기저형을 구성하는 분절음을 기저음소(underlying phoneme) 혹은 형태음소(morphophoneme 혹은 morphoneme)라고 한다. 반면 표면형을 구성하는 분절음을 표면음소(surface phoneme)라고 한다.

9.2 기저형의 설정

형태소의 음운론적 정보인 기저형은 실제 발화로 등장하는 것이 아니기 때문에 실현되는 표면형 즉 이형태들 가운데 기저형을 추정하는 작업이 필요하다. 앞서 살펴본 형태소 '앞'의 이형태들은 다음에서처럼 환경에 따라 배타적으로 출현한다.

앞 - 이 : 모음으로 시작하는 조사 앞에서 나타나는 이형태
압 - 도 : 비음을 제외한 자음으로 시작하는 조사 앞에서 나타나는 이형태
암 - 만 : 비음으로 시작하는 조사 앞에서 나타나는 이형태

기저형의 후보로 추정될 수 있는 것은 위의 세 가지 이형태 가운데 하나이다. 각각의 이형태들이 기저형일 경우를 가정하고, 그 가운데 가장 자연스럽게 나머지 이형태들의 표면형을 이끌어낼 수 있는 경우를 기저형으로 설정하는 것이다.

① [앞]이 기저형이라면,
-[앞]이 장애자음으로 시작하는 조사 앞에서 불파음화를 겪어 평파열음으로 교체한다.
[앞] → [압]
-[앞]이 비음으로 시작하는 조사 앞에서 역행적 비음화를 겪어 비음으로 교체한다.
[앞] → [압] → [암]^2
∴ 나머지 이형태들을 표면형으로 도출하는 것이 자연스럽다.

② [압]이 기저형이라면,
-[압]이 [앞]으로 되려면 평음의 어간말음이 모음조사 앞에서 유기음화하는 음운과정이 있어야 하는데 한국어에는 그러한 음운규칙이 없다.
-[압]이 [암]으로 되려면 후행하는 비음에 의해 비음화가 실현되면 된다.
∴ 이형태 [암]은 도출할 수 있지만 이형태 [앞]은 도출할 수 없다.

③ [암]이 기저형이라면,
-[암]이 [앞]으로 되려면 비음의 어간말음이 모음조사 앞에서 유기음화하는 음운과정이 있어야 하는데 한국어에는 그러한 음운규칙이 없다.
-[암]이 [압]으로 되려면 비음의 어간말음이 자음조사 앞에서 평파열음화하는 음운과정이 있어야 하는데 한국어의 경우 그러한 음운규칙이 없다.
∴ 이형태 [앞]과 이형태 [압] 모두를 도출할 수 없다.

---

2 '앞'은 먼저 평파열음화를 겪어 [압]이 된 후 후행하는 비음에 의해 비음화가 실현되는 것이다.

기저형으로 설정되려면 자연스러운 음운과정을 통해 나머지 이형태 즉 표면형들이 도출되어야 한다. 위에서 살펴본 바에 의하면 이형태 [암]이 기저형으로 설정되는 경우 나머지 표면형들은 아예 도출되지 못하고 이형태 [압]이 기저형으로 설정되는 경우에도 모든 표면형의 도출을 자연스럽게 기술할 수는 없다. 반면 [앞]을 기저형으로 설정하는 경우 나머지 이형태인 [압]과 [암]을 평파열음화와 비음화와 같은 현대 한국어의 자연스러운 음운과정으로 설명할 수 있게 된다. 따라서 형태소 '앞'의 기저형은 /앞/으로 설정되는 것이다. 따라서 기저형 /앞/과 표면형 [앞]은 외형상 동일하지만 음운론적 위상에 차이가 있다.

결론적으로 기저형은 한 형태소의 모든 이형태의 출현 환경을 확인한 후 추론을 하여 설정하게 되는데, 기저형이 설정된 후 이형태들의 표면형 도출과정이 음운론적으로 설명할 수 있어야 한다. 기저형의 설정은 음운과정을 규칙으로 기술할 수 있게 하고 이는 음운론적 보편성을 획득하는 데 중요한 의미를 가진다. 즉 기저형이 가장 합리적으로 설정되었을 때 음운규칙 역시 타당하게 기술할 수 있다.

그렇기 때문에 다양한 음운과정의 보편타당한 기술을 위해서 기저형의 설정은 대단히 중요하기 때문에 그 기준이 있어야 한다. 첫째, 기저형을 설정할 때에는 표면형의 실현을 예측할 수 있어야 한다. 즉 표면형의 실현을 설명할 수 없는 임의적인 기저형의 설정은 가능하지 않다. 둘째, 간단한 체계일수록 경제적이므로 기저형 설정을 위해 음소의 수가 늘어나거나 음운규칙이 늘어나서는 안 된다. 셋째, 기저형에서 표면형을 도출하는 과정이 수긍 가능해서 음운론적으로 자연스럽게 규칙화할 수 있어야 한다.

9.3 기저형의 종류

형태소와 기저형의 관계에 따라 기저형의 종류를 크게 두 가지로 나눌 수 있는데 형태소와 기저형이 일대일 대응을 하는 경우는 단일기저형이라고 일컫고, 하나의 형태소에 두 개 이상의 기저형이 대응하는 경우는 복수기저형 혹은 다중기저형이라고 부른다.

9.3.1 단일기저형

형태소와 기저형의 대응이 일대일 대응하는 경우이다. 앞 절의 기저형 설정에서 살펴보았던 '앞'은 단일기저형이다. '집, 꽃, 사랑, 먹-, 덮-, 가, -만, -까지' 등 대부분의 기저형이 단일기저형이다. 예를 들어 '없-'이라는 형태소의 기저형 설정 과정을 살펴보자.

'없-'의 이형태
없 - 어 : 모음으로 시작하는 어미 앞에서 나타나는 이형태
업 - 고 : 비음을 제외한 자음으로 시작하는 어미 앞에서 나타나는 이형태
엄 - 는 : 비음으로 시작하는 어미 앞에서 나타나는 이형태

기저형의 후보로 추정될 수 있는 것은 위의 세 가지 이형태 가운데 하나이다. 각각의 이형태들이 기저형일 경우를 가정하고 그 가운데 가장 자연스럽게 나머지 이형태들의 표면형을 이끌어낼 수 있는 형태를 기저형으로 추론해 보도록 하겠다.

① [없]이 기저형이라면,
 -[없]이 장애자음으로 시작하는 조사 앞에서 자음군단순화를 겪어 [ㅂ]으로 교체한다.
 [없] → [업]
 -[없]이 비음으로 시작하는 조사 앞에서 자음군단순화와 역행적

비음화를 차례로 겪어 비음으로 교체한다.

[없] → [업] → [엄]

∴ 나머지 이형태들을 표면형으로 도출하는 것이 자연스럽다.

② [업]이 기저형이라면,

-[업]이 [없]으로 되려면 평음의 어간말음이 모음조사 앞에서 'ㅅ'을 첨가하는 음운과정이 있어야 하는데 한국어에는 그러한 음운규칙이 없다.

-[업]이 [엄]으로 되려면 후행하는 비음에 의해 비음화가 실현되면 된다.

∴ 이형태 [엄]은 도출할 수 있지만 이형태 [없]은 도출할 수 없다.

③ [엄]이 기저형이라면,

-[엄]이 [없]으로 되려면 비음의 어간말음이 모음조사 앞에서 어간말 자음군 'ㅄ'으로 바뀌는 음운과정이 있어야 하는데 한국어에는 그러한 음운규칙이 없다.

-[엄]이 [업]으로 되려면 비음의 어간말음이 자음조사 앞에서 평음으로 실현되는 음운과정이 있어야 하는데 한국어의 경우 그러한 음운규칙이 없다.

∴ 이형태 [없]과 이형태 [엄] 모두를 도출할 수 없다.

따라서 이형태들의 표면형을 도출하는 데 자연스러운 음운과정으로 설명할 수 있는 /없/을 기저형으로 설정하는 것이 타당하다. 그리고 /없/은 단일 기저형으로 설정된다.

우리는 앞서 살펴본 형태소 '앞'과 지금 '없-'의 경우를 통해 중요한 사실을 확인하게 되는데, 두 형태소의 기저형의 설정 과정이 평행적이라는 사실이다. 이는 이들 단일기저형의 설정과 같은 추론 과정이 한국어에서 일반화될 수 있는 것임을 확인하게 해준다. 현대국어의 맞춤법에서 '앞'과 '없'으로 표기하는 근거도 이와 같은 기저형의 설정과 관련이 있다고 할 수 있다. 단일기저형을 가지고 있는 체언어간과 용언어간들은 모두 규칙적인 곡용과 활용을 한다.

9.3.2 복수기저형(다중기저형)

어떤 형태소의 기저형이 둘 이상인 경우를 지칭한다. 주격조사 '-이 ~ -가', 종결어미 '-는다 ~ -ㄴ다', 불규칙동사 '돕- ~ 도우-', '짓- ~ 지으-' 그리고 중세국어의 체언어간인 '나모 ~ 낡'과 같은 경우는 복수기저형을 가지고 있다. 중세국어와는 달리 현대국어에서 체언어간이 복수기저형을 가지고 있는 경우는 없다. 다음은 학교문법에서 'ㅂ' 불규칙동사라고 불리는 용언어간 '덥-'의 활용형들을 제시해 본 것이다.

덥고, 덥지, 덥다, 더워, 더워서, 더우니, 더우면

이상의 활용형들을 통해 '덥-'의 이형태를 분석하는 과정은 그다지 명쾌하지 못하다. 자음으로 시작하는 어미들 앞에서 나타나는 이형태는 '덥-'이 분명하지만 모음으로 시작하는 어미들 앞에서의 이형태를 분석하기는 용이하지 않다. '더워, 더워서'의 경우를 보면 어미 '-어, -어서'와의 결합이므로 어간의 이형태는 '더우-'인 것으로 보인다. 또한 '더우니, 더우면'의 경우를 보면 어미 '-으니, -으면'과의 결합이므로 어간의 이형태는 역시 '더우-'인 것으로 보인다. 따라서 '덥-'의 이형태 실현을 정리해 보면 다음과 같다.

'덥-'의 이형태

덥 - 고 : 자음으로 시작하는 어미 앞에서 나타나는 이형태
더우 - 어서 : '어/아' 계 어미 앞에서 나타나는 이형태
더우 - 으니 : '으' 계 어미 앞에서 나타나는 이형태

결국 용언어간 '덥-'의 이형태는 '덥-'과 '더우-'이고 이들은 각각 자음과 모음으로 시작하는 어미들 앞에서 배타적으로 실현된다. 용언어간에 결합하는 활용어미들의 가운데 모음으로 시작하는 어미들은 '어/아'로 시작하거나 '으'로 시작하는 경우밖에 없다. 결과적으로는 모음으로 시작하는 어미들 앞으로 포괄할 수 있다.

'덥-'의 두 이형태 가운데 어느 쪽을 기저형으로 설정할 것인가의 문제를 살펴보기에 앞서서 'ㅂ' 규칙동사의 활용형들을 비교해 살펴보도록 하겠다.

잡고, 잡지, 잡다, 잡아, 잡아서, 잡으니, 잡으면

규칙동사인 '잡-'의 활용형을 통해 우리는 손쉽게 단일기저형 '잡-'을 설정할 수 있다. 규칙 용언어간의 경우 어간과 어미의 분석이 명확해서 기저형의 설정이 대단히 직관적이라는 것을 알 수 있다. 반면 불규칙 용언어간인 '덥-'의 경우 '덥'을 기저형으로 설정하는 것이 간단하게 추론되지 않는다. 그렇다고 해서 '더우'를 기저형으로 설정해도 다른 이형태인 '덥'을 도출하는 것이 자연스럽지 못하다.

① [덥]이 기저형이라면
  -자음어미 앞에서는 그대로 [덥]으로 실현된다. 모음어미 앞에서 [더우]로 실현되려면 용언어간 [덥]이 말음 'ㅂ'의 탈락과 제2음절 '우'를 첨가하는 과정을 거쳐야만 하는데 이는 한국어의 음운과정에서 설명이 가능한 현상들이 아니다.

∴ 기저형을 [덥]으로 설정하면 이형태 [더우]를 도출할 수 없기 때문에 [덥]은 기저형이 될 수 없다.

② [더우]가 기저형이라면
-모음어미 앞에서는 그대로 [더우]로 실현된다.[3] 자음어미 앞에서 [덥]으로 실현되려면 용언어간 [더우]의 제2음절 '우'가 탈락하고 또 제1음절 말음으로 'ㅂ'이 첨가되는 대단히 부자연스러운 과정이 설정되어야 한다.
∴ 기저형을 [더우]로 설정하면 이형태 [덥]을 도출할 수 없기 때문에 [더우]는 기저형이 될 수 없다.

불규칙동사인 '덥-'의 이형태들을 보면 단일기저형을 설정하는 방식으로는 타당한 기저형을 설정할 수 없다는 것을 알 수 있다. 또 다른 불규칙 동사인 'ㅅ' 불규칙 활용어간 '긋-'의 활용형들도 살펴보도록 하겠다.

긋고, 긋지, 긋다, 그어, 그어서, 그으니, 그으면

이상의 활용형들을 통해 '긋-'의 이형태를 분석하는 과정은 '덥-'의 경우와 마찬가지로 명쾌하지 못할 뿐 아니라 기저형의 설정과 관련해 좀더 복잡한 문제들이 내재해 있다. 자음으로 시작하는 어미들 앞에서 나타나는 이형태는 '긋-'이 분명하지만 모음으로 시작하는 어미들 앞에서의 이형태를 분석하기는 용이하지 않다.

---

3 음운과정에 대한 논의가 아직 나오지 않아 어간과 어미가 결합할 때 나타나는 현상들을 구체적으로 설명하지 않고 있다. 즉 [덥] 뒤에 오는 자음어미들은 경음화가 적용되어 [덥끼]로 실현된다. [더우] 뒤에 오는 '어/아' 계 어미의 경우 반모음화가 적용되어 [더워]로 실현되고, [더우] 뒤에 오는 '으' 계 어미의 경우 어미의 첫소리인 '으'가 탈락하여 [더우- + -으니 → 더우니]로 실현된다.

'그어, 그어서'의 경우를 보면 어미 '-어, -어서'와의 결합이므로 어간의 이형태는 '그-'인 것으로 보아야 할 것 같지만, 모음으로 끝나는 용언어간들의 경우 '어/아' 계 어미가 결합하면 어간의 말모음이 탈락한다는 사실이 이 이형태의 존재에 제동을 건다. 즉 '가 + -아서 → 가서'의 경우처럼 어간의 말모음이 탈락하는 것이다. 물론 어간의 말모음과 어미의 모음이 동일한 '아'이기 때문에 어느 쪽이 탈락한 것인지 알 수 없다고 할 수 있지만 '크- + -어서 → 커서'의 경우를 보면 어간의 말모음이 탈락한 것임을 알 수 있다. 이렇게 보면 이형태를 '그-'로 보았을 때 '그어서'가 아닌 '거서'가 출현해야 하므로 활용형들을 설명할 수 없다.

또한 '그으니, 그으면'의 경우를 보면 어미 '-으니, -으면'과의 결합이므로 어간의 이형태는 역시 '그-'인 것으로 보이지만, 원래 모음으로 끝나는 용언어간의 경우 '으' 계 어미들과 결합할 때 어미의 첫소리인 '으'가 탈락하게 된다는 사실을 떠올려야 한다. 즉 '가 + 으면 → 가면' 혹은 '크- + -으면 → 크면'처럼 실현되는 것이다. 그런데 '그으니, 그으면'의 경우는 '으'가 있어서 이 분절음이 어간의 일부인지 어미의 일부인지 분석하기 어려운 문제가 생긴다. 일단 분절음 '으'가 고수된다는 측면에서 어간의 일부로 보고 이 경우의 이형태를 '그으-'로 분석하여 '긋-'의 이형태 실현을 정리해 보면 다음과 같다.

'긋-'의 이형태
긋 - 고 : 자음으로 시작하는 어미 앞에서 나타나는 이형태
그으 - 어서 : '어/아' 계 어미 앞에서 나타나는 이형태
그으 - 으니 : '으' 계 어미 앞에서 나타나는 이형태

용언어간 '긋-'의 이형태는 '긋-'과 '그으-'이고 이들은 각각 자음과 모음으로 시작하는 어미들 앞에서 배타적으로 실현된다는 점 역시 앞서 살

펴본 '덥-'의 이형태들과 동일하다. '긋-'의 두 이형태 가운데 어느 쪽을 기저형으로 설정할 것인가의 문제를 살펴보기에 앞서서 'ㅅ' 규칙동사의 활용형들을 역시 비교해 살펴보도록 하겠다.

솟고, 솟지, 솟다, 솟아, 솟아서, 솟으니, 솟으면

규칙동사인 '솟'의 활용형을 통해 우리는 손쉽게 그리고 직관적으로 단일기저형 '솟'을 설정할 수 있다. 이러한 'ㅅ' 규칙 용언어간의 경우와 달리 불규칙 용언어간인 '긋-'의 경우 '긋'을 기저형으로 설정하는 것이 가능하지 않다는 것도 알 수 있다. 그렇다고 해서 '그으'를 기저형으로 설정해도 다른 이형태인 '긋'을 도출하는 것이 자연스럽지 못하다. 다음에서 기저형의 설정 가능성을 확인해 보도록 하겠다.

① [긋]이 기저형이라면
  -자음어미 앞에서는 그대로 [긋]으로 실현된다. 모음어미 앞에서 [그으]로 실현되려면 용언어간 [긋]이 말음 'ㅅ'의 탈락과 제2음절 '으'가 첨가되는 과정을 거쳐야만 하는데 이는 한국어의 음운 과정에서 설명이 가능한 현상들이 아니다.
  ∴ 기저형을 [긋]으로 설정하면 이형태 [그으]를 도출할 수 없기 때문에 [긋]은 기저형이 될 수 없다.

② [그으]가 기저형이라면
  -모음어미 앞에서는 그대로 [그으]로 실현된다. 자음어미 앞에서 [긋]으로 실현되려면 용언어간 [그으]의 제2음절 '으'가 탈락하고 또 제1음절 말음으로 'ㅅ'이 첨가되는 대단히 부자연스러운 과정이 설정되어야 한다.
  ∴ 기저형을 [그으]로 설정하면 이형태 [긋]을 도출할 수 없기 때

문에 [그의]는 기저형이 될 수 없다.

결론적으로 보면 불규칙동사인 '덥-'의 경우와 마찬가지로 불규칙동사인 '긋-'의 경우에도 이형태들 가운데 하나를 단일기저형으로 설정하는 방식으로는 타당한 기저형을 설정할 수 없다는 것을 확인할 수 있다.

이상의 논의를 통해 현대 한국어에서 보이는 불규칙 용언어간들의 경우 단일기저형을 설정하는 것이 타당하지 않음을 알 수 있다. 이와 같은 경우 기저형을 복수로 설정할 수 있다. 이상의 '덥-'과 '긋-'의 기저형은 다음 그림에서 볼 수 있는 것처럼 복수로 설정하고 이들 기저형 각각은 환경에 따라 배타적으로 실현되는 것으로 보는 것이다.

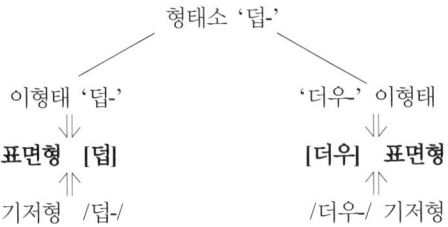

위의 그림을 통해서 '덥-'이라는 하나의 형태소에 대해 두 개의 기저형이 대응되어 설정되었음을 확인할 수 있다. 음성적인 실현인 표면형과 이형태의 실현은 각각 음운론적 환경, 즉 자음으로 시작하느냐 혹은 모음으로 시작하느냐에 따라 결정되는 것이다. 다음은 '긋-'의 기저형 설정에 관한 그림이다.

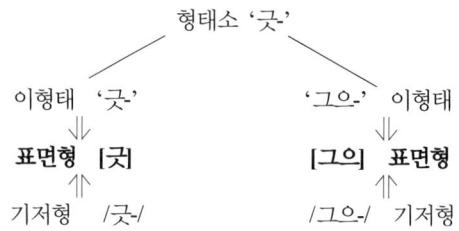

'덥-'의 경우와 동일하게 '긋-'이라는 하나의 형태소에 대해 두 개의 기저형이 대응되어 설정되었음을 확인할 수 있다. 음성적인 표면형과 이형태의 실현은 각각 음운론적 환경, 즉 자음으로 시작하느냐 혹은 모음으로 시작하느냐에 따라 결정되는 것 역시 동일하다.

9.3.3 추상적인 기저형

용언어간 '돕-'은 기저형의 설정에 좀더 복잡한 문제가 있는 불규칙동사의 경우이다. 이 경우에도 이형태의 출현 환경은 동일하다.

'돕-'의 이형태
돕 - 고 : 자음으로 시작하는 어미 앞에서 나타나는 이형태
도오 - 어서 : '어/아' 계 어미 앞에서 나타나는 이형태
도우 - 으니 : '으' 계 어미 앞에서 나타나는 이형태

이 용언어간의 이형태는 '아/어' 계 어미와 '으' 계 어미 앞에서의 이형태가 다르다는 것을 알 수 있다. 같은 'ㅂ' 불규칙 용언어간인 '덥-'과는 달리 어간의 모음이 양성모음이었기 때문에 이러한 차이가 생긴 것으로 보인다. 만일 '으' 계 어미 앞에서 '도오니'가 실현되었다면 '덥-'과 차이가 없었을 것이다. 복수기저형의 설정 방식에 의한다면 '돕-'의 기저형은 '/돕-/, /도오-/, /도우-/'의 세 개로 설정할 수 있게 된다. 불규칙 용언어간의

기저형 설정에 학계의 관심이 집중되던 시절, 이렇게 여러 개의 기저형이 설정되는 것에 부담을 느껴서 다음과 같은 두 개의 기저형을 제안하기도 하였다.

/돕-/ : 자음으로 시작하는 어미 앞에서 나타나는 기저형
/도w-/ : 모음으로 시작하는 어미 앞에서 나타나는 기저형

그런데 이렇게 두 개의 기저형을 설정하려면 /도w-/와 같은 원순계 하향 이중모음을 국어의 음운체계에서 인정해야 한다. 이런 입장에 근거하면 다음과 같이 활용형들이 도출될 수 있다.

/tow-/ + /-a/ → [towa]
/tow-/ + /ini/ → [touɲi]

불규칙 용언어간 /돕-/의 복수기저형을 두 개로 설정하기 위해 /tow-/를 설정하는 경우 공시적으로 설명하기 어려운 다음과 같은 문제들이 생기게 된다.

① 현대 한국어는 물론 통시적으로도 존재하지 않았던 원순계 하향 이중모음 'ow'를 인정해야 한다.
② /tow-/+/ini/→[touɲi] 과정을 인정하려면 'w+i→u'의 재음소화 (rephonemicization)[4] 과정을 공시적으로 인정해야 한다.

---

[4] 하나의 음소로 분석될 수도 있는 음성을 두 음소의 결합으로 보는 것을 재음소화라고 한다. 예를 들어 한국어의 유기음들을 평음과 성문마찰음 'ㅎ'의 결합으로 보는 것이다. 즉 'ㅂ+ㅎ→ㅍ'과 같은 방식으로 이해하는 것인데 이렇게 보면 한국어의 자음체계에서 유기음 계열은 없는 것으로 기술할 수 있다. 모음체계의 경우 중세국어를 대상으로 원순모음들을 'w+i→u'과 'w+ʌ→o'로 재음소화 하여 분석하기도 하였다.

③ 이상의 두 가지 사실을 공시적으로 인정하려면 기저형의 추상성
을 인정해야 한다.

위에서 형태소 '돕-'의 기저형을 설정할 때 생기는 추상성의 문제를 언급하였다. 원순계 하향 이중모음이라든지 재음소화라든지 하는 과정들의 가장 큰 문제는 공시적으로 이들의 실체를 확인하기 어렵다는 점이다. 이들의 설정을 통해 기저형의 개수를 하나라도 줄이는 것이 과연 어떤 언어학적 기술의 우위를 점할 수 있는지 밝히기 어렵다. 굳이 기저형의 개수를 줄이려는 노력이 나왔던 이유는 복수기저형의 존재가 어휘부에 부담을 주기 때문이다.

사실 복수기저형을 가진 불규칙동사들의 경우 학교문법에서 우선적인 암기 대상이라는 점을 상기해 보면 이해할 수 있을 것이다. 가급적 단일기저형으로, 가급적 규칙적인 패러다임으로 형태소와 단어 그리고 문장을 어휘부에 입력하는 것이 훨씬 경제적이고 보편적이기 때문이다. 그러나 그럼에도 불구하고 기저형의 설정 과정이 공시적으로 인정받기 어렵다면 이는 타당하다고 볼 수 없는 것이다.

이처럼 표면형을 도출하는 과정이 공시적인 음운론의 측면에서 부자연스러울 때 그 기저형을 추상적인 기저형(abstract underlying form)이라고 한다. 방금 살펴본 형태소 '돕-'의 기저형 가운데 하나인 /tow-/ 역시 한국어에서는 검증되지 못한 원순계 하향 이중모음을 기저형에 설정하였다는 측면에서 추상적인 기저형이 된다.

불규칙동사들의 경우 특히 규칙적인 기술을 중요시했던 7~80년대 음운론의 논의에서 추상분절음의 설정을 통해 추상적인 기저형을 설정하는 경

재음소화는 음소의 수가 적을수록 해당 음운체계가 경제적이라는 관점이 반영된 것이다.

향이 있었다. 추상분절음을 사용한 'ㅂ' 불규칙동사 '덥-'의 기저형 설정은 다음과 같다.

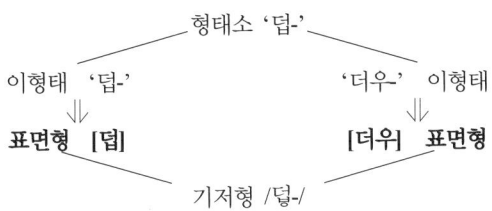

15세기 중세국어 당시 실재했던 유성 양순마찰음 'ㅸ/β/'을 기저형으로 설정하여 다음과 같은 과정을 통해 표면형들을 도출하는 것이다.

덯- + -고 → 덥고
덯- + -어서 → 더버서 → 더워서
덯- + -으니 → 더브니 → 더우니

역사적으로 순경음이라 불리는 음소 /β/가 존재했다 하더라도 현대 한국어에는 이미 사라지고 없는 음소이기 때문에 /β/는 추상음소 혹은 추상분절음이 된다. 추상분절음이란 공시태의 음소목록에 존재하지 않는 분절음이다. 따라서 단일 기저형 /덯-/은 추상적인 기저형이 된다. 그리고 자음어미 앞에서의 'ㅸ→ㅂ'이나 모음어미 앞에서의 '버>워' 혹은 '브>우'와 같은 통시적인 변화의 과정을 공시적인 변동의 과정으로 오인하는 문제를 만들어내게 된다.[5] 결과적으로 이들 음운과정도 공시적으로 실재하지 않

---

5 순경음인 유성의 양순마찰음 /β/의 통시적인 변화과정은 'β>w'라는 공식에 근거하여 다음과 같이 규칙적으로 변화하였다.
'바 > 와', '버 > 워', '보 > 오', '브 > 우'

으로 추상적인 음운과정이 된다.

앞서 살펴본 'ㅅ'불규칙동사인 '긋-'의 기저형도 추상음소를 이용하여 다음과 같이 단일기저형으로 설정할 수 있다.

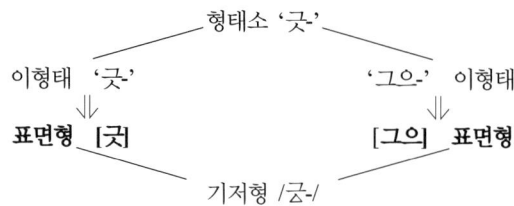

15세기 중세국어 당시 실재했던 유성 치조마찰음 '/z/'을 기저형으로 설정하여 다음과 같은 과정을 통해 표면형들을 도출하는 것이다.

굿- + -고 → 긋고
굿- + -어서 → 그서서 → 그어서
굿- + -으니 → 그스니 → 그으니

'덯-'의 경우와 마찬가지로 중세국어에 치조음이라 불리는 음소 /z/가 존재했다 하더라도 현대 한국어에는 이미 사라지고 없는 음소이기 때문에 추상음소 혹은 추상분절음이 된다. 따라서 자음어미 앞에서의 'ㅿ→ㅅ'이나 모음어미 앞에서의 'ㅿ→ɸ'과 같은 음운과정은 공시적인 과정이 아니므로 추상적인 것이 될 수밖에 없고 따라서 기저형 /굿-/은 추상적인 기저형이 된다.

따라서 추상적인 기저형을 이론적으로 추론하여 설정할 수는 있다 하더라도 그 실재성을 확인할 수 없기 때문에 바람직한 기저형 설정의 방법이라고 할 수 없다.

제10장

음운과정

10.1 음운과정의 개념

 음운론 연구의 궁극적 목적은 개별 언어의 음형(sound pattern)을 정립하는 것이다. 최명옥(2011:16-9)에서는 다음 네 가지 항목의 내용을 포괄하는 것이 음형을 정립하는 것이라고 보았다.[1]

① 개별언어에 존재하는 음운목록
② 형태소 내의 가능한 음운배열
③ 어간과 어미의 기저형이 통합하는 경우에 일어나는 음운과정
④ 음운목록, 음운배열, 음운과정의 통시적 변화

 첫째, 개별언어의 음운목록이란 단어의 의미를 구별할 수 있는 변별적 기능을 가진 음성들의 집합을 지칭한다. 이것은 음운론 연구의 가장 일차적인 목적으로 언어의 존재 이유가 정보전달과 의사소통이라는 점을 생각

---

1 1.2의 각주2)에서 이미 언급한 바 있다.

해 보면 의미전달의 기능을 하는 음성을 변별하는 것은 가장 우선되어야 하는 일임을 알 수 있다.

둘째, 형태소 내의 가능한 음운배열이란 음운들의 분포제약을 의미한다. 음운목록 안의 모든 음운이 자유롭게 형태소나 단어 안에 배열되는 것은 아니기 때문이다. 음운들의 배열에는 제약이 있어서 이때는 적절한 조정작용이 실현된다. 그리고 이러한 음운들 간의 배열제약은 언어마다 다르다. 또 한 가지 공시음운론에서는 형태소의 기저형 설정과정에서 음운의 분포 및 배열제약이 반영되어 있다.

셋째, 하나의 형태소가 아닌 둘 이상의 형태소가 결합하는 경우에 음운배열상의 제약을 어기지 않기 위해 음운론적인 조정과정이 일어나는데 이를 음운과정이라 한다. 즉 어간의 기저형와 어미의 기저형이 결합하는 경우에 어간의 말음과 어미의 첫 음이 교체, 탈락, 첨가, 축약 하는 등의 음운과정을 거치게 된다. 이러한 음운과정은 공시적인 것으로 정보전달과 의사소통에 직접적인 영향을 미친다. 공시적으로 대단히 많은 음운현상들이 나타나고 있지만 그러한 음운현상을 만들어내는 음운과정은 한정되어 있다.

마지막으로 이상의 세 항목이 통시적으로 변화하는 경우를 말한다. 언어란 동적(動的) 구조체(dynamic structure)로서 끊임없이 변화하기 때문에 음운목록, 음운배열, 음운과정의 통시적 변화를 추적하는 것도 음운론의 중요한 목적이 된다.

이번 장에서 살펴볼 음운과정은 현대 한국어에 나타나는 음운현상들을 체계적으로 기술해주는 음운과정들이다. 음운과정(phonologial process)이란 용어를 음운현상과 등가의 개념으로 이해하는 경우가 있는데 이는 정확한 이해가 아니다. 예를 들어 비음화라는 음운과정은 '국-만→궁만, 잡-는다→잠는다, 법문→범문'과 같은 모든 형태론적인 조건과 발화 상황에 따른 개별적인 음운현상들의 일반화를 통해 얻어지는 것이다.

또한 음운과정이라는 용어는 공시적인 음운과정만을 지칭하는 것은 아니다. 음운과정은 기본적으로 입력부(input)와 출력부(output)가 있으면 과정(process)의 개념을 충족시키므로 역사적인 변화를 당연히 포함한다.

① 공시적 음운과정
음운변동이라고도 한다. 화살표 '→'를 사용하여 음운과정의 입력부와 출력부의 관계를 표시한다.

A → B : A가 B로 변동되는데 이때 환경이나 조건이 정해지지 않은 무조건적인 변동이다.
A → B/ __C : A가 B로 변동되는데 오로지 C 앞에서만 변동되는 조건적인 변동이다.
A → B/ C__ : A가 B로 변동되는데 오로지 C 뒤에서만 변동되는 조건적인 변동이다.
A → B/ C__D : A가 B로 변동되는데 오로지 C와 D 사이에서만 변동되는 조건적인 변동이다.
A → B/ __DC : A가 B로 변동되는데 C 앞에서만 변동되는 조건변동이다. 단, D라는 개재음이 존재한다.

② 통시적 음운과정
음운변화라고 일반적으로 부른다. 부등호 '>, <'를 사용하여 음운과정의 입력부와 출력부의 관계를 표시한다. 부등호의 열린 부분이 과거의 형태(선대형)이고 닫힌 부분이 후대의 형태이다.

A > B : A가 B로 변화하는데 이때 환경이나 조건이 정해지지 않은 무조건적인 변화이다.
A > B/ __C : A가 B로 변화하는데 오로지 C 앞에서만 변화하는 조건적인 변화이다.

  A > B/ C__ : A가 B로 변화하는데 오로지 C 뒤에서만 변화하는
       조건적인 변화이다.
  A > B/ C__D : A가 B로 변화하는데 오로지 C와 D 사이에서만 변화
       하는 조건적인 변화이다.
  A > B/ __DC : A가 B로 변화하는데 C 앞에서만 변화하는 조건변화
       이다. 단, D라는 개재음이 존재한다.

10.2 음운과정의 기술방식

  공시적 음운과정이든 통시적 음운과정이든 음운과정을 기술하기 위한 방법이 있다. 위에서 제시한 변동과 변화에 화살표나 부등호를 쓴다든지 입력부가 오는 위치를 밑줄로 표시하고 그 앞뒤에 환경이 되는 분절음을 표기하든지 하는 것들이 모두 음운과정을 기술하는 방법이다. 그런데 굳이 화살표나 부등호 등을 쓰지 않고 말로 풀어써도 무관하다. 즉 'A→B/_C'라고 기술하나 'A는 C 앞에서 B가 된다'라고 기술하거나 혹은 'AC가 BC가 된다'라고 기술해도 상관없다는 것이다.

  화살표나 부등호의 왼쪽 요소를 입력부라 하고 오른쪽 요소를 출력부라고 한다. 빗금(/)은 그 오른쪽이 변동이 일어나는 환경 혹은 조건임을 나타낸다. 밑줄은 입력부가 변동이나 변화를 겪는 자리이다. X__는 X 뒤를, __X는 X 앞을, X__Y는 X와 Y 사이를 의미한다. 말로 기술해도 되지만 이처럼 기호를 사용하여 음운과정을 나타내는 방식을 정해 놓은 것을 표기규약이라고 한다.

  분절음들의 변별적 자질 행렬을 이용해 음운과정을 기술할 때 보통 음운규칙이라 부른다. 특히 많은 음운과정이 자질의 변경과 관련이 있기 때문에 자질변경규칙(feature-changing rule)이라고 부르기도 한다. 다음은 비음화라는 음운과정을 기술하는 네 가지 방식을 제시해 본 것이다.

① 말로 기술하는 방식

　/ㅂ/이 /ㅁ/이나 /ㄴ/ 앞에서 /ㅁ/으로 바뀐다.

② 분절음(음소 혹은 이음)을 단위로 기술하는 방식

　/p/ → /m/ / ＿/m/　혹은　　/pm/ → /mm/

　/p/ → /m/ / ＿/n/　혹은　　/pn/ → /mn/

③ 한글을 이용하여 기술하는 방식

　/ㅂ/ → /ㅁ/ / ＿/ㅁ/　혹은　/ㅂㅁ/ → /ㅁㅁ/

　/ㅂ/ → /ㅁ/ / ＿/ㄴ/　혹은　/ㅂㄴ/ → /ㅁㄴ/

④ 변별적 자질을 단위로 기술하는 방식

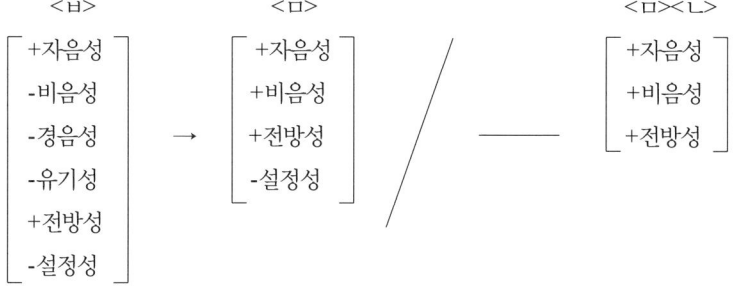

변별적 자질을 이용한 비음화 현상은 이 음운과정의 음운론적 동기와 속성을 명백히 보여준다. 이 음운과정은 후행하는 /ㅁ/이나 /ㄴ/의 [+비음성]으로 인해 평파열음인 /ㅂ/의 [-비음성]이 [+비음성]으로 바뀜으로써, 동일한 조음위치 자질인 [+전방성]과 [-설정성]을 가진 [+비음성]의 음소 /ㅁ/으로 바뀐 것이다. 각각의 분절음 즉 음소명세 가운데 평파열음인 /ㅂ/을 명세하기 위한 [-유기성][-경음성]을 제외하고는 비음성만으로 이 음운과정은 기술될 수 있다. 환경 조건에서 [+전방성]만을 설정한 이유는 비음 가운데 연구개음이 음절의 초성으로 오지 못하는 한국어의 음운배열제약 때문이다. 그래서 [+전방성]을 굳이 명세하지 않아도 된다.

앞서 음소배열제약 혹은 음운배열제약과 관련해 살펴보았을 때 한국어의 경우 비음 앞에는 장애음이 올 수 없음을 밝힌 바 있다. 그런데 현대 한국어에서 음절말에서 변별되는 자음 7개 가운데 비음과 유음을 제외하면 평파열음 /ㅂ/,/ㄷ/,/ㄱ/밖에 올 수 없으므로 비음화 과정은 변별적 자질을 이용해 다음과 같이 한국어의 일반적인 음운규칙으로 기술될 수 있다.

$$\begin{bmatrix} +자음성 \\ -비음성 \\ -공명성 \\ \alpha\ 전방성 \\ \beta\ 설정성 \end{bmatrix} \rightarrow \begin{bmatrix} +자음성 \\ +비음성 \\ \alpha\ 전방성 \\ \beta\ 설정성 \end{bmatrix} \bigg/ \underline{\qquad} \begin{bmatrix} +자음성 \\ +비음성 \end{bmatrix}$$

위의 음운규칙에서 사용한 그리스 문자 α 와 β 는 조음위치에 대한 자질값이 같다는 것을 나타내는 변항(variable)이다. α 나 β 는 늘 '+'이거나 '-'인 것이다. 즉 비음화는 조음방법에서의 동화이기 때문에 조음위치에서는 변화가 없다. 따라서 음절말의 /ㅂ/은 /ㅁ/으로, 음절말의 /ㄷ/은 /ㄴ/으로, 그리고 음절말의 /ㄱ/은 /ㅇ/으로 변하기 때문에 전방성과 설정성의 자질값은 변화가 없다.

변별적 자질을 이용한 음운과정의 기술이야말로 음운규칙의 전형적 기술 방식이라고 할 수 있다. 이 방식이 지니는 장점은 음운규칙의 동기와 음성적 조건을 투명하게 설명할 수 있다는 점이다. 그러나 학교문법 등을 통해 많은 음운과정들이 좀더 쉽게 소개되어야 하는 점과 출판의 문제 등 주변적인 이유로 한국어의 음운규칙은 다음과 같이 한글자모를 사용해 기술하는 경우가 많다.

$$\begin{bmatrix} ㅂ \\ ㄷ \\ ㄱ \end{bmatrix} \rightarrow \begin{bmatrix} ㅁ \\ ㄴ \\ ㅇ \end{bmatrix} \Big/ \_ \{ㄴ, ㅁ\}$$

10.3 음운과정의 유형

음운과정은 분절음의 관점에서 본 변동 혹은 변화의 양상에 따라 대치, 탈락, 첨가, 축약, 도치의 과정으로 구분된다. '대치'의 과정을 '교체'로 부르는 경우도 있으나 이형태나 이음의 교체와 같은 용어와 혼동되는 부분이 있어 대치로 부르는 것이 좀더 명확해 보인다.

① 대치 : 하나의 분절음이 다른 분절음으로 바뀌는 과정을 말한다.
　　대치규칙 : a → b
　　예> 잡- + -고 → [잡꼬] / 먹- + -는 → [멍는]
② 탈락 : 분절음이 삭제되는 과정을 말한다.
　　탈락규칙 : a → φ
　　예> 많- + -아 → [마나] / 크- + -어 → [커]
③ 첨가 : 없던 새로운 분절음이 삽입되는 과정을 말한다.
　　첨가규칙 : φ → b
　　예> 두통 + 약 → [두통냑]
④ 축약 : 둘 이상의 분절음이 하나의 분절음으로 합해지는 과정을 말한다.
　　축약규칙 : a + b → c
　　예> 놓- + -고 → [노코]
⑤ 도치 : 분절음들의 순서가 바뀌는 과정을 말한다.
　　도치규칙 : ab → ba
　　예> 이륵이륵 >이글이글, 뱃복 > 배꼽, 하야로비 > 해오라기

대치가 가장 일반적인 음운과정이며 대치는 대부분 동화(assimilation) 과정이다. 동화과정은 가장 흔하고 자연스러운 음운과정이다. 음운의 변동이나 변화가 일어나는 일차적인 이유는 조음을 편하게 하려는 때문인데, 동화과정은 이웃한 분절음들 간에 조음상의 유사성을 가지게 해 발음을 좀더 쉽게 만들기 때문이다. 그리고 첨가에 비해 탈락의 과정이 좀더 흔하다. 인접한 두 분절음이 한 분절음으로 바뀌었을 때 둘 중 하나가 탈락했을 수도 있고 둘이 축약되었을 수도 있다. 그런데 이때 두 분절음의 특징이 한 분절음에 모두 남아 있으면 축약이다.

도치는 가장 드문 음운과정으로 공시적인 과정으로 보이지는 않는다. 한국어에서 나타나는 도치과정은 다른 음운과정과 비교할 때 사례도 희소하고 그렇기 때문에 음운과정으로서의 규칙성 역시 확인하기가 어렵다. 일부 어휘들에서만 산발적으로 발견되는 정도이다.

10.4 대치 과정

음운과정 가운데 가장 많은 유형인 대치 과정은 동화과정인 대치과정과 동화가 아닌 대치과정으로 구분이 된다. 동화란 어떤 분절음이 주변의 분절음과 같거나 비슷하게 바뀌는 것이다. 이와 반대로 주변의 분절음과 달라지는 것은 이화(dissimilation)라고 한다.

언어 보편적으로 이화보다는 동화가 더 자연스럽고 보편적인 현상이어서 동화가 체계적으로 실현되는 반면 이화는 산발적으로 실현된다. 이화는 조음의 편이(ease of articulation)를 위해 빈번하게 발생하는 동화로 인해 지나치게 많은 동음이의어들이 출현해서 의미의 투명성이 사라지게 되면 등장하게 된다. 또 역설적으로 동화로 인해 비슷한 소리가 연속적으로 실현되어 발음이 단조로울 때 등장하기도 한다. 한국어 이화의 예로는 동일한 분절음의 연속을 피하기 위해 나타나는 '거붑>거북, 고키리>코키리>

코끼리, 담임[다밈]>다님' 등을 꼽을 수 있다.

동화를 겪는 분절음을 피동화음이라 하고 피동화음에 영향을 주어 동화를 실현하는 분절음을 동화음 혹은 동화주라고 한다.

A → B / __C (A는 피동화음/ B는 동화의 결과/ C는 동화주)

피동화음과 동화주의 관계에 따라 동화는 여러 가지 유형으로 나뉘게 되는데 피동화음과 동화주가 비슷해지는 정도, 피동화음과 동화주 사이의 개재음 여부, 피동화음과 동화주의 선후 위치에 따라 그 유형이 달라진다.

① 피동화음과 동화주의 비슷해지는 정도
　완전동화 : 피동화음이 동화주와 동일해지는 경우
　예▷ 밥 - 만 → 밤만
　부분동화 : 피동화음이 동화주와 좀더 유사해지는 경우
　예▷ 익 - 는 → 잉는
② 피동화음과 동화주 사이의 개재음 여부
　직접동화 : 피동화음과 동화주 사이에 개재음이 없는 경우
　예▷ 물 - 난리 → 물랄리
　간접동화 : 피동화음과 동화주 사이에 개재음이 있는 경우
　예▷ 아지랑이 → 아지랭이
③ 피동화음과 동화주의 선후위치
　순행동화 : 동화주가 피동화음의 앞에 있는 경우
　예▷ 믈 → 물
　역행동화 : 동화주가 피동화음의 뒤에 있는 경우
　예▷ 같 - 이 → 가치

또한 동화주와 피동화음이 각각 자음이냐 모음이냐에 따라 동화의 유형

을 다음과 같이 더 구분할 수 있다.

① 모음에 의한 모음동화
   동화주가 모음이고 피동화음이 모음인 경우
   예▷ 모음조화, 움라우트
② 모음에 의한 자음동화
   동화주가 모음이고 피동화음이 자음인 경우
   예▷ 구개음화
③ 자음에 의한 모음동화
   동화주가 자음이고 피동화음이 모음인 경우
   예▷ 원순모음화
④ 자음에 의한 자음동화
   동화주가 자음이고 피동화음이 자음인 경우
   예▷ 비음화, 유음화, 조음위치동화

이상의 동화과정에 해당하는 대치과정으로는 비음화, 유음화, 조음위치동화가 대표적이다. 동화가 아닌 대치과정으로는 평파열음화와 경음화가 있다.

10.4.1 평파열음화

모든 장애음은 음절말의 위치에서 평음의 파열음인 /ㅂ,ㄷ,ㄱ/로 바뀌는데 이를 평파열음화나 평폐쇄음화라고 한다. 음절말의 종성 /ㅍ/이 /ㅂ/으로, 종성 /ㅌ,ㅈ,ㅊ,ㅅ,ㅆ,ㅎ/이 /ㄷ/으로, 종성 /ㄲ,ㅋ/이 /ㄱ/으로 교체하는 음운과정이다. 음절말 종성으로 'ㅃ,ㄸ,ㅉ'을 가지고 있는 형태소나 단어는 한국어에 없기 때문에 해당하지 않는다.

결과적으로 평파열음화의 실현은 현대 한국어의 자음 19개 가운데 종성으로 실현될 수 있는 자음의 종류를 /ㅂ,ㄷ,ㄱ,ㅁ,ㄴ,ㅇ,ㄹ/의 7개만으로 제한하게 된다.

   잎 → 입 짚 - 만 → 집만 → 짐만 덮 - 고 → 덥꼬
   끝 → 끋 빛 - 도 → 빋도 → 빋또 웃 - 다 → 욷따
   밖 → 박 부엌 - 만 → 부억만 → 부엉만
   닦 - 는 → 닥는 → 당는

 음절말 종성의 /ㅍ,ㅌ,ㅋ,ㄲ/의 경우 평파열음화가 실현되어도 조음위치의 변화는 없다. 즉 조음방법에서 변화가 일어날 뿐이어서 양순음은 양순음으로, 치조음은 치조음으로, 연구개음은 연구개음의 평음으로 바뀌는 것이다. 그러나 파찰음과 마찰음의 음절말 종성인 /ㅈ,ㅊ,ㅅ,ㅆ/의 경우는 조음방법에서의 변화가 생겨서 파찰성과 마찰성을 잃고 파열음이 된다. 특히 파찰음의 경우 조음위치까지 변화하게 되어 조음위치는 변화하지 않는 마찰음과의 차이를 보인다.

 마지막으로 음절말 종성 /ㅎ/의 경우를 살펴보도록 하겠다. 특히 현대 한국어에서 체언어간의 말음으로 /ㅎ/이 존재하지 않기 때문에 휴지 앞에서 어떻게 실현되는지 확인할 수 없다는 한계가 있다. 게다가 실제 발화형에서 자음이 뒤따를 때 /ㅎ/이 /ㄷ/으로 바뀐다는 사실을 확인할 수 없다는 점도 /ㅎ/의 평파열음화를 인정할 수 있을까 하는 의구심을 만든다.

   놓 - 는 → (녿는) → 논는
   놓 - 습니다 → (녿씀니다) → 노씀니다
   놓 - 고 → (녿코) → 노코

 괄호 속에 표기한 '녿는, 녿씀니다, 녿코'는 실제 발화형을 확인하기가 어렵다. 종성의 /ㅎ/이 /ㄷ/으로 평파열음화 한다고 보면 '놓 - 는 → (녿

는) → 논는'의 도출과정을 설명하는 것이 가장 자연스럽게 된다. 왜냐하면 /ㅎ/과 /ㄴ/이 직접동화로서 비음화를 실현할 수는 없기 때문이다. '놓 - 고 → (논코) → 노코'의 경우는 굳이 도출과정에 '논코'를 설정할 필요가 없는데 순행적 유기음화로 충분히 표면형이 도출되기 때문이다. '놓 - 습니다 → (논씀니다) → 노씀니다'의 경우는 /ㅎ/이 /ㄷ/으로 평파열음화를 거친 뒤 뒤따르는 /ㅅ/을 경음화 시키고 마지막에 음절말의 /ㄷ/까지 탈락시키는 복잡한 도출과정을 거쳐야 한다. 문제는 논리적으로는 가능해 보이는 이러한 도출과정의 실재를 확인할 방법이 없다는 점이다.

그래서 이 경우의 /ㅎ/은 /ㅅ/과 축약의 과정을 거쳐 /ㅆ/으로 실현된다고 보기도 한다. 그러나 이 경우를 제외하고 /ㅎ/은 파열음과 파찰음을 만나는 경우 유기음화라는 축약과정을 실현한다는 점에서 차이가 있다. 물론 설명의 가능성은 있다. 마찰음은 원래 유기음이 없기 때문에 축약과정으로 경음화가 실현된다고 볼 수도 있다. 어찌 되었던 /ㅎ/의 평파열음화는 다른 종성들과는 양상이 다르다고 할 수 있다. /ㅎ/이 /ㄷ/으로 평파열음화 된다고 본다면 조음위치와 조음방법에서의 변화가 모두 일어났다고 보아야 한다.

10.4.2 경음화

경음화는 현대 한국어의 음운과정 가운데 그 적용의 환경이 다양해서 교체의 양상에도 상당한 차이가 있다. 경음화의 유형은 다음과 같이 구분될 수 있다.

① 평파열음 뒤의 경음화 : 자동적 경음화
② 용언어간말 비음 'ㄴ, ㅁ' 뒤의 경음화 : 비자동적 경음화
③ 관형사형 '-ㄹ/을' 뒤의 경음화 : 비자동적 경음화

④ 사이시옷에 의한 경음화 : 비자동적 경음화
⑤ 한자어 'ㄹ' 뒤의 경음화 : 비자동적 경음화

위의 다섯 가지 유형 가운데 음운배열상의 제약에 의해 실현되는 경음화는 평파열음 /ㅂ, ㄷ, ㄱ/ 뒤에서 나타나는 경음화뿐이다. 나머지 네 가지 유형의 경음화는 음운배열상의 동기가 전혀 없는 비자동적 교체로서 나타나는 경음화이다.

10.4.2.1 평파열음 뒤의 경음화

평파열음 /ㅂ, ㄷ, ㄱ/ 뒤에서 평음의 장애음들인 /ㅂ, ㄷ, ㄱ, ㅈ, ㅅ/이 경음으로 교체하는 현상이다. 또한 평파열음화를 겪은 후의 /ㅂ, ㄷ, ㄱ/ 뒤에서도 역시 경음화가 실현된다.

덥 - 다 → 덥따   엎 - 고 → 업꼬   앞 - 만 → 암만
듣 - 다 → 듣따   같 - 고 → 갇꼬   꽃 - 비 → 꼳삐
죽 - 다 → 죽따   꺾 - 고 → 꺽꼬   부엌 - 도 → 부억또

이들의 경음화는 음성학적인 동기가 분명한 교체 양상을 보인다. 선행 음절말음들은 음절말 위치에서 불파음으로 실현되고 파열이 수반되지 않는 까닭에 근육의 긴장이 지속되어 후행하는 평음을 경음으로 발음하게 되는 것이다. 그런데 다음과 같은 예들에서는 음운과정 즉 음운규칙의 적용순서(규칙순)의 문제를 고려할 필요가 있다.

맑 - 고 → 맑꼬 → 말꼬
넓 - 다 → 넓따 → 널따

탈락과정에 해당하는 자음군단순화는 한국어의 음절구조제약에 따른 조정 작용을 해주는 음운과정이다. 즉 모음과 모음 사이에 두 개까지의 자음만을 허용하는 제약으로 만일 두 개 이상의 자음이 연결되는 경우 자음군단순화가 실현된다. 위의 예들은 자음군단순화를 겪게 되는 자음군을 어간말음으로 가지는 용언어간들의 경우이다. 그런데 이들 용언어간들은 자음군단순화와 함께 경음화도 역시 거쳐야 하는 활용형들로서 규칙순이 필요한 경우이다.

위의 도출과정을 통해서 알 수 있지만 어간말의 평파열음에 의한 경음화를 먼저 겪은 후 자음군단순화를 거치는 것이 자연스럽다는 것을 알 수 있다. 왜냐하면 자음군단순화가 먼저 실현되는 경우 표면형 [말꼬]와 [널따]를 도출할 수 없게 되는데, 어간말자음군 가운데 두 번째 자음인 평파열음 /ㄱ/과 /ㅂ/을 자음군단순화에 의해 먼저 탈락시키면 남은 첫 번째 자음 /ㄹ/이 경음화를 실현하는 것이 자연스럽지 못하기 때문이다. 일반적으로 용언어간말의 자음군 /ㄵ, ㄺ, ㄻ, ㄾ/은 제2자음에 의해 후행자음을 경음화 시킨 후 자음군단순화에 의해 활용형을 실현하는 것으로 보고 있다.

10.4.2.2 용언어간말 비음 'ㄴ, ㅁ' 뒤의 경음화

용언어간의 말음이 비음인 경우 후행하는 어미의 첫소리 평음이 경음으로 교체하는 현상이다. 용언어간의 말음이 /ㄴ, ㅁ/인 경우에 /ㄻ/도 포함시켜야 하는데 자음군이지만 제2자음이 비음이기 때문이다. 용언어간말 비음 뒤에서 실현되는 경음화는 국어의 음운배열제약과는 무관한 현상으로 음성, 음운론적 동기가 없기 때문에 비자동적 교체로 보아야 한다.

신 - 고 → 신꼬   남 - 던 → 남떤   삶 - 지 → 삼찌

이 경우의 경음화가 음성적 혹은 음운론적 동기가 없음은 다음 예들과의 비교를 통해서 확인할 수 있다.

신발 vs 신-고[신꼬]
안기다 vs 안-기[안끼]

동일한 분절음 '신' 뒤에서 '신발'은 경음화가 실현되지 않지만 '신-꼬'의 경우는 경음화가 실현되는 차이를 확인할 수 있다. '안기다'의 경우는 경음화가 실현되지 않는 반면 '안-끼'의 경우는 경음화가 실현된다. 동일한 분절음 '안' 뒤에서 경음화 실현에 차이를 보이는 것이다. '안기다'와 같은 경우는 '감기-, 숨기-, 굶기-' 등에서 확인할 수 있는데 모두 피사동접미사 '-기-'가 결합한 경우이고 반면 경음화를 실현하는 '안-끼'는 명사파생접미사가 '-기'가 결합한 경우이다.

그런데 이들 용언어간들도 자음군단순화와 함께 경음화를 실현하는 활용형들로서 규칙순에 대해 검토할 필요가 있다.

삶 - 고 → 삼고 → 삼꼬
앉 - 지 → 안지 → 안찌

위의 두 활용형은 먼저 자음군단순화를 겪은 후 어간말의 비음 /ㅁ/과 /ㄴ/ 뒤에서 비자동적인 경음화가 실현된다고 볼 수 있다. 어간말음 /ㄻ/의 경우 'ㄹ'이 자음군단순화 이후 남는 경우도 없고 제2자음이 비음인 'ㅁ'이기 때문에 사실 자음군단순화 이전에 비음 뒤 경음화가 먼저 실현된다고 볼 수도 있다. 다음 두 활용형은 경음화를 적용한 후 그 다음에 자음군단순화가 적용된 것으로 본 것이다.

삶 - 고 → 삶꼬 → 삼꼬
맑 - 고 → 맑꼬 → 말꼬

이렇게 보면 앞서 살펴본 '맑-, 넓-'과 마찬가지로 경음화에 이은 자음군 단순화의 적용이라는 규칙순을 설정할 수도 있다. '앉-'의 경우도 경음화에 이은 자음군단순화로 규칙순을 정할 수 있다.

앉 - 지 → 안ㄷ지 → 안ㄷ찌 → 안찌

이 경우에는 먼저 'ㅈ'이 평파열음화 하여 'ㄷ'으로 바뀐 뒤 평파열음 뒤 경음화로 후행하는 어미의 두음을 경음화 시킨 뒤 자음군단순화를 실현하게 되는 것이다.

10.4.2.3 관형사형 '-ㄹ/을' 뒤의 경음화

어미 '-ㄹ/을'이 붙은 관형사형 바로 뒤에서 수식을 받는 체언의 두음(첫소리)은 경음으로 교체한다. 수식받는 체언이 의존명사일 때 그 두음은 항상 경음화한다.

할 것[할껃]   갈 데[갈떼]   할 듯[할뜯]
할 쉬[할쒸]   할 줄[할쭐]

어미 '-을걸[을껄]'과 '-을게[을께]'는 '-을' 관형사형과 의존명사 '것'의 결합으로부터 형성되었는데, 하나의 어미로 굳어진 후에도 경음화의 흔적은 그대로 남아 있다. 수식받는 체언이 자립명사일 때는 관형사형과 체언 어간을 한 단어로 이어서 발음할 때 경음화가 잘 실현되고, 휴지가 개입하는 경우 경음화가 실현되지 않는다.

잠잘 방 [잠잘빵]　　　먹을 밥[먹을빱]　　살 집[살찝]
만날 사람 [만날싸람] ~ [만날 # 사람]
만날 그 사람 [만날 # 그 # 사람]
우리가 딸 금메달[우리가 # 딸 # 금메달]

'잠잘 방, 먹을 밥, 살 집'의 경우에도 경음화가 실현되는 경우가 대부분이지만 필수적이라 하기는 어렵다. 후행하는 체언어간이 1음절이 아닌 경우 경음화가 잘 실현되지 않는다. 즉 '먹을 밥'의 경우 경음화가 실현되는 것이 더 자연스럽지만 '먹을 국수'의 경우에는 경음화를 실현하지 않는 경우가 더 자연스러워 보인다.

'만날 사람'의 경우 수식받는 체언어간이 2음절이어서 경음화를 실현하기도 하지만 경음화를 실현하지 않을 수도 있다. '만날 그 사람'처럼 관형형어미와 체언어간 사이에 다른 분절음이 개입하면 아예 경음화는 실현되지 않는다. '우리가 딸 금메달'과 같이 후행하는 체언어간이 3음절어인 경우 절대로 경음화가 실현되지 않는다. 결과적으로 보면 수식받는 체언어간이 의존명사인 경우에만 필수적으로 경음화가 실현되는 것이다.

10.4.2.4 사이시옷에 의한 경음화

합성어와 파생어를 형성할 때 두 어형 사이에 사이시옷이 개입하여 후행하는 어형의 첫소리를 경음화시키기도 한다. 다음의 두 단어를 비교해 보면 그 차이를 확인할 수 있다.

　　　잠자리[잠자리]　　　　　　잠자리[잠짜리]

[잠자리]로 발음되는 경우 이 단어는 하나의 형태소로 '잠'과 '자리' 사이에 형태소 경계가 없다. 반면 [잠짜리]로 발음되는 경우는 [잠]과 [자리]

사이에 형태소 경계가 있는 두 단어의 합성어로서 사이시옷이 개입하여 경음화가 실현된 것이다. 즉 표기로는 드러나지 않지만 다음과 같은 도출 과정을 거친 것으로 보는 것이다.

잠-ㅅ-자리 → 잠ㄷ자리 → 잠ㄷ짜리 → 잠짜리

기저형에는 사이시옷이 있어서 이 'ㅅ'이 'ㄷ'으로 평파열음화를 하고 이어 후행하는 자음을 경음화 시킨 것으로 보는 것이다. 한글맞춤법 제30항의 규정에 따라 사이시옷이 표기로 드러나는 경우는 '뱃사람'처럼 선행하는 단어가 모음으로 끝나는 경우에 한정했기 때문에 선행하는 단어가 자음으로 끝난 경우 그 실체를 확인하기는 어렵다.

뿐만 아니라 후행하는 단어의 첫소리가 경음이나 유기음인 경우에는 선행하는 단어의 말음이 모음이어도 '보리쌀, 배탈'처럼 사이시옷을 표기하지 않는다. 따라서 'ㅅ'이라는 사이시옷의 표기를 통해 경음화의 조건을 정확히 파악하기는 어렵다.

어찌 되었건 사이시옷에 의한 경음화는 'ㅅ'이 'ㄷ'으로 평파열음화 하여 뒤따르는 자음을 경음화시키는 것으로 기술하게 되는데, 흥미로운 것은 현대 한국어의 표준발음법에서 사이시옷이 평파열음화를 겪은 [밷싸람]의 발음과 'ㄷ'이 탈락한 [배싸람]의 발음을 모두 표준발음으로 인정하고 있다는 사실이다.

그런데 합성어와 파생어의 형성에서 언제나 사이시옷에 의한 경음화가 일어나는 것은 아니다. 배주채(2015:168)에서 정리한 사이시옷에 의한 경음화 예들을 인용해 보도록 하겠다.

① 합성어와 파생어의 형성에서 사이시옷에 의한 경음화가 늘 실현되는 경우

-경음화가 실현되는 합성어(명사 '가, 감, 값, 거리, 국, 길, 발, 살'이 결합하는 경우)

길가, 바닷가, 물감, 사윗감, 장난감, 금값, 평균값, 걱정거리, 반찬거리, 된장국, 콩나물국, 눈길, 발길, 밤길, 눈발, 눈살, 햇살

-경음화가 실현되는 파생어(접미사 '-발, -보'가 결합하는 경우)

말발, 사진발, 화장발, 눈물보, 심술보, 울음보

② 이상의 합성어와 파생어의 경우를 제외한, 나머지 합성어와 파생어는 사이시옷의 개입으로 경음화가 실현되는 경우와 그렇지 않은 경우로 구분된다.

-경음화가 실현되는 경우

봄비, 여름방학, 돈벌이, 디딤돌, 물병, 발자국, 손가락, 물고기

-경음화가 실현되지 않는 경우

물불, 손발, 이슬비, 쌀밥, 칼국수, 불장난, 까치발, 소고기, 불고기

10.4.2.5 한자어 'ㄹ' 뒤의 경음화

고유어가 아닌 한자어의 경우에 한해서 /ㄹ/ 뒤에 오는 설정음들 /ㄷ, ㅅ, ㅈ/은 경음화가 된다. 반면 [-설정성]을 가진 /ㅂ, ㄱ/은 /ㄹ/ 뒤에서 경음화가 되지 않는다. 동일한 한자 '발(發)'을 제1음절로 가진 다음의 한자어들을 비교해 보면 알 수 있다.

발달(發達)[발딸]   발생(發生)[발쌩]   발전(發展)[발쩐]
발병(發病)[발병]   발견(發見)[발견]   발광(發光)[발광]

여기서 '발병'의 경우 [발뼝]으로 발음 나는 경우가 있는데 이는 사이시옷으로 인한 경음화의 예로 구별해야 한다. 이는 '코로나 발병'과 같이 병이 난다는 의미가 아니라 '발의 병 혹은 발에 난 병'이라는 의미로 '고유

어+한자어'의 구조에 사이시옷이 개입하여 경음화가 실현된 것이다.

또 한자어의 경우에도 /ㄹ/ 뒤에서 설정음들이 언제나 경음화 되는 것은 아니어서 '몰-상식'의 경우에는 [몰쌍식]으로 발음되지만 '몰-지각'의 경우에는 경음화가 실현되지 않는 [몰지각]으로 그대로 발음된다.

10.4.3 비음화

한국어에는 장애음과 비음이 연속해서 올 수 없는 음운배열제약이 있다. 즉 음절말 종성의 평파열음은 뒤에 비음이 오는 경우 같은 조음위치의 비음으로 바뀌어야 한다. 비음화는 조음방법 상의 동화이기 때문에 조음위치는 변화하지 않는다. /ㅂ/은 /ㅁ/으로, /ㄷ/은 /ㄴ/으로 그리고 /ㄱ/은 /ㅇ/으로 교체하게 된다.

밥 - 만 → 밤만   접 - 는 → 점는
옷 - 만 → 옫만 → 온만 닫 - 는 → 단는
국민 → 궁민   겹문 → 겸문
흙 - 먼지 → 흑먼지 → 흥먼지 없 - 네 → 업네 → 엄네

체언어간, 용언어간 그리고 한자어를 포함하여 음절말 종성의 평파열음들은 뒤에 오는 비음/ㄴ/과 /ㅁ/에 의해 비음화를 반드시 겪게 된다. '흙먼지'와 '없네'의 경우는 자음군단순화를 실현한 후 다시 비음화를 겪게 된다. 음절말음이 평파열음 /ㅂ,ㄷ,ㄱ/가 아닌 경우 평파열음화를 거친 후 비음화를 실현하게 된다. 결론적으로 모든 장애음은 비음 앞에서 비음으로 바뀌게 되는 것이다.

앞 - 만 → 압만 → 암만
꽃 - 만 → 꼳만 → 꼰만

잊 - 는 → 읻는 → 인는
닭 - 는 → 닥는 → 당는

영어에서는 'book mark'나 'top model'에서 비음화가 실현되지 않는다. 이는 기본적으로 영어가 음절말에서 불파화를 겪지 않고 외파음으로 실현되는 데 이유가 있다. 이들을 [붕마크]나 [탐모델]로 발음하는 것은 콩글리쉬가 되기는 하지만 다음과 같은 외래어 수준의 영어 예들은 한국어의 비음화를 그대로 실현하게 된다.

빅 - 뉴스 → 빙뉴스   핫 - 뉴스 → 핟뉴스 → 한뉴스
톱 - 뉴스 → 톰뉴스

이상의 외래어들은 비음화를 반영하지 않은 '빅뉴스, 핫뉴스, 톱뉴스'로 표기 하는데, 현행 외래어 표기법에서 두 말이 합쳐져 만들어진 합성어는 각각의 어형이 단독으로 쓰일 때의 표기대로 적기로 하였기 때문이다.

10.4.4 'ㄹ'의 비음화

'유음의 비음화' 혹은 '치조비음화'라고도 불리는 음운과정이다. 이 음운과정은 음절말의 평파열음이나 비음 뒤에 /ㄹ/이 오면 /ㄴ/으로 교체되는 현상이다. 즉 /ㄹ/은 /ㄹ/ 이외의 자음 뒤에서는 모두 /ㄴ/으로 교체된다는 이야기이다. 'ㄹ' 혹은 유음의 비음화라고 지칭하는 것은 이 음운과정의 입력부 즉 /ㄹ/에 초점을 둔 명칭이고, 치조비음화라고 지칭하는 것은 출력부 즉 /ㄴ/에 초점을 둔 명칭이다.

이 현상은 한국어의 음운배열제약에 따라 폐쇄음이나 비음 뒤에 /ㄹ/이 올 수 없기 때문에 나타나는 현상이지만 동화과정은 아니다. 이 음운현상

이 한자어나 외래어에 많이 나타나다 보니 큰 관심의 대상이 되지 못했고 사실 음운과정으로서의 명칭도 고정되지는 못했다. 다음의 예들이 'ㄹ'의 비음화를 보여주는 경우이다.

① 비음 뒤에 'ㄹ'이 오는 경우
   심리[심니]   경력[경녁]   결단력[결딴녁]
② 폐쇄음 뒤에 'ㄹ'이 오는 경우
   격리[격니→경니]   압력[압녁→암녁]   독립문[독닙문→동님문]
③ 외래어의 경우
   hot line(핫라인) → 핱라인 → 핱나인 → 한나인

폐쇄음 뒤에 /ㄹ/이 오는 경우 /ㄹ/이 /ㄴ/으로 교체된 후, 다시 선행음절 말의 파열음을 비음화 시킨다. 즉 동화과정이 아닌 'ㄹ'의 비음화를 적용한 후 이어서 동화과정인 파열음의 비음화가 적용되는 것이다.

그런데 /ㄹ/ 앞에 /ㄴ/이 오는 경우에는 다소 양상이 복잡하다. 다음의 예들을 살펴보면 'ㄹ'이 비음화 하는 경우도 있지만 유음화를 하는 경우도 있다는 것을 알 수 있다.

   음운론[으문논] ~ [으물론]
   신라면[신나면] ~ [실라면]
   온라인[온나인] ~ [올라인]
   원룸[원눔] ~ [월룸]

'대관령'이나 '삼천리' 같은 경우는 오히려 유음화를 실현하여 [대괄령]이나 [삼철리]로만 발음된다. 위의 예들 가운데 'ㄹ'의 비음화형이 표준어로 인정된 경우는 [으문논]뿐이다. 이처럼 'ㄹ'앞에 비음 'ㄴ'이 오는 경우에는 다소 복잡한 양상을 보임을 알 수 있다.

10.4.5 유음화

유음화는 /ㄹ/ 앞이나 뒤의 /ㄴ/이 /ㄹ/로 교체하는 현상이다. 유음화는 한국어에서 음운배열제약에 따라 'ㄴㄹ' 혹은 'ㄹㄴ'의 음소연쇄가 부적격하기 때문에 나타난다. 유음화는 동화의 방향에 따라 다음 두 가지의 유음화로 구분된다.

순행적 유음화 : /ㄹ/ 뒤의 /ㄴ/이 /ㄹ/로 교체하는 경우
역행적 유음화 : /ㄹ/ 앞의 /ㄴ/이 /ㄹ/로 교체하는 경우

순행적 유음화는 두 가지 범주에서 실현되는데 하나는 두 단어 사이나 합성어, 파생어, 한자어에서 나타나는 경우이다. 다른 하나는 용언어간말음 /ㄾ, ㄿ, ㅀ/이 /ㄴ/ 앞에 올 때 /ㅌ/과 /ㅎ/이 탈락하여 /ㄹ/과 /ㄴ/이 만나게 되어 실현된다. 다음은 순행적 유음화를 보여주는 두 가지 범주에 해당하는 예들이다.

① 달님[달림]   설날[설랄]   일년[일련]   실내[실래]
② 넓네[널네 → 널레]   핥는[할는 → 할른]
   잃는대[일는다 → 일른대]

'달님[달림]'과 같은 경우의 유음화는 개재자음이 없는 순행적 유음화로 직접동화가 된다. 'ㄹㄴ'의 연쇄를 보이는 '솔-나무'와 같은 경우 'ㄹ'이 탈락하여 '소나무'로 나타나는데 이 경우 나타나는 유음탈락 현상은 현대 한국어의 공시적인 음운과정이 아닌 통시적인 변화 결과이다. 중세국어 시기 유음탈락의 과정이 생산적이던 시절 적용을 받아 유음이 탈락한 채로 화석화된 상태이다. '소나무'가 '솔라무'로 발음되는 경우는 생산적인 유음화를 반영한 개신적인 발음이라고 할 수 있다.

'넓네[널네→널레]'와 '핥는[할는 → 할른]' 같은 도출과정을 보면 자음 군단순화가 실현된 뒤에 순행적 유음화가 일어나므로 직접동화로 볼 수 있다. 그런데 순행적 유음화가 먼저 적용된다고 보면 이 경우의 유음화는 개재자음이 있는 간접동화가 되는 것이다(핥-는→핥른→할른).

역행적 유음화는 주로 2음절의 한자어에서 잘 나타난다. 그러나 2음절의 한자어에 다른 한자 형태소가 결합하여 3음절 한자어가 되는 경우에는 'ㄹ'의 비음화가 실현된다.

① 2음절 한자어
논리[놀리] 신라[실라] 인류[일류] 선릉[설릉]
② 3음절 한자어
음운-론[으문논] 의견-란[의견난] 판단-력[판단녁]
cf. 인력 [일력] vs 견인력 [견인녁]

역행적 유음화는 결국 2음절 한자어에서만 등장하는 셈이다. 그런데 2음절 한자어의 경우 역행적 유음화뿐 아니라 '실내[실래]'처럼 순행적 유음화도 실현한다는 점에서 한자어의 경우 두 가지 유음화를 모두 실현하는 것으로 보인다. 순행적 유음화와는 달리 역행적 유음화가 한자어에만 국한되어 나타난다는 사실은 이 음운과정이 통시적인 변화의 화석형일 가능성도 있음을 시사한다.

외래어에서 나타나는 역행적 유음화는 수의적이어서 경우에 따라서는 'ㄹ'의 비음화가 실현되기도 한다.

핀란드[필란드]   다운로드[다운노드]
원룸[월룸 ~ 원눔]   온라인[올라인 ~ 온나인]

10.4.6 조음위치동화

 지금까지 살펴보았던 음운과정들은 모두 필수적인 과정들이었는데 음운배열상의 제약과 관련이 있는 음운과정들이었기 때문이다. 그러나 조음위치동화는 음운배열상 적격한 구조를 가지고 있음에도 적용되는 음운과정이기 때문에 수의적인 적용 양상을 보인다. 조음위치동화는 이미 적격한 음운배열상의 연쇄를 좀더 편한 조음으로 만드는 작용을 한다. 따라서 문법범주들과는 무관하게 실현된다.
 동화의 유형은 필수적 과정과 수의적 과정으로 다시 구분할 수 있는데 비음화나 유음화와 같은 필수적 동화과정은 조음방법 동화이고 지금 살펴볼 수의적 동화과정은 조음위치 동화인 것이다. 조음위치동화에는 양순음화와 연구개음화가 있다.

 10.4.6.1 양순음화

 후행하는 양순음의 영향으로 선행하는 치조음 /ㄴ/과 /ㄷ/이 각각 양순음 /ㅁ/과 /ㅂ/으로 바뀌는 음운과정을 양순음화라고 일컫는다. 이 음운과정은 조음의 편이로 인해 등장하는 수의적인 동화과정이다.

   전부[전부 ~ 점부]   선물[선물 ~ 섬물]
   옷 - 만[온만 → 온만 ~ 옴만]
   팥 - 빙수[팓빙수 → 팓삥수 ~ 팝삥수]

 '전부'는 /ㄴ/이 /ㅂ/ 앞에서, '선물'은 /ㄴ/이 /ㅁ/ 앞에서, '옷-만'은 평파열음화를 겪은 /ㄷ/이 /ㅁ/ 앞에서, '팥-빙수'는 평파열음화를 거친 /ㄷ/이 /ㅂ/ 앞에서 각각 수의적인 양순음화를 실현한 예들이다. 이들 모두 양순음화를 실현한 경우 후행하는 양순음들과 조음위치가 같아짐으로써 조음이 좀더 편해지는 결과를 얻게 된다. '전부[점부]'의 경우를 제외하고는 아예 완전동화를 실현하고 있다. 그렇지만 양순음화를 실현한 형태를 표준발음으로 인정하고 있지는 않다.

10.4.6.2 연구개음화

후행하는 연구개음의 영향으로 선행하는 /ㄴ/과 /ㅁ/이 연구개음 /ㅇ/으로 바뀌고, 선행하는 /ㄷ/과 /ㅂ/이 /ㄱ/으로 교체하는 음운과정을 연구개음화라고 일컫는다. 연구개음화는 [+전방성]인 치조음 'ㄴ,ㄷ'과 양순음 'ㅁ,ㅂ'이 [-전방성]인 연구개음 'ㅇ,ㄱ'으로 변화하는 음운과정으로 후설음화라 부르기도 한다. 연구개음화 역시 조음의 편이를 위해 실현되는 음운과정으로 수의적 동화과정이다.

번개[번개 ~ 벙개]   감기[감기 ~ 강기]
웃-고[욷꼬 ~ 욱꼬]   덮-고[덥꼬 ~ 덕꼬]

'번개'는 /ㄴ/이 /ㄱ/ 앞에서, '감기'는 /ㅁ/이 /ㄱ/ 앞에서 /ㄱ/과 동일 조음위치의 /ㅇ/으로 바뀌고 '웃-고'는 평파열음화를 겪은 /ㄷ/이 /ㄱ/앞에서, '덮-고'는 평파열음화를 거친 /ㅂ/이 /ㄱ/ 앞에서 /ㄱ/으로 변화하는 수의적인 연구개음화를 실현한 예들이다.

여기서 한가지 [덥꼬~덕꼬]와 같은 발음에서 등장하는 [덕꼬]의 경우 실제로는 [더꼬]로 발음하는 경우가 많다. 이는 음절말의 평파열음 /ㅂ,ㄷ,ㄱ/의 뒤에 동일한 조음위치의 경음이나 유기음이 오는 경우 음절말 평파열음들이 탈락하기 때문이다. 즉 [잡꼬~작꼬~자꼬] 혹은 [꽃밭~꼳빧~꼬빧]과 같이 실현되는 경우를 말한다.

이상의 조음위치동화는 피동화음이 양순음일 때보다는 설정음(치조음이나 경구개음)일 때 더 빈번하게 실현된다. 조음위치동화가 실현된 발음은 표준발음은 아니다. 우리가 앞서 동화의 유형과 종류에 대해 살펴보았는데 조음방법동화로서 필수적인 비음화와 유음화 그리고 수의적인 조음위치동화가 한국어의 대표적인 자음동화이다.

통시적으로 조음위치동화가 일어나 형태가 변화하여 화석화한 단어들도 있다.

    슴겁다 > 승겁다 > 싱겁다   삼기다 > 상기다 > 생기다
    림금 > 님금 > 늠금

조음위치동화를 통해 15세기 국어에 'ㅂ'계 어두자음군이 있었음을 확인할 수 있는데 다음과 같은 예를 통해 검증할 수 있다.

    ᄒᆞᆫᄢᅴ > 홈ᄭᅴ > 함께

위의 어형에서 제1음절 말음의 'ㄴ'이 16세기에 이르러 'ㅁ'으로 변화한 동기는 후행하는 어두의 'ㅂ'에 의해 조음위치동화 즉 양순음화를 겪은 때문으로 보인다. 이는 결과적으로 합용병서 'ㅴ'의 첫 자음인 'ㅂ'이 실제로 발음되었음을 확인해 주는 중요한 증거가 되는 것이다.[2]

비표준적인 표현에서는 수의적인 조음위치동화를 겪은 예들이 꽤 보인다. '치고받-'의 활용형 '치고받고'를 '치고박고'로 발음하는 경우가 많고

---

[2] 15세기 훈민정음 창제 당시에 합용병서의 방식에는 'ㅄ'계, 'ㅂ'계, 'ㅅ'계의 세 유형이 있었다. 이들의 음가에 대해서는 여러 가지 의견이 있기는 하지만 'ㅅ'계는 경음을 나타내고 나머지 두 유형의 합용병서는 어두자음군을 나타낸 것으로 보고 있다.

'방가방가'라는 표현도 용언어간 '반갑-'에서 조음위치동화를 실현한 발음이 아예 굳어진 경우로 보인다.

10.4.7 구개음화

구개음화는 경구개 이외의 위치에서 조음되는 자음들이 단모음 'ㅣ'나 반모음 'j' 앞에서 경구개음으로 바뀌는 음운과정이다. 따라서 정확한 용어는 경구개음화라 해야 할 것이다. 전설고모음 'ㅣ'나 평순반모음 'j'의 조음위치는 경구개 근처이기 때문에 구개음화는 이들 앞에 선행하는 자음들이 뒤따르는 'ㅣ'와 'j'의 조음위치에 동화되는 음운과정이라고 할 수 있다.

한국어의 구개음화는 피동화음의 종류에 따라 'ㄷ' 구개음화, 'ㄱ' 구개음화 그리고 'ㅎ' 구개음화로 구분된다. 이들 구개음화 모두 공시적인 음운과정은 아니어서 'ㄷ' 구개음화의 일부 예들을 제외하고는 모두 통시적인 음운과정이라 보아도 무방하다.

10.4.7.1 'ㄷ' 구개음화

치조파열음인 'ㄷ,ㄸ,ㅌ'이 'ㅣ'와 'j' 앞에서 경구개음인 'ㅈ,ㅉ,ㅊ'으로 바뀌는 음운과정이다.[3] 이 구개음화는 남한의 전 지역에서 실현되지만 북한 서북방언의 경우 아직도 구개음화를 겪지 않았다. 서북방언의 경우 'ㅈ,ㅉ,ㅊ'이 경구개음이 아닌 치조음으로 실현되고 있다. 원래 중세국어에서 'ㅈ,ㅉ,ㅊ'은 치조음이었는데 서북방언을 제외한 지역에서는 파찰음

---

3 음운과정 가운데 통시적인 성격이 강한 경우 음소표시인 '/ /'를 최대한 사용하지 않았다.

들이 경구개음으로 조음위치 이동을 한 것이다. 파찰음의 조음위치가 경구개음이 되는 것은 근대국어 시기의 구개음화 현상이 일어나기 위한 전제조건이었다. 따라서 아직 파찰음이 치조음인 서북방언의 경우 구개음화가 나타나지 않는 것은 당연하다고 할 수 있다.

① 쫒다 : 둏다 > 죻다 > 셧타　　찌다 : 뗘다 > 찌다
　지키다 : 딕희다 > 직히다　　고지식 : 고디식 > 고지식
　천하 : 텬하 > 천하　　　　　절 : 뎔 > 절
② 밭 - 이 → 바치　　　　　　같 - 이 → 가치
　굳 - 이 → 구지　　　　　　해돋 - 이 → 해도지
　가을 - 걷이 → 가을거지

　형태소 내부에서 실현된 ①의 'ㄷ' 구개음화 예들은 기저형의 재구조화를 실현한 통시적인 음운과정임을 알 수 있다. 반면 형태소의 경계에서 나타나고 있는 'ㄷ' 구개음화는 공시적인 음운과정으로 보고 있다. 그렇기는 하지만 공시적인 구개음화가 실현되는 경우는 후행하는 형태소가 문법형태소일 때뿐이다.

　　밭 + -이랑 → 바치랑
　　밭 + 이랑 → 바디랑 ~ 반니랑

　음운구조가 동일한 '밭이랑'이지만 두 경우의 구개음화 실현 양상은 차이가 있다. 구개음화를 실현하는 '-이랑'은 조사로서 문법형태소인 반면, 명사인 '이랑'이 결합하여 합성어가 되면 구개음화는 실현되지 않는다. 평파열음화를 겪은 후 연음이 되어 [바디랑]이 되거나 평파열음화와 'ㄴ'첨가 그리고 비음화까지 실현하여 [반니랑]으로 실현된다. 이 예를 통해서 구개음화는 뒤따르는 형태소가 문법형태소인 경우에만 나타난다는 것을

확인할 수 있다. 현대국어에서 구개음화가 가진 공시적 생산력을 짐작할 수 있는 부분이다.

형태소 내부에서는 구개음화의 생산적인 적용이 더 이상 일어나지 않는다는 사실을 다음과 같은 예들을 통해서 알 수 있다.

  잔듸 > 잔디   느틔 > 느티   어딘 > 어듸 > 어디

이들 어형은 구개음화가 생산적인 음운과정이던 근대국어 시기에 구개음화의 적용 환경이 아니었다. 모두 이중모음 'ㅢ'나 'ㅟ'와 연결되어 구개음화가 실현되지 않았던 것이다. 그런데 이후 이중모음들이 단모음화하여 '잔디, 느티, 어디'와 같이 구개음화 적용이 가능한 환경을 가지게 되었지만 구개음화를 실현한 '*잔지, *느치, *어지'와 같은 형태가 등장하지 않았다. 이를 통해 형태소 내부에는 더 이상 생산적인 구개음화의 적용이 가능하지 않음을 알 수 있다.

10.4.7.2 'ㄱ' 구개음화

연구개 파열음인 'ㄱ, ㄲ, ㅋ'이 'ㅣ'와 'j' 앞에서 경구개음인 'ㅈ, ㅉ, ㅊ'으로 바뀌는 음운과정이다. 'ㄱ' 구개음화는 'ㄷ' 구개음화와는 달리 어두의 자음에만 적용되고 형태소 경계에서는 나타나지 않는다. 즉 형태소의 재구조화를 실현하여 기저형을 변화시킨 구개음화로 통시적인 음운과정이다.

  기름 > 지름 길쌈 > 질쌈 김치 > 짐치 짜깁기 > 짜집기
  끼다 > 찌다 껴입다 > 쪄입다 도끼 > 도치 키 > 치

그리고 'ㄱ' 구개음화는 주로 서남방언이나 동남방언과 같은 남부방언

을 중심으로 나타나고 중부방언에서는 거의 나타나지 않아 이 구개음화가 적용된 예들은 대개 표준어로 인정되지 못했다.

10.4.7.3 'ㅎ' 구개음화

성문마찰음인 'ㅎ'이 'ㅣ'와 'j' 앞에서 'ㅅ'으로 바뀌는 음운과정을 'ㅎ' 구개음화라고 부른다. 'ㅎ' 구개음화는 'ㄱ' 구개음화처럼 어두에만 적용되어 기저형의 재구조화를 이루었다는 점에서 역시 통시적인 음운과정이다.

  힘 > 심   형님 > 성님   혓바닥 > 섯바닥
  흉년 > 숭년 효자 > 소자

먼저 용어와 관련된 문제를 살펴보면 'ㅎ'이 'ㅅ'으로 교체된 것이므로 구개음화라는 표현은 적절하지가 못하다는 점을 생각해 보아야 한다. 왜냐하면 'ㅅ'은 경구개음이 아닌 치조음이기 때문이다. 그런데 이진호(2021:166-7)에 의하면 마찰음 'ㅅ'이 한때 경구개음이었던 시기가 있고, 때마침 그 시기에 'ㅎ' 구개음화가 일어나서 이러한 명칭을 가지게 된 것이라고 보았다. 즉 마찰음 'ㅅ'의 조음위치가 중세국어 시기에 치음 혹은 치조음이었다가 근대국어 시기에 경구개음으로 변화하였다가 현대국어에 이르러 다시 치조음이 되었다는 것이다.

경구개음으로 변화한 증거는 중세국어의 '샤,셔,쇼,슈'와 같은 음절이 모두 '사,서,소,수'로 바뀐 사실에서 찾을 수 있다고 한다. 즉 이들 음절에서 나타나는 반모음 'j'의 탈락은 'ㅅ'이 경구개음이라고 가정할 때 자연스럽다는 것이다. 이는 '쟈,져,죠,쥬'에서 나타나는 반모음 'j'의 탈락과 평행적으로 생각할 수 있는 부분이다. 결론적으로 'ㅎ' 구개음화는 'ㅅ'이 경구개음이던 시기에 등장한 통시적 음운과정으로 볼 수 있다는 것이다.

10.4.8 원순모음화

평순모음이 양순음 뒤에서 원순모음으로 바뀌는 음운과정을 원순모음화라고 한다. 그런데 원순모음화의 적용을 받는 모음은 평순모음인 'ㅡ'뿐이다. 즉 양순자음인 'ㅁ, ㅂ, ㅃ, ㅍ' 뒤에서 평순모음 'ㅡ'가 원순모음 'ㅜ'로 변화하는 음운과정인 것이다.

① 믈 > 물　　블 > 불　　쁠 > 뿔　　플 > 풀
　프- > 푸-　　브섭 > 부엌　　니블 > 이불
② 남 - 은 → 나문　　　집 - 으로 → 지부로
　갚 - 을까 → 가풀까　　앞 - 으로 → 아푸로

형태소 내부에서 어간의 재구조화가 일어난 예들인 ①의 경우들은 통시적인 원순모음화를 겪어 이제는 표준어가 되었다. 반면 ②의 예들은 방언에서 나타나는 경우인데 용언어간이나 체언어간에 조사나 어미들이 결합하는 경우에 나타나는 공시적으로 생산적인 원순모음화이다.

방언에 따라서 동화주가 양순자음이 아닌 원순모음인 경우가 있는데 다음과 같은 예들이다.

죽 - 으니 → 주구니　　속 - 으면 → 소구면
눈 - 으로 → 누누로

이상의 예들은 선행하는 음절의 원순모음 'ㅗ'와 'ㅜ'로 인해 뒤따르는 음절의 평순모음 'ㅡ'가 'ㅜ'로 변화하는 음운과정이다. 그러나 역시 표준어로 인정받는 형태들은 아니다.

10.4.9 모음조화

모음조화는 한 단어 안의 모음들 사이에 일어나는 동화과정이다. 한 단어의 첫 모음과 뒤따르는 모음의 성격을 같이 하여 동일한 부류의 모음들끼리 서로 어울리게 되는 음운과정을 일컫는다. 따라서 모음조화에서는 동일한 성격을 가진 두 부류의 모음이 존재하게 되는데 한국어 음운론에서는 이들을 각각 양성모음과 음성모음이라고 지칭한다. 이러한 명칭의 배경에는 훈민정음 창제 당시에 'ㆍ, ㅗ, ㅏ'는 양성모음으로 'ㅡ, ㅜ, ㅓ'는 음성모음으로 분류한 데 그 뿌리가 있다.

모음조화는 형태소 내부에서 실현되는 경우와 형태소 경계에서 실현되는 경우로 구분하여 살펴볼 수 있다.

① 깡충깡충~껑충껑충 달랑달랑~덜렁덜렁 살랑살랑~설렁설렁
   알록달록~얼룩덜룩
② 파랗다~퍼렇다 빨갛다~뻘겋다 노랗다~누렇다
   보드랍다~부드럽다 까칠하다~꺼칠하다
③ 막-아 날-아 높-아 꼽-아
   꺾-어 굽-어 집-어 늦-어 떼-어 뱉-어 되-어 뛰-어

의성의태어에서 모음의 차이에 따라 뉘앙스가 달라지는 음성상징의 경우를 보여주는 것이 ①의 예들이다. 음성상징은 양성모음은 양성모음끼리 그리고 음성모음은 음성모음끼리 연결되도록 해서 의성의태어의 어감을 살리는 역할을 한다. 이러한 음성상징에 나타나는 모음조화는 통시적인 모음조화의 결과를 반영한 대표적인 경우이다.

다음은 색채형용사 등에서 양성모음과 음성모음의 대비를 통해 어휘의 분화를 실현한 ②의 예들이다. 이 경우에도 어감의 차이를 드러내는 역할

을 한다. 이때 나타나는 모음조화 역시 통시적인 모음조화가 반영되어 있는 셈이다.

마지막 ③의 예들만이 공시적인 모음조화 과정이 적용된 것으로 볼 수 있는 경우이다. 즉 용언어간의 모음이 양성모음이냐 음성모음이냐에 따라 '아/어' 계 어미가 각각 결합되는 양상을 보인다. 위의 예들에 근거해 보면 용언어간의 모음이 '아,오'일 때 어미 '아'가 결합하고 용언어간의 모음이 '어,우,이,으,에,애,외,위'일 때 어미 '어'가 결합한다. 다만 어간말의 모음이 '으'인 2음절 이상의 어간의 경우에는 '으' 말음 바로 앞 음절의 모음이 '아,오'인 경우에는 어미 '아'가 결합하고 그 외의 모음인 경우 어미 '어'가 결합한다.[4]

아프-아 → 아파   잠그-아 → 잠가   모으-아 → 모아
기쁘-어 → 기뻐   슬프-어 → 슬퍼   치르-어 → 치러

그러나 공시적으로 생산성이 있다고 판단되는 용언어간의 활용형에서 보이는 모음조화도 통시적으로 약화의 길을 걸어온 것은 분명하다. 용언어간의 모음이 양성모음인 'ㅐ,ㅚ'의 경우에도 음성모음의 어미인 '어'가 결합하고 있기 때문이다.

중세국어에서는 의성의태어에서 보여주는 것과 같은 모음조화가 하나의 형태소 안에서 적용되어 '하늘, 말씀, 아춤'처럼 잘 지켜졌지만 현대 한국어에 이르러서는 '하늘, 말씀, 아침'과 같이 변화하여 모음조화를 지키지 않게 되었다. 사실 현대국어에서 한 형태소 내부의 모음조화는 거의 지켜지지 않는다.

---

4 배주채(2018:171)에서는 이런 경우의 '으' 모음을 중성모음으로 보고 있다.

사실 방금 살펴본 용언어간 활용형에서의 모음조화도 어미의 첫 음인 '아/어'에만 국한되고 있다. 요즘은 원래 양성모음의 어미인 '아'를 선택해야 하는 경우에도 '잡-어, 앉-어'처럼 음성모음의 어미인 '어'를 선택하는 경우도 많아지는 추세이다. 전반적으로 음성모음으로 시작하는 어미를 선택하는 용언어간이 많아지고 있기 때문에 양성모음과 음성모음의 대립이라는 기반에 근거한 모음조화는 그다지 생산적인 음운과정이라고 할 수 없는 상황이다.

모음조화의 약화 원인은 통시적으로 한국어의 모음체계가 변화하면서 모음조화에 참여하던 모음들 간의 고유한 공통 특징을 잃어버린 때문이다. 현대국어에서 양성모음으로 묶이고 있는 '아'와 '오'의 경우 굳이 왜 두 모음만이 모음조화에서 양성모음로 묶이고 있는지 설명할 수가 없는 것이다. 이러한 부분은 음성모음으로 기능하고 있는 나머지 모음들의 경우도 마찬가지이다.

끝으로 모음조화가 과연 동화로서의 대치과정인지 아니면 그냥 대치과정인지 생각해 볼 필요가 있다. 직관적으로 모음조화가 당연히 동화로 느껴지는 면이 있지만 사실 모음조화는 동화의 일반적인 틀에서 벗어난 양상이다. 동화과정이라면 당연히 동화주와 피동화음이 있어야 하는데 양성모음과 음성모음이 각각 어느 쪽인지 판단하기가 어렵다. 또한 양성모음과 음성모음은 각각을 분류할 변별적 자질도 없기 때문에 모음조화라는 음운과정을 설명하기가 어려운 것이다.

그렇다고 용언어간의 활용형에서 보이는 모음조화 양상을 어미 '아'와 '어'의 단순한 대치로 보는 것도 타당해 보이지는 않는다. 즉 단순 대치과정으로 보려는 입장에서는 어미 '아/어'의 교체를 특정한 조건 아래에서 어미가 '아'에서 '어'로, 또는 '어'에서 '아'로 바뀐다고 기술하면 된다고 보고는 있지만, 그런데 이 경우 역시 '어'와 '아' 가운데 어느 쪽을 기저형으로 설정하느냐 하는 문제가 남는다.

10.4.10 움라우트

움라우트는 'ㅣ'모음 역행동화라고도 불리는 음운과정으로 뒤따르는 전설고모음 'ㅣ' 혹은 반모음 'j'의 영향을 받아 선행하는 후설모음을 전설모음으로 교체하는 음운과정이다. 피동화음이 동화주보다 앞에 있는 역행동화이며 이들 사이에 언제나 개재자음이 존재하는 간접동화의 성격을 가지고 있다. 이러한 동화과정은 전설고모음이나 평순반모음 앞에 오는 후설모음의 위치를 전설로 당겨 좀더 조음을 쉽게 하고자 하는 것이다. 개재자음의 경우 'ㄹ'을 제외한 치조음이나 경구개음일 경우 절대로 움라우트가 일어나지 않는다. 즉 개재자음은 [-설정성]의 양순음과 연구개음이어야만 한다. 그러나 [+설정성]인 유음의 경우 개재자음이 될 수 있다.

① 남비 > 냄비   나기 > 내기   그려기 > 기러기
② 손잡이 > 손잽이   곰팡이 > 곰팽이
   아비 > 애비   고기 > 괴기
   남기다 > 냄기다   막히다 > 맥히다
   죽이다 > 쥑이다   드리다 > 디리다
③ 법-이 → 뱁이   밥-이 → 뱁이
   떡-이다 → 떽이다   바람-이라서 → 바램이라서

한 형태소 안에서 움라우트가 실현된 ①의 예들은 어간의 재구조화가 이루어져 경우에 따라서는 표준어로 인정받기도 한다. 이 경우의 움라우트는 통시적인 음운과정이다. ②의 예들은 표준어로 인정되지 못하는 경우들로 역시 통시적인 움라우트 적용의 결과로 보는 것들이다. ③의 예들은 공시적으로 생산적인 움라우트의 적용을 통해 도출되는 경우들로 체언

어간에 주격조사 '-이'나 서술격조사 '-이-'가 결합한 형태에 움라우트가 실현된 것이다.

특히 용언어간과 명사형어미 '-기'가 결합하는 경우 용언어간의 말음이 'ㄹ'만 아니면 언제나 움라우트가 실현된다. 예를 들어 '듣기→득끼→딕끼/ 찾기→착끼→책끼/ 안기→앙끼→앵끼'와 같은 경우 원래의 어간말음은 치조음과 경구개음이어서 개재자음의 조건으로 부적절하지만 명사형어미 '-기'의 'ㄱ'에 의해 조음위치동화(연구개음화)를 겪게 되어 모두 연구개음이 됨으로써 [-설정성]의 개재자음이 되어 움라우트가 실현되는 것이다. 또 하나, 움라우트는 피동화음이 '오,우'인 경우보다 피동화음이 '아,어'인 경우에 더 잘 실현되는 경향이 있다.

그러나 움라우트를 실현한 어형들이 표준어로 인정받지 못하는 등 여러 가지 요인으로 인해 움라우트는 몇몇 방언들에서만 나타나고 있는 형편이라 생산적인 음운과정의 지위를 얻기에는 한계가 있다.

10.4.11 반모음화

반모음화는 단모음이 성절성을 잃고 반모음으로 바뀌는 음운과정을 일컫는 것으로 'j' 반모음화와 'w' 반모음화가 있다.

10.4.11.1 'j' 반모음화

'j' 반모음화는 용언어간말음이 'ㅣ'인 경우 모음으로 시작하는 어미가 결합할 때 어간말음 'ㅣ'가 수의적으로 반모음 'j'로 교체하는 음운과정이다.

기 - 어 → 기어 ~ 기여 ~ 겨:

피 - 어 → 피어 ~ 피여 ~ 펴:

위의 활용형들을 보면 아무런 음운과정의 적용이 없이 실현되기도 하고 (기어, 피어) 반모음이 첨가되기도 하며(기여, 피여) 또한 반모음화를 실현하여 '겨:, 펴:'가 되기도 한다. 그런데 반모음화가 적용되면 음절수가 줄기 때문에 음절의 길이에 대한 보상으로 장모음화가 실현된다. 반면 2음절 이상의 용언어간의 경우 반모음화가 적용되어도 보상적 장모음화가 실현되지 않는다.

이기 - 어 → *이기어 ~ 이기여 ~ 이겨
살피 - 어 → *살피어 ~ 살피여 ~ 살펴

2음절 이상의 용언어간의 경우 반모음화는 필수적으로 실현되는 것으로 보고 있다. 표준어에서는 '이기어, 살피어' 등을 인정하고 있지만 실제 발음에서는 반모음화를 적용한 경우와 반모음이 첨가되는 경우만 나타나는 것으로 본다. 또 1음절 어간 가운데 '지-, 찌-, -치-'의 경우도 반모음화가 필수적으로 적용되는 것으로 보고 있다. 이 경우에도 보상적 장모음화는 실현되지 않는다.

지 - 어 → *지어 → 져 → 저
찌 - 어 → *찌어 → 쪄 → 쩌
치 - 어 → *치어 → 쳐 → 처

현대 한국어에서 음장의 변별력은 제1음절에만 있기 때문에 반모음화에 이어 보상적 장모음화가 실현되었다 하더라도 '이겨, 살펴'의 경우 표면형에 음장이 드러날 수는 없었을 것이다. 1음절 용언어간이라 해도 '지-, 찌-, 치-'와 같은 경구개음을 두음으로 가지고 있거나 용언어간 '오-'의 경우에는 보상적 장모음화를 겪지 않는다. 특히 '오-'의 경우는 '오-아→*오아→와'에서 볼 수 있는 것처럼 언제나 반모음화를 거친 활용형만이 나타난다는 중요한 특징이 있다.

10.4.11.2 'w' 반모음화

'w' 반모음화는 용언어간말음이 'ㅗ'와 'ㅜ'인 경우 모음으로 시작하는 어미가 결합할 때 어간말음 'ㅗ'와 'ㅜ'가 수의적으로 반모음 'w'로 교체되는 음운과정이다.

　　보-아 → 보아 ~ 봐ː　　　두-어 → 두어 ~ 둬ː
　　돌보-아 → 돌보아 ~ 돌봐　거두-어 → 거두어 ~ 거둬

'j' 반모음화와 마찬가지로 1음절 용언어간의 경우에는 반모음화에 따른 보상적 장모음화가 실현된다. 반면 2음절 용언어간에서는 반모음화에 이은 보상적 장모음화의 실현이 보이지 않는다. 'w' 반모음화는 'j' 반모음화와는 달리 어간의 음절수와는 상관없이 반모음화가 수의적으로만 적용된다. 그러나 'w' 반모음화가 필수적인 경우가 있는데 다음과 같은 예들이다.

　　오 - 아 → 와
　　배우 - 어 → 배워　비우 - 어 → 비워　싸우 - 어 → 싸워
　　드리우 - 어 → 드리워

위의 예들처럼 어간말음의 초성에 자음이 없는 경우(즉 말음이 '오'나 '우'인 경우) 반모음화가 필수적으로 적용된다. 물론 표준어에서는 '배우어, 싸우어' 등의 형태를 인정하고 있지만 실제로 나타나지는 않는 것으로

보고 있다.

10.5 탈락 과정

10.5.1 자음군단순화

    자음군단순화는 어간과 어미가 결합하는 과정에서 음절구조제약을 어기는 경우 실현되는 음운과정이다. 자음군(consonant cluster)은 말 그대로 자음의 연쇄로 개별 언어의 음절구조에 따라 두 개 이상의 자음연쇄가 허용되기도 한다.
    체언어간과 용언어간의 말음이 두 자음으로 이루어진 자음군($C_1 C_2$)인 경우, 어간말음의 두 자음 가운데 하나가 탈락하는 음운과정을 자음군단순화라고 한다. 이 경우 자음군 중 어떤 자음이 탈락하는지가 규칙적으로 정해져 있지 않다. 자음군은 겹받침으로 표기되는데 실제 발음되는 자음군과 표기의 겹받침이 일치하는 경우도 있지만 일치하지 않는 경우도 있다. 표준어에서 인정하고 있는 어간말의 자음군은 다음의 11가지가 있다. 이들은 모두 겹받침으로 표기되고 있다.

    ㄳ ㅈ ㄶ ㄺ ㄻ ㄼ ㄽ ㄾ ㄿ ㅀ ㅄ

    겹받침 가운데 'ㄳ, ㄽ, ㅄ'의 실제 자음군은 /ㄱㅆ/, /ㄹㅆ/, /ㅂㅆ/으로 표기와는 달리 제2자음의 발음이 경음으로 실현된다.

        넋 - 이 → 넉씨   몫 - 이 → 목씨
        값 - 이 → 갑씨   없 - 어 → 업써
        외곬 - 만 → [외골만 ~ 웨골만]   외곬수[외골쑤 ~ 웨골쑤]

어간말자음군 'ㄳ'과 'ㅀ'은 몇몇 체언어간에서만 나타난다. 반면 어간말자음군 'ㅄ'은 체언어간과 용언어간의 말음으로 모두 등장한다. 이들 어간말자음군의 기저형이 표기와는 차이가 남을 위의 예들을 통해 확인할 수 있다. 'ㅀ'의 경우 제2자음의 발음을 확인할 수 있는 경우는 '외골수'의 발음을 통해서이다. 공시적인 분석이 가능하지 않지만 '외곬-우'의 결합구조일 것이므로 실제 발음이 [외골쑤]임은 분명하다. 따라서 'ㅀ'의 기저형 역시 /ㄹㅆ/으로 설정할 수 있다.

이외에 체언어간의 자음군 말음으로 나타나는 경우는 'ㄺ'과 'ㄿ' 그리고 'ㄼ'이 있다. 그리고 이들 세 어간말자음군은 용언어간의 자음군 말음으로도 같이 나타난다.

체언어간의 어간말자음군
   ㄳ ㅀ(체언어간말에만 나타나는 경우)
   ㅄ ㄺ ㄿ ㄼ

용언어간의 어간말자음군의 경우에도 체언어간의 말음으로 함께 나타나는 자음군이 있는 반면 용언어간의 어간말자음군으로만 나타나는 경우가 있다.

용언어간의 어간말자음군
   ㄵ ㄶ ㄾ ㄿ ㅀ(용언어간말에만 나타나는 경우)
   ㅄ ㄺ ㄿ ㄼ

현대 한국어에서 'ㅄ, ㄺ, ㄿ, ㄼ'만이 체언과 용언의 어간말자음군으로 모두 등장하고 있음을 확인할 수 있다. 표준어에서는 11가지의 겹받침과 그에 따른 어간말자음군을 인정하고 있지만 방언에 따라 자음군의 종류는 다소 차이가 난다. 자음군($C_1\ C_2$)에서 C_1을 중심으로 분류하여 예들을 중심으로 살펴보도록 하겠다.

① C_1이 파열음인 경우 : ㄱㅅ, ㅂㅅ
　넋, 몫, 값, 없-
② C_1이 비음인 경우 : ㄵ, ㄶ[5]
　앉-, 많-
③ C_1이 유음인 경우 : ㄺ, ㄻ, ㄼ, ㄾ, ㄿ, ㅀ, ㄹㅅ
　닭, 읽-, 삶, 굶-, 여덟, 밟-
　훑-, 읊-, 앓-, 외곬

C_1이 파열음인 'ㄱㅅ, ㅂㅅ'의 경우는 이미 살펴보았기 때문에 C_1이 비음인 경우와 유음인 경우의 예들을 살펴보겠다.

앉 - 고 → 안꼬[6]	많 - 지 → 만치
닭 - 도 → 닥또	읽 - 고 → 일꼬
삶 - 도 → 삼도	굶 - 다 → 굼따
여덟 - 만 → 여덜만	밟 - 지 → 발찌
훑 - 거나 → 훌꺼나	읊 - 다가 → 읍따가
앓 - 지만 → 알치만	외곬 - 로 → 외골로

위의 예들 가운데 C_2가 'ㅎ'인 경우 C_1인 'ㄹ'이나 'ㄴ'은 남고 'ㅎ'은 후행하는 자음과 경음화나 유기음화를 실현한다. 경음화를 실현하는 경우는 '많-습니다[만씀니다]'나 '앓습니다[알씀니다]'처럼 뒤에 마찰음으로 시작하는 어미가 오는 경우에 나타난다. 유기음화는 '많-고[만코]'나 '앓-

---

5 C_2가 비음인 'ㄻ'도 있다. 이 자음군의 경우 C_1이 유음인 경우로 분류해 놓았다.
6 자음군단순화에 대한 논의이므로 편의상 평파열음화의 중간단계는 생략하였다.

다개[알타개]'처럼 뒤에 파열음과 파찰음으로 시작하는 어미가 오는 경우에 실현된다. 그리고 비음으로 시작하는 어미가 연결되는 경우 '앓-는[알-는→알른]'에서처럼 'ㅎ'이 탈락하게 된다.

C_1이나 C_2가 비음인 어간말자음군의 경우 비음은 언제나 남고 다른 자음이 탈락하게 된다. '앉-고[안꼬]'와 '굶-는[굼는]'의 경우를 보면 자음군 가운데 비음인 /ㄴ/과 /ㅁ/이 남게 된다는 것을 알 수 있다.

반면 C_1이 'ㄹ'인 경우에는 자음군단순화의 양상이 다소 복잡하다. 어간말자음군이 'ㄼ,ㄾ,ㄳ'의 경우 'ㄹ'이 남게 되고 어간말자음군이 'ㄿ'의 경우에는 'ㄹ'이 탈락하고 'ㅍ'이 남는다.

밟 - 고[발꼬]   넓 - 지[널찌]
훑 - 고[훌꼬]   핥 - 지[할찌]
외곬-로[외골로]   외곬-만[외골만]
읊 - 고[읍꼬]   읊 - 지[읍찌]

어간말자음군 'ㄿ'만이 'ㄹ'을 탈락시키는 이유에는 통시적인 배경이 있는 것으로 보인다. 현대 한국어에서 'ㄿ'을 어간말음으로 가지고 있는 경우는 '읊-'뿐이다. 그런데 이 용언어간의 원래 형태는 '읖-'이었고 후대에 자음 'ㄹ'이 첨가되어 '읊-'이 된 것이다. 따라서 과거 어형의 흔적 때문에 반드시 'ㄹ'이 탈락하는 것으로 추측이 된다.

C_1이 'ㄹ'인 경우는 반드시 'ㄹ'이 남게 되는 'ㄼ,ㄾ,ㄳ'과 반드시 'ㄹ'이 탈락하는 'ㄿ'의 경우로 구분되었지만 어간말자음군 'ㄺ'의 경우는 그 양상이 좀 다르다. 즉 어간말자음군 'ㄺ'은 뒤따르는 자음이 'ㄱ'일 때는 'ㄱ'이 탈락하고 뒤따르는 자음이 설정음인 'ㄴ,ㄷ,ㅅ,ㅈ'일 때는 'ㄹ'이 탈락하는 독특한 자음군단순화의 양상을 보인다.

닭 - 도[닥또]　　닭 - 살[닥쌀]　　닭 - 죽[닥쭉]
읽 - 대[익때]　　　읽 - 재[익째]
굵 - 습니다[극씀니다]　굵 - 는[극는 → 궁는]
맑 - 고[말꼬]　　맑 -겠대[말껟때]　　맑 - 거니[말꺼니]

C_1이 유음인 경우만을 정리해 보면, 'ㄺ, ㄻ, ㄽ, ㄹㅆ'의 경우에는 'ㄹ'이 아닌 C_2가 탈락하고, 'ㄻ, ㄿ'의 경우에는 'ㄹ'이 탈락하고 'ㄺ'의 경우에는 'ㄴ, ㄷ, ㅅ, ㅈ' 앞에서만 'ㄹ'이 탈락한다.

어간말자음군의 경우 방언이나 세대에 따라 실현되는 양상에 꽤 차이가 난다. 예를 들어 방금 위에서 언급한 어간말자음군 'ㄺ'의 경우 서남방언은 뒤에 오는 자음과 상관없이 언제나 'ㄹ'이 탈락한다. 반면 동남방언의 경우 반대로 언제나 'ㄹ'이 남는다.

또한 어간말자음군은 음절구조상 상대적으로 덜 자연스럽기 때문에 어간의 재구조화(restructuring)를 통해 자음군의 어간말음을 단일자음을 가진 어간말음으로 변화시키는 경향이 있다. 이러한 재구조화는 늘 활용형으로 등장하는 용언어간보다는 자립성이 강한 체언어간의 말음에서 주로 나타난다.

　① 어간말자음군을 가지고 있는 이형태 교체
　　흙 - 이 → 흘기
　　흙 - 도 → 흑또
　　흙 - 만 → 흥만
　② 어간말음이 단일자음으로 재구조화된 후의 이형태 교체
　　흑 - 이 → 흐기
　　흑 - 도 → 흑또
　　흑 - 만 → 흥만

위의 ①과 ②의 이형태 교체를 비교해 보면 '흙~흑~흥'의 이형태를 보이던 체언어간의 곡용 패러다임이 '흑~흥'의 이형태 교체를 보이는 곡용 패러다임으로 변화하였음을 확인할 수 있다. 이는 어간말자음군을 가지고 있던 체언어간 '흙'이 'ㄹ'을 기저형에서 제거한 '흑'으로 재구조화가 되었기 때문이다.

10.5.2 'ㅎ' 탈락

공명음과 모음 사이에서 성문마찰음 /ㅎ/이 탈락하는 음운과정을 'ㅎ' 탈락이라고 한다. 공명음 즉 공명자음이나 모음 모두 유성음이기 때문에 이러한 환경에서 /ㅎ/이 음성적으로는 유성음화하여 유성의 성문마찰음 [ɦ]으로 실현된 것이다. 그러나 [ɦ]는 청각적으로 인식이 되기 어려웠기 때문에 음운론적으로는 탈락으로 기술된다.

'ㅎ' 탈락은 'ㅎ'이 형태소 내에서 어떤 위치에 있는가에 따라 두 가지 유형으로 구분된다. 하나는 용언어간의 말음 'ㅎ'의 탈락이고 다른 하나는 형태소의 첫 음 즉 음절 초성 'ㅎ'의 탈락이다.

① 낳 - 은 → 나은   많 - 아 → 마나   끓 - 어서 → 끄러서
② 공부하다 → 공부아다   피곤하다 → 피고나다
   외환위기 → 외와뉘기   푸른 하늘 → 푸르나늘

두 가지 'ㅎ' 탈락의 음성적 동기는 동일하지만 적용의 양상에는 차이가 있어서 용언어간말음 'ㅎ'은 필수적 탈락과정이지만 음절 초성에서의 'ㅎ' 탈락은 수의적 탈락과정으로 또박또박 발음할 때는 'ㅎ'이 탈락하지 않는다. 음절 초성에서의 'ㅎ' 탈락형은 표준어에서 인정하지 않는다. 'ㅎ' 탈락의 경우도 방언에 따라 그 실현 양상에 차이가 있는데 서남방언과

동남방언의 경우 음절 초성 'ㅎ'은 공명음 뒤에 한정되지 않고 모든 자음 뒤에서 탈락하는 모습을 보인다.

못 - 하다 → 모다다   밥 - 하다 → 바바다
책 - 하고 → 채가고   경작 - 한다 → 경자간다

위의 방언 예들은 표준어라면 유기음화를 실현했을 환경에서 'ㅎ' 탈락을 적용하고 있는 특별한 모습을 보인다.

10.5.3 'ㄹ' 탈락

이 음운과정은 유음탈락이라고도 하는데 /ㄹ/이 /ㄴ,ㄷ,ㅅ,ㅈ/과 같은 설정음 앞에서 탈락하는 음운과정이다. 이 음운과정은 문법범주에 따라 적용의 양상이 달라서 체언어간에 조사가 결합하는 경우에는 'ㄹ'의 탈락이 실현되지 않는다. 즉 '달-도→달도'처럼 체언어간의 말음이 잘 고수되는 것이다. 반면 용언어간말음 'ㄹ'이 어미와 결합하거나 합성어나 파생어를 만들 때는 'ㄹ'의 탈락이 나타난다.

① 용언어간말음 'ㄹ'의 경우
    살 - 는 → 사는   달 - 으니 → 다니
    알 - 으시는 → 알시는 → 아시는
② 합성어와 파생어 형성의 경우
    솔 - 나무 → 소나무   불 - 삽 → 부삽
    달 - 달이 → 다달이   말 - 소 → 마소
    열 - 닫이 → 여닫이   울 - 짖다 → 우짖다
    아들 - 님 → 아드님   바늘 - 질 → 바느질

용언어간말음 'ㄹ'의 탈락은 'ㄴ'과 'ㅅ' 앞에서 필수적으로 나타난다. 반면 합성어와 파생어 형성의 경우에 나타나는 'ㄹ' 탈락과정은 용언어간 말음 'ㄹ'의 탈락만큼 그 세력이 강해 보이지는 않는다. 'ㄹ'의 탈락이 실현되는 환경도 'ㄴ,ㄷ,ㅅ,ㅈ'의 앞이라서 좀더 적용 영역이 넓고, '활-살→화살'과 '활-시위'처럼 수의적 적용 양상을 보이는 것이다. 또 원래 'ㄹ'이 탈락한 어형인데 수의적으로 탈락을 시키지 않은 어형과 공존하는 예들도 있다. 즉 '부나비'와 '불나비[불라비]'처럼 'ㄹ' 탈락형과 'ㄹ'을 탈락시키지 않고 유음화를 실현하는 형태가 공존하는 것이다.

용언어간말음 'ㄹ'의 탈락 가운데 특별한 경우가 있는데, '-으옵-', '-으오', '-으마' 앞에서 'ㄹ'이 탈락하는 경우가 해당한다.

알-으옵-고 → 알옵고 → 아옵고   알-으오 → 알오 → 아오
알-으마 → 알마 → 아마

'으' 계 어미에 해당하는 '-으옵-','-으오' 그리고 '-으마'가 결합하는 경우 어미의 첫소리 '으'가 'ㄹ'말음 뒤에서 탈락한 뒤 어간말음의 'ㄹ'도 '옵, 오' 앞이나 'ㅁ' 앞에서 탈락한 경우이다. 그런데 '옵'와 '오'의 기원은 중세국어의 겸양법 선어말어미 '-ᅀᆞ-'에 그 뿌리를 두고 있다.

알-ᄉᆞᆸᄂᆞ니이다 > 아ᄉᆞᆸᄂᆞ니이다 > 압니다
알-ᅀᆞᆸ니 > 아ᅀᆞᆸ니 > 아ᄋᆞ오니 > 아오니

위의 변화 과정을 보면 통시적으로 반치음 'ᅀ' 앞에서 'ㄹ'이 탈락했음을 알 수 있는데 'ᅀ' 역시 설정음으로 'ㄹ'이 탈락하는 환경이다. 따라서 '아옵고'와 '아오'에서의 'ㄹ' 탈락은 공시적인 탈락과정의 결과라기보다 통시적인 화석형이라고 보는 것이 타당해 보인다. 반면 어미 '-으마' 앞에서

의 'ㄹ' 탈락의 동기는 확인이 어려운데 'ㅁ'이 설정음이 아니기 때문이다.

10.5.4 '으' 탈락

'으' 탈락과정은 세 가지 유형으로 구분되는데, 첫 번째는 용언어간말음 '으'의 탈락이고 두 번째는 어미의 두음 '으'의 탈락이며 마지막으로 조사의 두음 '으'의 탈락이다.

① 크 - 어 → 커   쓰 - 어 → 써
　 슬프 - 어 → 슬퍼   따르 - 아 → 따라
② 가 - 으니 → 가니   건들 - 으면 → 건들면
　 흔들 - 을 → 흔들ㄹ →흔들
③ 바다 - 으로 → 바다로   팔 - 으로 → 팔로
　 찹쌀 - 으로 → 찹쌀로

용언어간말음인 '으'가 '아/어' 계 어미와 결합하는 경우 ①의 예들처럼 어간말음인 '으'가 탈락과정을 거친다. '따르-아[따라]'나 '모으-아[모아]'의 경우는 제1음절의 모음이 양성모음이기 때문에 어미 '아'가 결합한 것이다. ②의 경우는 흔히 매개모음이라고 부르는 어미의 두음 '으'의 탈락이다. 매개모음 '으'의 경우 첨가(매개모음 삽입)냐 탈락이냐 학계에서 논란이 있었으나 지금은 어미나 조사의 두음으로 처리하여 '으' 계 어미라고 지칭하고 있다. 이 경우의 '으'는 모음과 유음으로 끝나는 어간말음의 뒤에서 탈락하게 된다. '흔들-을'의 경우 관형사형 어미 '-을'이 결합한 경우로 '으' 탈락 후 어간말음의 'ㄹ'이 탈락했다고 보는 것이다. 어미의 'ㄹ'이 탈락하면 관형사형 어미가 아예 흔적이 없이 사라지는 셈이 되기 때문이다. ③은 체언어간이 모음이나 유음으로 끝나는 경우 뒤따르는 조사 '-으로'의 첫 음인 '으'가 탈락하는 과정을 보여주는 예들이다.

여기서 한 가지 생각해 볼 것은 '쓰 - 으면→ 쓰면'에서 어떤 '으'가 탈락했나 하는 것이다. 표면형만을 놓고 보면 어간의 '으'가 탈락한 것인지 어미의 '으'가 탈락한 것인지 분명하지 않기 때문이다.

보통은 매개모음 즉 어미의 두음 '으'가 탈락하고 용언어간말음의 '으'가 남은 것으로 보는 것이 일반적인 입장이다. 그래서 용언어간말음 '으'의 탈락은 '으' 계 어미를 제외한 '아/어' 계 어미 앞에서만 실현되는 것으로 본다. 이렇게 하면 모음으로 끝나는 용언어간 뒤에서 '으' 계 어미의 첫 음인 '으'탈락을 규칙적으로 기술할 수 있다.

10.5.5 동일모음 탈락

용언어간의 말음이 '아'와 '어'인 경우 '아/어' 계 어미와 결합하는 경우 어미의 첫 음인 '아/어'가 탈락하는 음운과정이다. 즉 '아-아' 혹은 '어-어'처럼 동일한 두 모음이 연결되는 경우 탈락이 실현된다. 이때 두 모음이 동일하기 때문에 어간말음이 탈락했는지 어미두음이 탈락했는지 확인하기가 어렵다.

  가 - 아 → 가아 → 가 서 - 어 → 서어 → 서
  건너 - 어 → 건너어 → 건너

'크-어→커' 등의 경우에서 어간모음이 탈락하는 것을 고려해 보면 어간말음인 '아/어'가 탈락한다고 볼 수 있는데, 이렇게 보는 입장은 어간말음의 탈락이 활용형의 의미를 덜 손상시킨다고 보기 때문이다. 즉 '서-어→서'의 경우 어간의 '서-'에서 '어'가 탈락해도 'ㅅ'이 남아 어간의 의미를 유지할 수 있으나 어미 '-어'의 경우는 탈락하면 음성형식이 아예 사라진 것이므로 의미를 남길 수 없는 것이다.

반면 '베-어→베' 혹은 '설레-어→설레' 혹은 '되-어→돼'의 경우를 보면 어미두음 '어'가 탈락하는 것으로 보이기 때문에 이 경우와 평행하게 어미의 첫 음이 탈락하는 것으로 보는 입장도 있다.

한편 다음의 예들과 같이 도출과정에서 동일모음의 연쇄가 등장하는 경우에는 탈락이 실현되지 않는다.

낳 - 아 → 나아 → *나   젓 - 어 → 저어 → *저

즉 'ㅎ' 말음 용언어간이나 'ㅅ' 불규칙어간의 경우 '나아'나 '저어'와 같은 동일모음 연쇄가 등장하지만 탈락을 실현하지 않는다.

10.5.6 반모음 탈락

반모음 탈락은 활음 탈락이라고도 하는데 반모음의 종류에 따라 'j' 탈락과 'w' 탈락의 음운과정이 있다. 반모음 탈락은 특정의 자음과 이중모음의 연쇄에서 이중모음을 구성하고 있던 반모음이 탈락하는 음운과정이다.

10.5.6.1 'j' 탈락

경구개음 뒤에 이중모음 '야,여,요,유' 등이 오면 이중모음의 반모음 'j'가 탈락한다. 이는 경구개음과 뒤따르는 평순반모음 'j'의 조음위치가 둘다 경구개라 그 위치자질이 중복되어 변별되지 않기 때문에 반모음이 탈락하는 음운배열상의 조정 작용이다. 이 음운과정을 중화로 기술하거나 이화의 과정으로 보기도 한다. 이화의 과정으로 보는 이유는 동일하거나 유사한 두 음의 연쇄를 피하기 위해 탈락이 실현되었다고 보기 때문이다. 이 탈락과정은 필수적인 적용양상을 보인다.

지 - 어 → 지어 → 져 → 저
찌 - 어 → 찌어 → 쪄 → 쩌
치 - 어 → 치어 → 쳐 → 처

'지어'가 반모음화 하여 '져'가 되고 반모음의 탈락으로 '저'가 실현됨을 알 수 있는데 이 경우에는 반모음화에 의한 보상적 장모음화는 나타나지 않는다.

중세국어에서는 파찰음들이 경구개음이 아닌 치조음이었기 때문에 현대 한국어와는 달리 /ㅈ, ㅉ, ㅊ/과의 연쇄에서 반모음이 탈락하지 않았다. 즉 조음위치가 달라서 두 분절음이 변별되었던 것이다. 즉 'ㅈ, ㅉ, ㅊ' 뒤에서 'ㅏ, ㅓ, ㅗ, ㅜ'와 'ㅑ, ㅕ, ㅛ, ㅠ' 등의 대립은 철저히 지켜져 다음과 같은 단어들의 의미가 변별되었다.

장(欌/장롱) : 쟝(醬/된장, 간장)
저(自/자신) : 져(節/젓가락)
초(醋/식초) : 쵸(燭/촛불)

파찰음 뒤에서 평순반모음의 유무에 따라 최소대립쌍을 이루고 있음을 확인할 수 있다. 이는 'ㅈ, ㅉ, ㅊ'이 치조음이기 때문에 후행하는 반모음 'j'의 경구개 위치가 잘 변별되었기 때문이다. 그러나 현대국어에서 위의 단어들 모두 '장, 저, 초'로 재구조화하여 동음이의어가 되었는데 이는 파찰음이 경구개음으로 조음위치 이동을 하였기 때문이다.

10.5.6.2 'w' 탈락

양순음 뒤에서 원순반모음 'w'가 수의적으로 탈락하는 경우이다. 이 경우는 양순성과 원순성이라는 입술의 자질을 공통적으로 가지고 있는 두 분절음의 연쇄로 인해 반모음 'w'의 탈락이 이루어지는 것이다. 즉 평순반모음 'j'의 탈락과 동일하게 유사한 음성의 연쇄를 피하기 위해 원순반모음 'w'가 제거된다.

보 - 아 → 봐ː → 바ː ~ 바[7]
부 - 어 → 부어 → 붜ː → 버ː ~ 버

용언어간말의 모음이 'ㅗ'나 'ㅜ'로 끝나는 경우에 '아/어' 계 어미가 결합하면 반모음화가 실현되고 동시에 보상적 장모음화도 나타나며 이후 수의적으로 양순음 뒤에서 반모음이 탈락하게 된다.

수의적인 'w' 탈락은 용언어간말음 뒤에서는 물론, '십원[시붠~시번]' 혹은 '뭐[뭐~머]'에서 볼 수 있는 것처럼 형태론적 구성과 무관하게 나타나고 있다.

10.6 첨가 과정

10.6.1 'ㄴ' 첨가

자음으로 끝나는 형태소 뒤에 단모음 'ㅣ'나 반모음 'j'로 시작하는 형태소가 올 때 그 경계에 'ㄴ'이 첨가되는 음운과정이다.

① 합성어에서 'ㄴ'이 첨가되는 경우
　　솜이불[솜니불]　　두통약[두통냑]　　색연필[생년필]
　　꽃잎[꼰닙]　　　　삯일[상닐]　　　　콩엿[콩녇]

---

[7] 빠른 발화에서는 수의적으로 장음이 사라지기도 한다.

② 파생어에서 'ㄴ'이 첨가되는 경우
  맨입[맨닙]   막일[망닐]   신여성[신녀성]
  늦여름[는녀름]   홑이불[혼니불]   영업용[영엄뇽]
③ 단어와 단어 사이에 'ㄴ'이 첨가되는 경우
  한#일[한닐]   못#잊어[몬니저]   서른#여섯[서른녀섣]

'ㄴ'의 첨가는 뒤에 문법형태소가 오는 경우에는 거의 나타나지 않는다. 현대 한국어에서는 높임을 나타내는 조사 '-요'가 결합하는 경우인 '그럼-요→그럼뇨'에서만 볼 수 있다. 그리고 한자로 된 접미사가 결합하는 경우 '식용-유[시굥뉴]'나 '영업-용[영엄뇽]'에 나타난다.

그리고 선행하는 형태소의 말음이 'ㄹ'인 경우 첨가된 'ㄴ'이 유음화하여 표면형에서는 'ㄹ'이 첨가된 것처럼 보인다.

볼#일 → 볼닐 → 볼릴
솔#잎 → 솔닙 → 솔립
설#익다 → 설닉다 → 설릭따
서울#역 → 서울녁 → 서울력

그런데 'ㄴ' 첨가과정은 수의적인 과정이어서 '솜이불'의 경우조차 [솜니불]뿐 아니라 [소미불]로도 발음되고 '색연필'의 경우에도 [생년필]로도 [새견필]로도 발음되고 있다.

① 검열[검녈 ~ 거멸]   금융[금늉 ~ 그뮹]
② 첫인상[처딘상]   맛있다[마싣따]   흑염소[흐겸소]

위의 ①의 예들은 'ㄴ'의 첨가가 수의적이지만 ②의 예들처럼 'ㄴ'첨가가 아예 실현되지 않는 경우도 있다.

10.6.2 반모음 첨가

반모음 첨가는 특정 모음들 사이에 반모음 'j'와 'w'가 첨가되는 음운과정이다. 반모음의 첨가는 모음의 연쇄를 막기 위해 등장하는 과정으로 볼 수 있는데, 자연스러운 음절구조는 자음과 모음의 연쇄이므로 자음의 연속뿐 아니라 모음의 연속도 조정이 필요한 것이다.

용언어간 뒤에서는 'j' 첨가와 'w' 첨가의 두 과정이 모두 실현된다. 먼저 'j' 반모음 첨가는 전설모음인 '이,에,애,위,외' 등의 모음으로 끝나는 용언어간에 '아/어' 계 어미가 결합할 때 적용되는데 이 과정은 수의적이다.

피 - 어 → 피어 ~ 피여
떼 - 어 → 떼어 ~ 떼여
개 - 어 → 개어 ~ 개여
뛰 - 어 → 뛰어 ~ 뛰여
되 - 어 → 되어 ~ 되여

다음으로 'w' 반모음 첨가는 후설의 원순모음인 '오'와 '우'로 끝나는 용언어간 뒤에 '아/어' 계 어미가 결합할 때 실현되는데 이 과정도 수의적이다.

보 - 아 → 보아 ~ 보와   두 - 어 → 두어 ~ 두워
좋 - 아 → 조아 ~ 조와

반모음 첨가는 체언어간 뒤에서도 나타나는데 'j' 첨가과정만 나타난다.

① 민서 - 아 → 민서야   서우 - 아 → 서우야
② 학교 - 에 → 학교에 ~ 학교예

창가 - 에서 → 창가에서 ~ 창가예서

①은 호격조사 '-아'가 모음으로 끝나는 체언어간 뒤에서 이형태 '-야'로 바뀌는 경우이고 ②는 모음으로 끝나는 체언어간 뒤에 처격조사가 오는 경우 수의적으로 'j'가 첨가된 경우이다. 호격조사가 결합하는 경우는 필수적인 적용을 보이는 반면 처격조사가 결합하는 경우는 수의적인 적용을 보여 대비를 드러낸다. 체언어간 뒤에 원순반모음 'w'가 첨가되는 경우는 없다.

10.7 축약 과정

10.7.1 유기음화

이 음운과정은 한국어의 대표적인 축약과정으로 /ㅎ/과 평음 /ㅂ,ㄷ,ㄱ,ㅈ/가 결합하면 유기음인 /ㅍ,ㅌ,ㅋ,ㅊ/가 되는 음운과정으로 /ㅎ/이 선행하는 순행적 유기음화와 /ㅎ/이 후행하는 역행적 유기음화가 있다. 유기음화를 격음화라고도 하고 'ㅎ' 축약이라고도 한다.

① 놓 - 고 → 노코　　　낳 - 던 → 나턴
　 않 - 지 → 안치　　　끓 - 게 → 끌케
② 법학[버팍]　　　국화[구콰]　　　노력형[노려켱]
　 먹히다[머키다]　　붉히다[불키다]　　밟히다[발피다]
　 따뜻하다[따뜨타다]　옷 한 벌[오탄벌]

순행적 유기음화에 해당하는 ①의 예들은 용언어간말음 /ㅎ/과 어미의 두음인 /ㄷ,ㄱ,ㅈ/이 만나 필수적인 적용을 보이는 음운과정이다. 반면 ②의 역행적 유기음화는 음절말 종성 /ㅂ,ㄷ,ㄱ/과 음절 초성의 /ㅎ/이 만나는 경우에 실현되는 음운과정으로 문법범주상의 제약은 없다. 서남방언이나 동남방언과 같이 'ㅎ'의 탈락이 나타나는 경우 아예 유기음화가 적용되지 않기도 한다(법학[버박], 따뜻하다[따뜨다다]).

그리고 용언어간말음 'ㅎ'의 뒤에 'ㅅ'으로 시작하는 어미가 오는 경우 경음으로 축약된다고 보고 있다. 마찰음 'ㅅ'이 유기음이 없기 때문에 경음으로 축약된다고 보는 것이다.

    놓 - 소 → 노쏘
    많 - 습니다 → 만씀니다
    앓 - 습니다 → 알씀니다

만일 위 예들의 경음화를 유기음화와 같은 축약과정으로 본다면 앞서 살펴본 대치과정으로서의 경음화와는 전혀 다른 동기를 가진 음운과정이 된다.

10.7.2 모음축약

모음축약은 연속하는 두 개의 단모음이 하나로 축약되거나, 이중모음을 구성하는 반모음과 단모음이 축약되어 하나의 단모음이 되는 음운과정으로 많은 예들이 보이지는 않는다. 주로 형태소 내부에서 실현되는 경우로 공시적인 음운과정이라고 보기는 어렵다.

    ① 사이 > 새   아이 > 애
       보이다 > 뵈다   누이다 > 뉘다
    ② 벼 → 베   며느리 → 메느리   꿩 → 꽁
       피 - 어 → 펴: ~ 페:
       이기 - 어서 → 이겨서 ~ 이게서

두 - 어 → 둬: ~ 도:
주 - 어 → 줘: ~ 조:

두 개의 단모음 연쇄가 축약되어 새로운 단모음으로 나타난 것이 ①의 예들인데 이때의 축약과정은 통시적인 과정으로 보는 것이 타당하다. 통시적인 모음축약을 통해 어간의 재구조화가 실현되어 기저형이 변화한 것이다. 반면 ②의 모음축약은 방언형으로 등장하는 예들인데, 상향이중모음들이 단모음화를 겪은 예들로 'jə'는 단모음 'e'로 축약하고 'wə'는 단모음 'o'로 축약하는 것을 보여주는 예들이다. 이들은 비표준적이지만 공시적인 축약과정으로 볼 수 있다.

참고문헌

강신항(1987), 『훈민정음연구』, 성균관대출판부, (증보판 1990 /수정증보판 2003).
강옥미(2003), 『한국어 음운론』, 태학사.
강창석(1984), 「국어의 음절구조와 음운현상」, 『국어학』 13, 국어학회.
강창석(1985), 「활용과 곡용에서의 형태론과 음운론」, 『울산어문논집』 2, 울산대학교 국어국문학과.
강창석(1988), 「국어의 음운현상과 음운자질(1)」, 『울산어문논집』 4, 울산대학교 국어국문학과.
강창석(1990), 「음절」, 『국어연구 어디까지 왔나』, 동아출판사.
강희숙(1992), 「국어 마찰음화에 대한 연구」, 『인문과학연구』 14, 조선대학교.
고광모(2012), 「15세기 국어의 종성 /t/에 대하여」, 『국어학』 64, 국어학회.
고도흥(2013), 『언어기관의 해부와 생리』, 학지사, (개정판 2017).
고도흥·구희산·김기호·양병곤 공역(1995), 『음성언어의 이해』, 한신문화사, (원저: Denes, P.B. & Pinson, E.N.(1993), *The speech chain : the physics and biology of spoken language.* New York: W.H. Freeman and Company).
고영근(1987), 「보충법과 불완전 계열의 문제」, 『어학연구』 23-3, 서울대학교 언어교육원.
고영근(2005), 「형태소의 교체와 형태론의 범위 – 형태음운론적 교체를 중심으로」, 『국어학』 46. 국어학회.
곽충구(1994), 「계합 내에서의 단일화에 의한 어간 재구조화」, 『남천박갑수선생 화갑기념 국어학연구』, 태학사.
곽충구(2003), 「현대국어의 모음체계와 그 변화의 방향」, 『국어학』 41, 국어학회.
구현옥(2019), 『국어음운론의 이해(개정판)』, 한국문화사.
권경근(2011), 「구어의 음운현상 연구」, 『우리말연구』 28, 우리말학회.
권인한(1997), 「현대국어 한자어의 음운론적 고찰」, 『국어학』 29, 국어학회.
김　현(2008), 「/ㅓ/의 음성 실현과 그 실현 조건」, 『국어학』 52, 국어학회.

김　현(2018), 「공시 음운론과 음성학」, 『국어학』 85, 국어학회.
김경아(1996), 「위치동화에 대한 재검토」, 『국어학』 27, 국어학회.
김경아(1997), 「β>w에 대하여」, 『한국문화』 17, 서울대학교 한국문화연구소.
김경아(1997), 「국어 장애음의 분류와 후두 자질」, 『국어학』 30, 국어학회.
김경아(2000), 『국어의 운운표시와 음운과정』, 태학사.
김경아(2001), 「국어의 변별적 자질체계 연구」, 『국어학』 38, 국어학회.
김경아(2003), 「형태음운론적 교체에 대하여」, 『국어교육』 110, 한국어교육학회.
김경아(2006), 「재구조화와 기저형」, 『이병근선생 퇴임기념 국어학논총』, 태학사.
김경아(2008), 「체언어간말 설단자음의 변화에 대한 통시론」, 『동양학』 43, 단국대학교 동양학연구소.
김경아(2008), 「패러다임 간의 유추에 따른 어간 재구조화」, 『어문연구』 140, 한국어문교육연구회.
김경아(2011), 「음운변화와 패러다임의 상관관계」, 『동양학』 49, 단국대학교 동양학연구소.
김경아(2016), 『국어 음운론 연구 - 패러다임과 재구조화』, 한국문화사.
김경아(2019), 『국어의 역사 – 음운과 문자』, 한국문화사, (2판 2021).
김무림(1992), 『국어음운론』, 형설출판사.
김무림·김옥영(2009), 『국어음운론』, 새문사, (초판2쇄 2012).
김봉국(2003), 「복수기저형의 유형(1) - 형성 요인의 관점에서」, 『진단학보』 95, 진단학회.
김봉국(2005), 「체언어간말 중자음의 변화 양상」, 『국어학』 45, 국어학회.
김선철(2004), 「표준발음법 분석과 대안」, 『말소리』 50, 대한음성학회.
김선철(2006), 『중앙어의 음운론적 변이양상』, 경진문화사.
김성규(2000), 「불규칙 활용에 대한 몇 가지 논의」, 『형태론』 2-1, 박이정.
김성규(2004), 「'워>오'의 통시적 고찰」, 『국제어문』 30, 국제어문학회.
김성규·정승철(2005), 『소리와 발음』, 한국방송통신대학교 출판부.
김수영(2021), 「한국어 자음 말음 어간의 형태음운론적 변화에 대한 연구」, 서울대학교 박사학위논문.
김영만(2000), 「국어 초분절소(운소)의 바른 이해를 위하여」, 『동양학』 30, 단국대학교 동양학연구소.

김영진(1990), 「모음체계」, 『국어연구 어디까지 왔나』, 동아출판사.

김완진(1971), 『국어 음운체계의 연구』, 일조각.

김완진(1982), 『중세국어 성조의 연구(재판)』, 탑출판사, (초판 1973).

김완진(1996), 『음운과 문자』, 신구문화사.

김정우(1994), 『음운현상과 비음운론적 정보에 관한 연구』, 서울대학교 박사학위 논문.

김정우(1997), 「조음자질과 음향자질」, 『국어학』 29, 국어학회.

김종규(2003), 「히아투스와 음절」, 『한국문화』 31, 서울대학교 한국문화연구소..

김종훈(1990), 『음절음운론』, 한신문화사.

김주원(1997), 「구개음화와 과도교정」, 『국어학』 29, 국어학회.

김주필(1988), 「중세국어 음절말 치음의 음성적 실현과 표기」, 『국어학』 17, 국어학회.

김주필(1998), 「구개음화의 통시적 전개 과정과 특성」, 『음운Ⅱ』-국어학강좌 5, 태학사.

김주필(1999), 「국어의 음절 내부 구조와 음운 현상」, 『애산학보』 23, 애산학회.

김지은(2020), 「국어 발화양식의 음성학·음운론적 연구」, 서울대학교 박사학위논문.

김진우(2020), 『음성학 개론』, 한국문화사.

김차균(1981), 「음절 이론과 국어의 음운 규칙」, 『논문집』 8-1, 충남대학교 인문과학연구소.

김차균(1986), 「현대국어의 음소 체계와 변이음의 기술」, 『언어연구』 3, 한국현대언어학회.

문승재(2007), 「한국어 단모음의 음성학적 기반 연구」, 『말소리』 62, 대한음성학회.

박기영·이정민(2018), 『한국어 발음 어떻게 가르칠까』, 역락.

박선우(2004), 「불규칙활용의 불규칙성에 대한 검토」, 『청람어문교육』 30, 청람어문학회.

박종희(1983), 『국어음운론 연구』, 원광대학교 출판부.

박종희(2004), 「'-으X' 계 활용어미의 음운론적 고찰」, 『한글』 264, 한글학회.

박창원(1986), 「음운교체와 재어휘화」, 『어문논집』 2, 경남대학교.

박창원(1990), 「음운규칙의 통시적 변화」, 『강신항교수 회갑기념 국어학논집』, 태학사.

배영환(2005), 「'ㅎ'-말음 어간의 재구조화 연구」, 한국학중앙연구원 박사학위논문.

배영환(2008), 「국어 음운론에서의 '패러다임'의 성격에 대하여」, 『새국어교육』 78, 한국어교육학회.

배주채(2003), 『한국어의 발음』, 삼경문화사, (개정판 2013).

배주채(2008), 『국어음운론의 체계화』, 한국문화사.

배주채(2015), 『한국어 음운론의 기초』, 삼경문화사.

배주채(2017), 「교체의 개념과 조건」, 『국어학』 81, 국어학회.

배주채(2018), 『국어음운론개설(제3판)』, 신구문화사, (초판 1996 /개정판 2011).

백두현(2018), 「평안방언의 ㄷ구개음화 미실현과 지역정체성 형성의 상관성」, 『송철의선생 퇴임기념 국어학논총』, 태학사.

백두현.이미향.안미애(2013), 『한국어 음운론』, 태학사.

성철재(2004), 「한국어 단모음 8개에 대한 음향분석 – F1/F2 모음공간에서의 음향변수를 중심으로」, 『한국음향학회지』, 23-6, 한국음향학회.

소강춘(1989), 『방언분화의 음운론적 연구』, 한신문화사.

소신애(2017), 「ㅎ의 음가변화 및 관련 음운현상의 공시적 기술 – ㅎ의 유기성을 중심으로」, 『어문연구』 174, 한국어문교육연구회.

송철의(1990), 「자음동화」, 『국어연구 어디까지 왔나』, 동아출판사.

송철의(1993), 「자음의 발음」, 『새국어생활』 3-1, 국립국어원.

송철의(1995), 「곡용과 활용의 불규칙성에 대하여」, 『진단학보』 80, 진단학회.

송철의(1996), 「국어의 음운현상과 변별적 자질」, 『이기문교수 정년퇴임기념논총』 신구문화사.

송철의(2008), 『한국어 형태음운론적 연구』, 태학사.

신승용(2003), 『음운 변화의 원인과 과정』, 태학사.

신승용(2013), 『국어 음운론』, 역락.

신승용(2018), 「불규칙적 교체의 복수기저형 설정에 대한 비판」, 『어문학』 139, 한국어문학회.

신지영(2000), 『말소리의 이해』, 한국문화사.

신지영(2011), 「한국어의 말소리」, 지식과 교양, (개정판 2016, 박이정).

신지영·차재은(2003), 『우리말 소리의 체계』, 한국문화사.

안병섭(2010), 『한국어 운율과 음운론』, 월인.

안소진(2005), 「한자어의 경음화에 대한 재론」, 『국어학』 45, 국어학회.

양순임(2001), 「유기음과 성문 열림도」, 『우리말연구』 11, 우리말연구회.

양순임(2002), 「음절말 자음의 음성 자질」, 『한글』 258, 한글학회.

양순임(2020), 『어문규범과 함께 보는 국어 음운론』, 국어연구소.

양순임(2020), 『표준 국어 음운론』, 상지랑.

엄태수(1999), 『한국어의 음운규칙 연구』, 국학자료원.

오정란(1993), 『현대 국어음운론』, 형설출판사.

유필재(2006), 『서울방언의 음운론』, 월인.

이기문(1998), 『국어사 개설(신정판)』, 태학사.

이기문·김진우·이상억(2000), 『국어음운론(증보판)』, 학연사.

이동석(2005), 『국어 음운현상의 공시성과 통시성』, 한국문화사.

이명규(2000), 『중세 및 근대국어의 구개음화』, 한국문화사.

이문규(2004), 『국어 교육을 위한 현대국어 음운론』, 한국문화사, (개정판 2015).

이병근(1979), 「음운현상에 있어서의 제약」, 국어학연구선서 8, 탑출판사.

이병근·곽충구 편(1998), 『방언』-국어학강좌 6, 태학사.

이병근·박창원 편(1998), 『음운II』-국어학강좌 5, 태학사.

이병근·송철의 편(1998), 『음운I』-국어학강좌 4, 태학사.

이병근·채완·김창섭 편(1993), 『형태』-국어학강좌 3, 태학사.

이병근·최명옥(1997), 『국어음운론』, 한국방송대학교 출판부.

이상신(2020), 「언어 및 방언의 접촉과 이에 따른 변화」, 『방언학』 32, 한국방언학회.

이승재(1990), 「자음체계 및 중화」, 『국어연구 어디까지 왔나』, 동아출판사.

이승재(1993), 「모음의 발음」, 『새국어생활』 3-1, 국립국어원.

이익섭(2007), 『국어학개설』, 학연사, (초판 1986).

이진호(2014), 「형태소 교체의 규칙성에 대하여」, 『국어학』 69, 국어학회.

이진호(2020), 「한국어 파열음 체계의 언어 유형론적 고찰」, 『어문연구』 186, 한국어문교육연구회.

이진호(2021), 『국어 음운론 강의(개정증보판)』, 집문당, (초판 2005 /개정판 2014, 삼경문화사).

이철수(1990), 『한국어 음운학(3판)』, 인하대학교 출판부, (초판 1985).

이혁화(1999), 「국어 자음의 음운론적 강도에 대하여」, 애산학보 23, 애산학회.

이혁화(2002), 「교체에 대하여」, 『형태론』 4-1, 박이정.

이혁화(2017), 『방언접촉과 국어 음운론』, 영남대학교 출판부.

이현규(1995), 『국어 형태변화의 원리』, 영남대학교 출판부.

이현복(1989), 『한국어의 표준발음』, 교육과학사.

이호영(1996), 『국어음성학』, 태학사.

임석규(2004), 「재분석에 의한 재구조화와 활용 패러다임」, 『형태론』 6-1, 박이정.

임석규(2013), 「경음화, 남은 몇 문제」, 『국어학』 67, 국어학회.

임석규(2017), 「복수기저형과 그 패러다임의 강한 압박」, 『방언학』 25, 한국방언학회.

임석규(2021), 『국어음운론의 기초』, 역락.

전광현(1990), 「음장·억양·악센트」, 『국어연구 어디까지 왔나』, 동아출판사.

전상범(2004), 『음운론』, 서울대학교 출판부.

정승철(1997), 「자음의 변화」, 『국어사연구』, 태학사.

정연찬(1997), 『한국어 음운론(개정판)』, 한국문화사.

정인호(2004), 「하강 이중모음과 부동 이중모음의 음변화」, 『어문연구』 122, 한국어문교육연구회.

조경하(2006), 「국어의 후두 자질과 음운 현상」, 이화여자대학교 박사학위논문.

차재은(2001), 「/ㅎ/의 음운자질과 음운현상」, 『어문논집』 43, 민족어문학회.

차재은·정명숙·신지영(2003), 「공명음 사이의 /ㅎ/의 실현에 대한 음성음운론적 고찰」, 『언어』 28-4, 언어학회.

최명옥(1985), 「변칙동사의 음운현상 : p-,s-,t- 변칙동사를 중심으로」, 『국어학』 14, 국어학회.

최명옥(1988), 「국어 움라우트의 연구사적 검토 - 공시성과 통시성의 문제를 중심으로」, 『진단학보』 65, 진단학회.

최명옥(1993), 「어간의 재구조화와 교체의 단일화 방향」, 『성곡논총』 24, 성곡학술문화재단.

최명옥(1998), 『국어음운론과 자료』, 태학사.

최명옥(2011), 『국어음운론』, 태학사, (초판 2004).

최전승(1990), 「움라우트」, 『국어연구 어디까지 왔나』, 동아출판사.

최전승(1995), 『한국어 방언사 연구』, 태학사.

최전승(2004), 『한국어 방언의 공시적 구조와 통시적 변화』, 역락.

한수정(2014), 「불규칙 용언의 활용형 연구」, 부산대학교 박사학위논문.

한영균(1990), 「불규칙활용」, 『국어연구 어디까지 왔나』, 동아출판사.

한영균(1997), 「모음의 변화」, 『국어사연구』, 태학사.

허 웅(1985), 『국어 음운학 : 우리말 소리의 오늘·어제』, 샘문화사.

홍은영(2019), 「국어 폐쇄음의 지속성 동화와 마찰음화」, 『국어학』 89, 국어학회.

Carr, P.(1993), *Phonology*. London: The Macmillan Press Ltd.

Catford, J.C.(1988), *A Practical Introduction to Phonetics*. Oxford: Clarendon Press.

Chomsky, N. & M. Halle(1968), *The Sound Pattern of English*. New York: Harper & Row.

Crystal D.(1980), *A First Dictionary of Linguistics and Phonetics*. London: Andre Deutsch.

Durand, J.(1990), *Generative and Non-linear Phonology*. London: Longman.

Jakobson, R. & M. Halle(1956), *Fundamentals of Language* (Janua Linguarum, 1). The Hague: Mouton.

Jakobson, R., C.G.M.Fant & M.Halle(1951), *Preliminaries to Speech Analysis: The Distinctive Features and their Correlates*. Cambridge, Mass.: MIT Press.

Jones, D.(1918), *An Outline of English Phonetics*. Leipzig and Berlin. (3d ed. 1932. Cambridge: W.Heffner & Sons, Ltd.)

Katamba, F.(1989), *An Introduction to Phonology*. London: Longman.

Kim, C.W.(1970), "A Theory of Aspiration". *Phonetica* 21, 107-116.

Ladefoged, P.(1975), *A Course in Phonetics*. New York: Harcourt Brace Jovanovich. (7th ed. 2014.)

Lass, R.(1984), *Phonology : An introduction to basic concepts*. Cambridge Univ. Press.

Laver, J.(1994), *Principles of Phonetics*. Cambridge Univ. Press.

Saussure, Ferdinand de(1916), *Cours de linguistique générale*. Paris: Payot.

Schane, S.A.(1971), "The Phoneme revisited". *Language* 47, 503-521.

Schane, S.A.(1973), *Generative Phonology*. Englewood Cliffs, N.J.: Prentice-Hall.

찾아보기

ㄱ 구개음화__222
간략전사__67
간접동화__201
강세__68, 79
강약__79
개구도__55
개모음__55
거성__76
경구개__39
경구개음__43, 111, 122
경음__49, 51
경음화__204
계기적__86, 94
계층적 음절구조__145
고모음__56
고설성__103
고저 악센트__77
고저__74
공명강__31
공명도__60
공명성__100
공명음__53
공명자음__107

공시론__20
공시적 음운과정__195
교체형__165, 169
구강__31
구개음화__220
구조·기술 음운론__95
국제 음성학회__62
국제음성기호__53
굴곡조__75
규칙순__205, 207
규칙적 교체__171
기관__29
기본모음체계__54
기식__37, 50
기식군__19
기의__163
기저음소__177
기저형__98, 175, 177, 187
기표__163
긴장성__57, 104
긴장음__52

ㄴ 첨가__244

ㄷ 구개음화__220
다중기저형__182
단모음__59, 69, 137
단일기저형__180
대립__87, 106
대립관계__89, 95
대치__199
도출__98
도출과정__179, 206
도치__199
동시적__86, 94
동일모음 탈락__241
동화__200
동화과정__200

ㄹ 탈락__238
ㄹ의 비음화__213

마찰음__46, 109
말소리__21, 23
모아쓰기__154
모음 자질__98
모음__41, 54, 83
모음성__99
모음조화__225
모음체계__132
모음축약__248
무기음__51

무성음__36
미파음__120

반모음 첨가__246
반모음 탈락__242
반모음__49, 59
반모음화__229
발동부__29, 35
발성기관__25
발성부__29, 35
발음기관__21, 29
발음부__29, 35
발화산출__14, 66
발화음운론__18
발화인식__14, 66
방언 분화__80
배타적 분포__86
베르눌리 효과__37
변별적 기능__85
변별적 자질__86, 92
변이음__90, 91, 119
변형·생성 음운론__96
보상적 장모음화__71, 231
복수기저형__180, 188
복합성조__76
부분동화__201
부분명세__115
부차적 자질__104

분절성__14
분절음__16, 66
불규칙동사__182, 188
불규칙적 교체__172
불파음__46, 89, 128
불파음화__126, 128
비강__31
비음__47, 100, 107, 109
비음성__100, 115
비음운론적 교체__166
비음화__197, 212
비자동적 교체__169

삼지적 상관속__124
상관__123
상관관계__123
상관속__124
상보적 분포__86, 90, 93
상성__76
상향이중모음__60, 138
설단__39
설정성__102, 111
설첨__39
설측성__102
설측음__109
성대__25, 26, 29
성도__26, 30
성문__27

성문음__43, 122
성운학__158, 160
성음법__143
성절성__60, 99
성절음__144
성조__68, 74
성조소__75
성조언어__75, 77
순강__31
순수음운론__18
순수자음__100, 107
순음성__112
순행동화__201

양분법__98, 103
양순음__42, 111, 122
양순음화__217
어간말 자음군__148
어간말자음군__233
어휘부__175, 190
어휘적 장음__69
억양__78
언어음__14, 23
역행동화__201
연구개__39
연구개음__43, 111, 122
연구개음화__218
연속체__15

연음__153
연음화__148
완전동화__201
완전명세__115
외파음__46, 120
운소__68, 83
운율자질__68
운율적 자질__105
움라우트__228
원순모음__56
원순모음화__224
원순반모음__49
원순성__103
원음소__124
유기성__104
유기음__49, 51
유기음화__54, 247
유성성__104
유성음__36
유음__48, 99, 107
유음탈락__238
유음화__215
으 탈락__240
음강__68, 79
음고__68, 74
음성__66
음성기관__28
음성상징__225

음성자질__98, 116
음성적 유사성__86, 92, 93
음성체계__53, 58, 61
음성학__21
음소__66, 68, 83
음소론__96
음소목록__85, 93
음소배열제약__18, 197
음소분석__85
음소설정__85, 93
음소적 표기__155
음소체계__128, 133
음운__83
음운과정__131, 181, 193, 194
음운규칙__98, 196
음운론__14, 68
음운론적 강도__129
음운론적 교체__166
음운배열제약__18, 197
음운변동__195
음운변화__195
음운자질__98, 116
음운체계__87
음장__68, 73
음장언어__80
음절__143
음절경계__153
음절구조__145, 149

음절구조제약__150, 153
음절말 자음군__148
음절문자__156, 158
음절배열제약__151
음절성분__144, 149
음절연결제약__151, 153
음절자__154, 156, 158
음절적 표기__155
음절핵__147
음절화__153
음향음성학__21, 95
음향자질__129
음향적 자질__98
음형__16
의사소통__13, 21, 85
이완음__52
이음__90
이음론__119
이중모음__59, 137, 138
이형태__165, 169, 175, 188
이화__200
인두__25
인두강__25, 31
입성__76
입술의 모양__56
잉여성__115
잉여적 자질__114

자동적 교체__169
자연 부류__106
자연부류__96, 106
자유변이음__91
자음 자질__97
자음__41, 83
자음군__232
자음군단순화__206, 232
자음성__99
자음체계__127
자의적 관계__175
자의적__164
자질명세__100, 107
자질명세표__110
자질변경규칙__196
자질체계__98, 105
자질행렬__107
장모음__69
장애음__53, 107
장음__69
재구조화__173, 224, 228, 236
저모음__56
저설성__103
전방성__102, 111
전사__59, 67
전설__39
전설모음__56, 113
접근음__49

정밀전사__67
조건변이음__91
조음__28
조음방법__41
조음방법자질__100, 109
조음위치__38, 41
조음위치동화__217
조음위치자질__102, 111
조음음성학__21, 28
조음적 자질__98
조음점__38
조음체__38
종성__144, 160
주요부류자질__97, 99
중설모음__56, 113
중성__144, 160
중화 위치__124
중화__124
지속성__100
지연개방성__100
직접동화__201

첨가__199
청취음성학__22
초분절음__68
초성__144, 160
최단거리 원칙__42
최소대립쌍__86, 87, 93

최소변별쌍__86
추상분절음__190
추상성__85
추상음소__191
추상적인 기저형__190
축약__199
치경구개음__43
치조__39
치조비음화__213
치조음__42, 111, 122
치찰성__101, 129
치환검증__87

탄설음__109
탈락__199
통시론__20
통시적 음운과정__195

파열음__45, 109
파찰음__47, 109
평성__76
평순모음__56
평순반모음__49
평음__49, 51
평파열음화__202
평판적 음절구조__145
평판조__75
평폐쇄음화__202

폐모음__55
표면음소__177
표면형__98, 176, 177
표준발음법__113
표현적 장음__73, 74
풀어쓰기__154

ㅎ 구개음화__223
ㅎ 탈락__237
하향 이중모음__60
하향이중모음__139
핵모음__144
혀의 높낮이__55
혀의 전후위치__56

협착성__109
혓몸자질__103
형태소__163, 175
형태음소__177
형태음소적 표기__155
형태음운론__18
형태음운론적 교체__164
활음__49, 60, 99
후두__29
후두개__27
후두자질__109, 110
후설__39
후설모음__56, 113
후설성__103